Dirk Ehnts

Geld und Kredit: eine €-päische Perspektive

Dirk Ehnts

Geld und Kredit: eine €-päische Perspektive

4., überarbeitete und aktualisierte Auflage

Metropolis-Verlag
Marburg 2020

Bibliografische Information Der Deutschen Nationalbibliothek
Die Deutsche Nationalbibliothek verzeichnet diese Publikation in der Deutschen Nationalbibliografie; detaillierte bibliografische Daten sind im Internet über <https://portal.dnb.de> abrufbar.

Metropolis-Verlag für Ökonomie, Gesellschaft und Politik GmbH
https://www.metropolis-verlag.de

4., überarbeitete und aktualisierte Auflage 2020

ISBN 978-3-7316-1433-3

Inhaltsverzeichnis

Abbildungsverzeichnis **9**

Tabellenverzeichnis **11**

Vorwort zur 4. Auflage **13**

Einleitung **17**

Theoretische Grundlagen

1. Inhalt und Zweck des Wirtschaftens **22**
Ziele von Individuum und Gesellschaft 23
Wirtschaften als zentrales menschliches Gestaltungsfeld 24
Die Rolle der Institutionen 26
Die arbeitsteilige Wirtschaft 27
Das Steuerwesen 28
Die Produktion im Geldsystem 29
Arbeitsteilung erzeugt Schuldverhältnisse 31
Staat und Markt 32

2. Geld und Kredit **35**
Eine Bilanzperspektive 37
Bilanzen und Finanzkrisen 39

3. Die Entstehung von Giralgeld (Einlagen) **43**
Die Kreditvergabe aus der Bilanzperspektive 44
Privatwirtschaftliche Investitionen in die Realwirtschaft 48
Spekulation und Blasen 50
Stabilität führt zu Instabilität 52
Der Wirtschaftskreislauf 53
Die Verzinsung 57
Die Währungseinheit und die Akzeptanz von Geld 60
Die Pyramide der Verschuldung 63
Zusammenfassung 65

4. Die Entstehung von Bargeld (Reserven) 67
Das Hauptrefinanzierungsinstrument der Zentralbank 68
Geld als Punktesystem 71
Offenmarktgeschäfte der Zentralbank 74
Der Zahlungsausgleich der Banken (Interbankenmarkt) 77
Kann eine Zentralbank „Pleite gehen"? 81
Der Mythos des Steuerzahlers 83
„Quantitative easing" – langfristige Offenmarktgeschäfte 84
Bilanz und Unabhängigkeit der Zentralbank 90
Zusammenfassung 93

5. Die Instrumente der Zentralbank (Geldpolitik) 95
Die ständigen Fazilitäten 95
Offenmarktoperationen 100
Was beschränkt die Kreditvergabe der Banken? 101
Devisenswap-Vereinbarungen 105
Zusammenfassung 106

6. Die Entstehung von Staatsanleihen (Fiskalpolitik) 109
Steuern, Vermögen und Schulden 115
Kann ein Staat oder eine Regierung „Pleite gehen"? 118
Bankenliquidität: Kann den Banken das Geld ausgehen? 122
Staatsanleihen in Deutschland 125
Staatsanleihen in Österreich 128
Staatsanleihen in der Schweiz 129
TARGET2 – das Zahlungssystem der Eurozone 130
Der European Stability Mechanism (ESM) 135
Zusammenfassung 137

7. Die Nachhaltigkeit des Finanzsystems 139
Der Staat als „Entschulder" des privaten Sektors 141
Bankenregulierung: Reservehaltung 143
Bankenregulierung: Kapitalvorschriften 148

8. Inflation und Deflation 151
Theorien der Inflation 152
Inflation und Verteilung 155
Makroökonomie und Konjunkturzyklen 165

9. Ein makroökonomisches Modell 168
Die sektorale Identität 170
Wirtschaftspolitik und Verschuldung 176
Erhöhung der sektoralen Ersparnis 178
Das Sparparadox 180
Liquiditätsfalle und Investitionsfalle 182
Das Wechselkursregime 184
Wechselkursänderungen und gesamtwirtschaftliche Bilanz 187
Das makroökonomische Problem 190

Analyse der Eurozone

10. Die Situation vor und nach dem Euro 195
Zinsen, Kredite und Investitionen 198
BIP, Arbeitslosigkeit und Inflationsrate 204
Handelsbilanz und Lohnstückkosten 206
Staat und Wechselkurs 211
Zypern: Beispiel für einen „bail-in“ 216
Die Unzulänglichkeiten der Eurozone 219

11. Die Zukunft – mit Euro oder ohne Euro? 222
Handelspolitik 225
Geldpolitik 226
Fiskalpolitik 227
Wechselkurssysteme in Europa 229
Rückkehr zu nationalstaatlichen Währungen 230
Die Covid-19-Krise und der Neustart 235
Reform der Eurozone I: Euro Treasury 237
Reform der Eurozone II: Green New Deal 244

Schlusswort 255

Weiterführende Literatur 259

Index 263

Anmerkungen 269

Abbildungsverzeichnis

Abb. 3.1: Einfacher Geldkreislauf ... 55
Abb. 3.2: Die Geldpyramide ... 63
Abb. 4.1: Veränderungsraten der Geldmengen M0, M1, M2 und M3 sowie des Konsumentenpreisindex, 1980-2006 ... 73
Abb. 4.2: Bilanz der EZB vom 29.05.2020, Aktiva ... 91
Abb. 4.3: Bilanz der EZB vom 29.05.2020, Passiva ... 92
Abb. 5.1: Zinssätze der EZB in der Eurozone ... 96
Abb. 8.1: Realzinsen in Deutschland (Sichteinlagen von Privatkunden mit höherer Verzinsung) ... 160
Abb. 9.1: Die sektoralen Salden für Deutschland ... 171
Abb. 9.2: Die sektoralen Salden für Spanien ... 174
Abb. 10.1: Zinssätze der EZB in der Eurozone ... 198
Abb. 10.2: Inländische Kredite an den privaten Sektor, in % vom BIP ... 199
Abb. 10.3: Hauspreisindizes ... 200
Abb. 10.4: Bruttoanlageinvestitionen, Kettenindex ... 201
Abb. 10.5: Anteil des Bausektors an Wertschöpfung, in % ... 202
Abb. 10.6: Bruttoinlandsprodukt zu Marktpreisen, Kettenindex ... 203
Abb. 10.7: Arbeitslosigkeit, in % ... 204
Abb. 10.8: Veränderung der Konsumentenpreisindizes, gleitender Zwölfmonatsdurchschnitt, in % ... 205
Abb. 10.9: Saldo der Handelsbilanz, in % des BIP ... 207
Abb. 10.10: Lohnstückkosten, Veränderung, rollender Dreijahresdurchschnitt ... 208
Abb. 10.11: Veränderung von Lohnstückkosten und Inflation in Spanien, in % ... 210
Abb. 10.12: Veränderung von Lohnstückkosten und Inflation in Deutschland, in % ... 210

Abb. 10.13: Staatlicher Haushaltsüberschuss, in % vom BIP 211
Abb. 10.14: Wechselkurs zum US-Dollar, in $ 212
Abb. 10.15: Effektivverzinsung 10-jähriger Staatsanleihen, in % 214
Abb. 10.16: TARGET2-Salden, in Mio. Euro 215
Abb. 11.1: Wirtschaftspolitik 225
Abb. 11.2: Nominallohnindex, Verbraucherpreisindex und Reallohnindex 238

Tabellenverzeichnis

Tab. 4.1: Definitionen der Geldmengen M1, M2 und M3 (Bundesbank) 74
Tab. 5.2: Einlagen in Zentralbanken und Banken 107
Tab. 7.1: Reservehaltung und Kapitalvorschriften 144
Tab. 8.1: Inflationsrate in der Eurozone und ihre Komponenten 151

Vorwort zur 4. Auflage

Diese 4. Auflage ist geprägt von der Covid-19-Pandemie und deren ökonomischen Auswirkungen. Deutschland schrammte allerdings auch vor Ausbruch der Pandemie im Herbst 2019 nur knapp an einer Rezession vorbei. Der *lock down* zum Schutz der Bevölkerung hat die Nachfrage nach Gütern und Dienstleistungen deutlich reduziert, die Bundesregierung hat mit Kurzarbeitergeld gut reagiert. Während beispielsweise in den USA die Arbeitslosenrate im Mai bei mehr als 16% liegt (das entspricht 44 Millionen Menschen, die Arbeitslosenhilfe beantragen), ist sie in Deutschland nur leicht erhöht. Dazu wurde am 3. Juni 2020 ein erstes Konjunkturpaket in Höhe von 130 Mrd. Euro beschlossen. Die Nachfrageschwäche in der Eurozone liegt noch immer darin begründet, dass die staatlichen Ausgaben zu gering sind. Neben dem im vorliegenden Buch bereits seit der 1. Auflage von 2014 empfohlenen neuen europäischen Finanzministerium steht seit der 3. Auflage auch der *Green New Deal* als mögliches Instrument, um die Eurozone aus der wirtschaftlichen Dauerschwächephase herauszuholen. Die ökologischen Probleme sind seit *Fridays for Future* und der *Extinction Rebellion* in der öffentlichen Wahrnehmung stärker verhaftet, selbst die EU-Kommission hat nun einen „Green Deal“ im Angebot – allerdings ohne die Anspielung auf den *New Deal* von US-Präsident Roosevelt, der damit in den 30er Jahren des 20. Jahrhunderts die Große Depression in den USA beendete und die US-amerikanische Gesellschaft radikal transformierte.

Sowohl das *Euro Treasury* wie auch der *Green New Deal* sind Antworten auf die Frage, wie sich eine Wirtschaft steuern lässt, in der die Geldpolitik nicht (mehr) funktioniert. Selbst wenn eine Zinssenkung um fünf Prozent käme, ist es unwahrscheinlich, dass die privaten Investitionen anspringen würden. Die Nachfrage ist schwach, die erfolgreichen Unternehmen schwimmen im Geld – der deutsche Unternehmenssektor ist seit Jahren Nettosparer – und der Zins ist kein wesentlicher Faktor bei der Frage, ob zusätzliche Investitionen durchgeführt werden sollen. Gesucht ist eine makroökonomische Theorie fiskalpolitischer Steuerung und dieses Buch ist der Versuch, dazu einen sinnvollen Beitrag zu leisten.

Für Korrekturen und Hinweise möchte ich mich bei Philip Kohlbacher, Sascha Keil, Carlos Vieira, Maurice Höfgen, Michael Paetz, Erik Jochem, Fritz Helmedag, Eduard Buzila und Jan Rischmüller bedanken, die mir wertvolle Hinweise für die 3. und 4. Auflage gegeben haben. Dustin Hennig hat zudem einige Rechtschreibfehler korrigiert, wofür ich ihm sehr dankbar bin.

Dr. Dirk Ehnts

Berlin, im Juni 2020

„Welche Vorteile gewährt die doppelte Buchführung dem Kaufmanne! Sie ist eine der schönsten Erfindungen des menschlichen Geistes und ein jeder guter Haushalter sollte sie in seiner Wirtschaft einführen.“

(Johann Wolfgang von Goethe)

„Wenn die Könige bau'n, haben die Kärrner zu tun.“

(Friedrich Schiller)

Einleitung

Die Vergangenheit ist determiniert, die Zukunft ist offen. Unter dieser Prämisse leben Menschen in Gesellschaften zusammen, hegen Hoffnungen und Wünsche. Der Mensch wächst dabei in der Gesellschaft auf, welche sich durch die Gesamtheit der Menschen konstituiert. Es gibt also ohne Gesellschaft kein Individuum – Kaspar Hauser ist eine Legende, nicht die Realität. Der Mensch ist ein soziales Wesen, die Gemeinschaft seine anthropologische Konstante.[1] Nicht alle Wünsche sind materieller Natur, insbesondere Glück, Gesundheit, Gerechtigkeit und ein positives soziales Umfeld erscheinen den meisten Menschen als wichtig. Unabdingbar jedoch sind ein Dach über dem Kopf, eine sichere Versorgung mit Lebensmitteln und die Möglichkeit, sich an der Erfüllung der eigenen Hoffnungen und Wünsche zumindest versuchen zu können. Aufgrund der Effizienzgewinne der Arbeitsteilung, mit deren Beschreibung sich Adam Smith einen Namen gemacht hat, haben sich die Menschen dabei zunehmend spezialisiert.[2] Jeder für sich produziert nicht das, was er oder sie dann auch konsumiert. Der Bäcker isst nicht alle seine Brötchen, der Hochschullehrer hält die Vorlesung nicht für sich selbst und der Busfahrer fährt sich nicht allein durch die Gegend. Arbeitsteilung funktioniert erfahrungsgemäß dann am besten, wenn die Menschen als Lohn für ihre Arbeit Geld bekommen, mit dem sie ihrerseits Güter und Dienstleistungen erwerben können.[3]

Geld, so wie der Begriff umgangssprachlich benutzt wird, wird heute in den meisten Gesellschaften dieser Erde genutzt. Das war nicht immer so. Vor der Erfindung staatlichen Geldes gab es bereits Schuldverhältnisse, sowohl soziale in Form von Geschenken mit moralischer Pflicht zum Gegengeschenk als auch erzwungene, von der sich Menschen durch Arbeit freikaufen konnten. Es gab auch den allgemeinen Schuldenerlass und später das sog. Erlassjahr.[4] Sicherlich kann man aus der Vergangenheit lernen, an dieser Stelle aber ist die Ähnlichkeit einer mesopotamischen Ökonomie von vor ein paar Tausend Jahren mit der heutigen Ökonomie wohl zu gering, um hinreichend sinnvolle Erkenntnisse zu gewinnen. Geld ist nicht gleich Geld. Das moderne Geld, so wie wir es benutzen, hat ein paar Gemeinsamkeiten mit älteren Konzepten von Geld. Dies bedeutet jedoch nicht, dass sich Erkenntnisse aus Mesopotamien eins zu eins ins 21. Jahrhundert übertragen lassen.

Heute verwenden Menschen Geld mit größter Selbstverständlichkeit. Das Wissen um die Entstehung und die Natur des Geldes liegt jedoch weitgehend im Dunkeln. Selbst in der Volkswirtschaftslehre findet man nur wenige Professoren, welche die Entstehung von Geld erklären können.[5] Meist bekommt man wolkige Geschichten zu hören, von Tauschwirtschaften oder Robinson-Crusoe-Fabeln bis hin zu Helikoptern, die Geld abwerfen![6] Letztere Idee ist sogar mit dem Namen des ehemaligen Zentralbankchefs der USA – Ben Bernanke – verbunden. Dies lässt den Laien wie auch den Fachmann ratlos zurück. Es ist ja nichts gegen Vereinfachungen einzuwenden, aber führen derartige Abstraktionen überhaupt zu Erkenntnissen? Wie wird denn nun Geld geschaffen, und wer besitzt diese außergewöhnliche Fähigkeit?

Dieser Text widmet sich der Frage, wie Geld in den heutigen modernen Ökonomien entsteht und welche Rolle es in diesen spielt. Dazu muss etwas weiter ausgeholt werden, allerdings soll es keine Geschichte des Geldes von Mesopotamien bis zum Euro werden. Da sich dieser Text an Leser ohne Vorwissen richtet, habe ich die Fußnoten ans Ende des Buches gesetzt, um den Lesefluss nicht zu stören.[7] Am Ende des Buches nenne ich wesentliche Autorinnen und Autoren, auf deren Schultern ich stehe.

Der Text ist in drei Teile gegliedert. Im *ersten Teil* geht es um die theoretischen Grundlagen. Damit meine ich keine Gleichgewichtsmodelle, sondern institutionelle Beziehungen, aus denen Geld und Kredit hervorgehen. Durch die Konstruktion des Euros mit dem Verbot der Zentralbank, einzelne Regierungen direkt zu finanzieren, ist die Erkenntnis gewachsen, dass es erhebliche Unterschiede zwischen einzelnen Finanzsystemen gibt in Bezug auf die Art und Weise, in der Geld und Kredit erzeugt werden. In der Theorie geht es zunächst um die Frage, wie die Gesellschaft an sich aufgebaut ist. Danach werden die Fragen behandelt, welche Rolle Geld und Kredit spielen und genauer, welche Rolle der private Sektor (also Haushalte und private Unternehmen), der öffentliche Sektor (der Staat) und der externe Sektor (also der Rest der Welt) spielen. Der *zweite Teil* analysiert die weltwirtschaftliche Lage aus einer deutschen Perspektive vor und nach der Einführung des Euro. Besonderes Augenmerk wird hier auf die Rolle der Anpassungsprozesse in der Ökonomie gelegt. Der *dritte und letzte Teil* beschäftigt sich mit Politikempfehlungen. Sollte der Euro abgeschafft werden? Wenn nicht, welche Reformen würden den Euro stützen und die soziale und politische Krise in Ländern wie Italien, Frankreich, Spanien und Griechenland stoppen?

Die Frage, welche Ziele mit einer Währung verfolgt werden, ist eine offene. Sie hängt ab von den Zielen der Individuen und den Zielen der Gesellschaft bzw. der Gruppen, die sie konstituieren und die politische Macht ausüben.[8] Diese Frage wird im nächsten Kapitel behandelt.

Theoretische Grundlagen

In diesem Teil soll erörtert werden, wie wesentliche Teile unserer Gesellschaft funktionieren. Dazu geht es im ersten Kapitel um Inhalt und Zweck des Wirtschaftens. Es werden die Ziele von Individuum und Gesellschaft betrachtet und das Wirtschaften als zentrales menschliches Gestaltungsfeld zur Erreichung dieser Ziele. Dabei führt das arbeitsteilige Wirtschaften zu Schuldverhältnissen in der Gesellschaft. Diese sind nicht per se abzulehnen, jedoch können die Schuldverhältnisse zu einem gesamtwirtschaftlichen Problem werden und Symptome wie negative Veränderungen der Umwelt (u. a. Klimawandel), Massenarbeitslosigkeit, Ungleichverteilung der Einkommen und Vermögen, Wachstumsschwäche und Stagnation oder gar Depression hervorrufen. Diese Themen werden in späteren Kapiteln behandelt. Grundlage ist eine bilanzielle Perspektive, aus der die Schöpfung von Kredit in Zentralbank und Banken erläutert wird sowie die Staatsausgaben. Wer gleich mit der Geld- und Kredittheorie beginnen möchte, kann in Kapitel 2 einsteigen.

1. Inhalt und Zweck des Wirtschaftens

Das Universum ist groß, möglicherweise sogar unendlich. Ein Blick in den Sternenhimmel, egal von welchem Punkt auf der Erde, lässt einen das ahnen. Die Sonde Voyager 2 funkte vor geraumer Zeit ein Foto der Erde zurück zu uns, aufgenommen vom Rand unseres Sonnensystems. Es zeigt die Erde als einen winzigen, blassen, bläulichen Fleck in einem nebelartigen Schleier. In der mehrere Milliarden Jahre alten Geschichte des Universums erscheinen wir wie eine bedeutungslose Anomalie. Dennoch sind wir Teil des Universums. Unsere Körper werden aus den Bestandteilen gebildet, aus denen sich auch die Himmelskörper zusammensetzen.

Die Welt, wie wir sie vorfinden, mit allen Dingen, seien sie belebt oder unbelebt, ist Gegenstand von Naturgesetzen und insofern „determiniert", auch wenn wir noch nicht alle Naturgesetze entdeckt haben. Selbst wenn wir sie alle kennen würden, ist es dennoch unwahrscheinlich, dass wir dadurch die Zukunft voraussagen könnten.[9] Unsere biologischen Vorfahren teilen wir uns mit den Menschenaffen, deren Gene den unsrigen weitestgehend gleichen. Menschenaffen sind soziale Tiere, welche in Gesellschaften leben.[10] Sie kennen Streit, Trauer und Werkzeuge. Aber selbst diese hochentwickelten Lebewesen sind Tiere und insofern Gegenstand von Naturgesetzlichkeit, die sich vor allem in instinktiven Tätigkeiten zeigt.

Auch die menschliche Gesellschaft setzt sich aus Individuen zusammen. Wir haben jeweils Wünsche und Hoffnungen und sind bestrebt, diese zu realisieren. Als Individuen existieren wir nicht unabhängig voneinander, wir beeinflussen uns gegenseitig. Dies bedeutet jedoch nicht, dass die Welt insgesamt determiniert ist und der einzelne Mensch keinen Einfluss auf den Lauf der Dinge hat. Die Besonderheit des Menschen ist ja gerade, dass wir denken und Entschlüsse fassen können. Es gibt in der durch die Vergangenheit determinierten Welt, die uns umgibt, überhaupt nur deshalb Möglichkeiten der Veränderung, weil wir versuchen, die Welt zu verstehen, Entscheidungen zu treffen und die Welt im Sinne unserer Wünsche zu gestalten. Es ist die einzigartige Bestimmung des Menschen, durch Erforschung unserer Umwelt und durch konkrete Gestaltung die in uns liegenden Möglichkeiten bestens zu nutzen.

Das Verständnis dieser Welt wird dabei unvollendet bleiben.[11] Menschen besitzen nur eine begrenzte Anzahl von Informationen und Modellen. Mal benutzen wir Bauernregeln und andere Heuristiken, mal schalten wir die Vernunft ein.[12] Zudem ist unser Hirn nicht in der Lage, alle Informationen zu verarbeiten, und bedient sich daher einiger Kniffe. Abstraktionen helfen uns, die Vielzahl an Information zu organisieren. Auch unsere Begriffe sind abstrakt und damit von begrenzter Geltung. Unter der Farbe Grün stellt sich jeder Mensch wohl etwas anderes vor.

Damit ist auch Sprache eine Abstraktion und damit ein Hilfsmittel, welches an sich schon fehlerbehaftet sein kann. Die Sicht des Individuums auf die Realität ist daher notwendigerweise begrenzt. Der Prozess, durch den die Welt und die sie ausmachenden Umstände und Verhältnisse erkannt werden, führt regelmäßig zu Erkenntnisfortschritten, die jedoch, insbesondere solange der Mensch seine Welt gestaltet, niemals endgültig sein können.

Ziele von Individuum und Gesellschaft

Das Verständnis der Welt, zumindest der Gegenwart und der Vergangenheit, erleichtert die Erfüllung der Wünsche und Hoffnungen. Von daher spielt es kaum eine Rolle, dass wir wohl niemals ein wie auch immer definiertes perfektes Verständnis der Realität entwickeln. Da Möglichkeit das Wesen der menschlichen Existenz bestimmt, ist die Zukunft offen und wir haben die Freiheit, unsere Zukunft in unserem Sinne zu gestalten. Diese Freiheit ist eine soziale, eine gesellschaftliche Freiheit. Dabei hat sich in der Evolution die Erkenntnis durchgesetzt, dass es sinnvoll ist, nicht zufällig zu handeln, sondern zu planen.

Gruppen von Jägern und Sammlern zogen nicht zufällig durch Wälder und Wüsten, sondern planten ihre Streifzüge. Albert Einstein wird der dazu passende Kommentar zugeschrieben: Planung ersetzt den Zufall durch Irrtum. Die Naturwissenschaften haben sich dabei als enorm nützlich erwiesen, da das Verständnis beispielsweise chemischer und physikalischer Zusammenhänge die Konstruktion von Werkzeugen und Instrumenten ermöglicht. Der technische Fortschritt hat seit der industriellen Revolution das Zusammenleben der Menschen sehr verändert.

Eine wichtige Dimension menschlicher Gestaltung ist die allgemeine Versorgung mit Gütern und Dienstleistungen. Welche Güter und Dienstleistungen nachgefragt werden und wie diese Nachfrage zu befriedigen ist, ist wesentlicher Gegenstand der Ökonomie. Häufig übersehen wird bei der Betrachtung der Vergangenheit die soziale Transformation: Die Begrenzung der Arbeitszeit, die Einführung von kostenloser Bildung für alle und von Arbeitslosen-, Renten- und Gesundheitsversicherung, die Durchsetzung von Löhnen, die die Herausbildung einer sog. Mittelschicht ermöglichten.[13] Diese Errungenschaften sind durch den Druck der Gruppen entstanden, die für sich diese Dinge forderten.

Die Grundlage dieser Forderungen bildete der aufgeklärte Humanismus. Dieser Humanismus tritt seit einigen Jahrzehnten immer stärker in den Hintergrund und ist weitgehend durch das Profitmotiv verdrängt worden – auch in der Ökonomik.[14] Die Einführung der allgemeinen Schulpflicht basierte nicht auf der Idee der Profitmaximierung, sondern auf der Idee, dass mehr Bildung den Menschen ein besseres Leben ermöglicht. In der Folge stiegen dann die Produktivität und auch das Bruttoinlandsprodukt. Heute sind die Wachstumsraten historisch gesehen auf einem Tiefstand, trotz oder eher aufgrund der immer stärkeren Betonung des Individuums und des Unternehmertums.

Wirtschaften als zentrales menschliches Gestaltungsfeld

Menschen können Erstaunliches schaffen, wenn sie nur wollen. Die Pyramiden in Ägypten sind ein Beispiel für die enorme Schaffenskraft der Antike. Heute werden statt Herrschergräbern Investitionen von hoffentlich größerem Gemeinwohl – laut Duden das Wohl[ergehen] aller Mitglieder einer Gemeinschaft – durch den Staat getätigt.[15] Die Arbeitskräfte werden bezahlt und nicht zur Arbeit gezwungen.[16] Die Grenze des Machbaren ist dabei eine rein stofflich-technische. Wie sich der Staat den Zugriff auf die einheimischen Ressourcen sichert, um Investitionen und allgemeine Ausgaben zu finanzieren, ist eine verfassungsrechtliche Frage. Sie ist jedoch eine Frage des Wie, nicht des Ob. Die Vergangenheit hat das Produktionspotential der Gegenwart determiniert. Die heutigen Investitionen und Ausgaben von Staat, privatem Sektor und Ausland determinieren das Produktionspotential der Zukunft. Der Schlüssel zur Maximierung der Investitionen und damit zur Optimierung der angestrebten Gestaltung unserer Zukunft liegt indes, wie wir sehen werden, in der Verfassung des Geldsystems.

Eine nicht unbedeutende Rolle spielt dabei die Wirtschaftsgeographie.[17] Einige Rohstoffe sind nur in wenigen Regionen vorhanden, andererseits gibt es auch Regionen ganz ohne bedeutende Rohstoffvorkommen (z. B. Japan). Rohstoffarmut führt allerdings nicht zu Unterentwicklung, es scheint eher das Gegenteil der Fall zu sein. Rohstoffexportierende Länder sind häufig relativ arm, die Einnahmen aus den Rohstoffexporten kommen zudem nur einer kleinen Schicht zugute. Die Nachfrageseite ist auch nicht unwichtig. Die Nähe zu großen Absatzmärkten kann auch kleinere Länder ohne natürliche Rohstoffe wie die Niederlande, die Schweiz oder Singapur zu wichtigen Wirtschaftsstandorten machen.

Ich möchte nochmals auf die Offenheit der Zukunft zurückkommen. Die Tatsache, dass Individuen die Gesellschaft bilden, hat eine lange Diskussion ausgelöst. Auf der einen Seite wird betont, der Mensch wäre durch die Gesellschaft geprägt. Die andere Seite hält dagegen, das Individuum bestimme die Gestalt der Gesellschaft. Ich denke, dass beides richtig ist. Die Gesellschaft und auch die Individuen erfahren ständig Veränderungen. Es ist meiner Meinung nach zu betonen, dass die Regeln der Gesellschaft häufig angepasst werden. Dies eröffnet den Individuen einen Handlungsspielraum bezüglich der Zukunft. Auch die Ideen der Menschen bezüglich ihrer Umwelt werden immer wieder aktualisiert. Dabei beeinflussen die Ideen der Menschen die Regeln der Gesellschaft und gleichzeitig aber die Regeln der Gesellschaft andersherum auch die Ideen der Individuen.[18]

Der resultierende reflexive Prozess ist sehr komplex und ein Urteil über einzelne Veränderungen nur sehr schwer möglich. Dies liegt daran, dass auch „schlechte" Ideen für positive gesellschaftliche Resultate sorgen können. So ist beispielsweise der Übergang von der absoluten zur parlamentarischen Monarchie meist mit positiven Veränderungen für die Wohlfahrt der meisten Menschen verbunden gewesen. Dies heißt jedoch nicht, dass dieser Übergang in die beste aller Welten führte, sondern eben nur in eine von vielen möglichen. Insofern sind Veränderungen von Institutionen immer nur Verbesserungen, die aber keinen Anspruch auf Vollkommenheit erheben können. So wäre die Errichtung von modernen demokratischen Nationalstaaten in Europa vor zweitausend Jahren aufgrund der technologischen und sozialen Bedingungen wohl unmöglich gewesen. Dies bedeutet nicht, dass keine gesellschaftlichen Verbesserungen möglich waren.

Die Rolle der Institutionen

Individuen versuchen also einerseits, die existierende Welt zu begreifen und auf der anderen Seite, Einfluss auf diese zu nehmen. Der Einfluss des einzelnen Individuums ist jedoch begrenzt. Daher organisieren wir uns in Gruppen, u. a. in Parteien, Firmen, Familien, Vereinen und Religionsgemeinschaften und nicht zuletzt Staaten. So glauben wir, unsere Wünsche einfacher realisieren zu können. Einige dieser Wünsche sind unabhängig von materiellen Gütern oder Dienstleistungen, andere Wünsche hingegen erfordern diese. Bei manchen Wünschen ist nicht klar, ob materielle Güter und Dienstleistungen erforderlich sind. So ist beispielsweise der Wunsch nach Frieden und körperlicher Unversehrtheit ein Wunsch, der diese zunächst nicht unbedingt erfordert. Jedoch kann es sein, dass zu ihrer Umsetzung eine Verteidigungsarmee organisiert und ausgerüstet werden muss.

Immaterielle Wünsche umfassen Begriffe wie Freiheit oder (soziale) Gerechtigkeit. Diese Vorstellungen basieren auf einer Ethik und der Anerkennung der elementaren Menschenrechte. Sie soll das Zusammenleben von Menschen unter humanen Bedingungen erleichtern. So ist beispielsweise die Institution der Sklaverei inzwischen in den meisten Ländern zumindest formal abgeschafft, da sie ethisch nicht zu rechtfertigen ist.[19] Auf den ersten Blick waren Sklavenhaltergesellschaften wirtschaftlich gesehen erfolgreich, jedenfalls für die Besitzer der Sklaven. Die Abschaffung der Sklaverei und Leibeigenschaft dürfte aber ein wichtiger Faktor für das Wirtschaftswachstum der sich allmählich industrialisierenden Welt gewesen sein. Insofern schlagen sich auch Vorstellungen von Gerechtigkeit in der wirtschaftlichen Sphäre nieder.

Eine wesentliche Frage ist die der Chancengleichheit. Sollten alle Menschen die gleichen Chancen besitzen, um etwas aus ihrem Leben zu machen? Wie stellt man diese Chancengleichheit her? Das Motto der französischen Revolution „Freiheit, Gleichheit, Brüderlichkeit“ muss mit Leben erfüllt werden, wenn wir es ernstnehmen wollen. Jeder Mensch entscheidet dabei für sich, welche Werte aufgrund welcher Ethik akzeptabel sind. Natürlich gibt es auch eine zeitliche Dynamik, da Menschen Erfahrungen machen und Einsichten gewinnen, im Guten wie im Schlechten.

Institutionen sollen dafür sorgen, dass grundlegende Ideen des Zusammenlebens verwirklicht werden. Diese Institutionen sind meistens staatlich und im 21. Jahrhundert an die existierenden Nationalstaaten geknüpft. So garantiert beispielsweise das Grundgesetz wesentliche und einklagbare Rechte für Individuen, die unwiderruflich sein sollen. Das staatliche Bildungssystem soll dafür sorgen, dass zumindest eine gewisse Chancengleichheit hergestellt wird, indem Kindern kostenlos Bildung zuteil wird.[20] Polizei und Justiz sollen für die Einhaltung der Gesetze sorgen, welche im demokratischen Prozess beschlossen wurden. Die Verfassung soll die Stetigkeit des politischen Prozesses garantieren. Die Zentralbank und die Banken sollen für das reibungslose Funktionieren des Kredit- und Zahlungswesens sorgen.

Der Staat greift dabei nicht in die Wirtschaft ein, sondern er erzeugt sie erst. Ziel ist die Erhöhung des Gemeinwohls, des Wohls aller. Dabei wird angenommen, dass die Menschen ganz generell der Hilfe des Staates bedürfen. Wir sind nicht perfekt und wir brauchen beispielsweise Bildung, um uns als Menschen entwickeln zu können. Da Kinder normalerweise kein Einkommen haben, springt zwangsläufig der Staat ein und stellt die erforderlichen Ressourcen – Schulen und Universitäten, Lehrer und Professoren – zur Verfügung.

Wünsche, deren Realisierung die Versorgung mit materiellen Gütern oder Dienstleistungen erfordern, gibt es unzählige. Neben den grundlegenden Bedürfnissen Wohnung, Kleidung und Nahrung wollen sich Menschen in gewissen sozialen Kreisen bewegen können und sich selbst verwirklichen – ob sie sich dessen bewusst sind oder nicht. Einige wollen ein Instrument erlernen, andere ein neues Auto kaufen, um den Nachbarn den eigenen Erfolg zu zeigen.[21] Aufgrund der Vielzahl dieser Wünsche ist es erforderlich, unter Beachtung der Auswirkungen auf unsere Umwelt eine ausreichend große Menge an materiellen Gütern und Dienstleistungen herzustellen, damit sich die Menschen verwirklichen können. Wovon hängt diese Menge ab?

Die arbeitsteilige Wirtschaft

Die Produktion von Gütern und Dienstleistungen hängt von vielen unterschiedlichen Einflussgrößen ab.[22] Die wichtigsten sind die Technologie, die Umwelt und die soziale Struktur. Die Grundlage der menschlichen Existenz sind die Agrarprodukte. Nehmen wir an, dass die Produktion an Lebensmitteln, welche dem Konsum eines Menschen für ein Jahr entspricht, genau einem Jahr an Arbeitskraft entspricht. Unter diesen Umständen wären Menschen gezwungen, den ganzen Tag zur Sicherstellung ihrer Ernährung zu arbeiten. Die Bildung von Dörfern oder gar Städten wäre unmöglich. Steigern wir die Produktivität um den Faktor Zehn, so bedeutet dies, dass ein Bauer Lebensmittel produziert, die den Jahresbedarf von zehn Menschen abdecken. So können sich nun neun Menschen anderen Tätigkeiten widmen. Wer bestimmt, welche Tätigkeiten das sein werden?

Da alle Menschen Lebensmittel benötigen, werden sie dem Bauern einen Tausch vorschlagen wollen. Also produzieren sie etwas, was dem Bauern gefällt oder was anderen Menschen gefällt, die im Tausch vom Bauern bereits Lebensmittel bekommen haben. Diese Idee des Tausches von Gütern, so intuitiv sie erscheinen mag, ist jedoch historisch gesehen nicht der Ursprung des Geldes. Das Aufkommen von Geld hängt mit der Besteuerung durch den Staat zusammen. Seit jeher wurden Steuern in Naturalien bezahlt, der Bauer lieferte also den zehnten Teil seines Getreides, der Bäcker den zehnten Teil des erzeugten Brotes. Praktischer ist allerdings ein modernes Geldwesen.

Das Steuerwesen

Der Staat legt den Menschen eine Steuer auf, die diese durch die Zahlung von Geld ableisten können.[23] Durch die Nachfrage nach seinem Geld kann der Staat nun den Bürgerinnen und Bürgern das abkaufen, was er tatsächlich haben möchte.[24] Die Grenzen der staatlichen Ausgaben stellen die Ressourcen dar, welche dem Staat gegen sein Geld angeboten werden. Sollten die Ressourcen knapp werden, dann werden steigende Preise dies anzeigen. Dies kann, wenn es in mehreren Bereichen passiert, zu einer steigenden Inflationsrate führen.

Der Staat legt dabei fest, was als Geld zur Zahlung von Steuern akzeptiert wird (z. B. Münzen oder Papierscheine) und auf welcher Einheit dieses basiert (z. B. Dollar oder Euro). So schafft der Staat eine Nachfrage nach seinem Geld, denn jeder muss schließlich am Ende des Jahres damit Steuern zahlen. Jetzt muss der Staat nur noch sein Geld in die Zirkulation bringen, damit die Menschen ihre Steuern auch bezahlen können. Er könnte für Arbeitsleistungen einen Lohn in Geld zahlen, wodurch dieses in Umlauf gerät. Die späteren Steuerzahlungen verringern den Umlauf des

Geldes entsprechend. Durch die allgemeine Steuerpflicht entsteht eine Akzeptanz von Geld als Möglichkeit, zukünftige Steuern zu begleichen.[25]

Geld verspricht also die Tilgung von Steuerschulden beim Staat und ist funktional ein Versprechen auf Inzahlungnahme. Wenn private Haushalte sich entschließen, Preise und Schuldkontrakte auf die Währung des Staates lauten zu lassen, dann ist das eine sinnvolle Ergänzung der originären Funktion des Geldes. Nun lassen sich damit auch Schulden gegenüber Haushalten und Unternehmen begleichen. Der Zwang, beispielsweise Immobilienkredite abzuzahlen, zwingt dann die Bürger, das staatliche Geld zu akzeptieren und nachzufragen.

Wer Geld über die jährliche Steuerzahlung hinaus ansammelt, der muss sich um zukünftige Steuerzahlungen weniger Sorgen machen. In einer unsicheren Welt macht es Sinn, in Geld zu sparen. Schließlich kann man nie wissen, wie nächstes Jahr das Geschäft läuft.[26] Der Staat muss also berücksichtigen, dass bei der Ausgabe von Geld – sowohl durch die Bezahlung von Arbeitsleistungen als auch durch den Kauf von Gütern und Dienstleistungen – ein Teil in den Sparstrumpf fließt.

Es wird also nicht ausreichen, Geld in Höhe der zu erwartenden Steuern auszugeben. Der Staat muss mehr ausgeben, als er einnimmt, um die Steuertilgung zu ermöglichen. Dies ist der Grund dafür, dass der Staat normalerweise ein Defizit aufweist: er gibt mehr aus, als er einnimmt. Die Differenz landet als Ersparnis bei den Haushalten und Unternehmen! Ein staatliches Defizit wird also durch einen erwünschten privaten Überschuss verursacht, denn würden die Haushalte und Unternehmen das Geld nicht zurücklegen, sondern ausgeben, dann würde es über die Zeit in Form von Steuerzahlungen wieder an den Staat zurückfließen.

Die Produktion im Geldsystem

Wenn auch der Ursprung des Geldes nicht im Tauschhandel liegt, so ist die Arbeitsteilung doch auch ein Grund für die Entstehung von Verschuldung. Wichtig bei der Planung der Produktion sind die sog. Skalenerträge. Massenfertigung ist meist bedeutend preiswerter als die Fertigung von Kleinserien, da mehr Maschinen eingesetzt werden können und Rohstoffe in großen Mengen günstiger zu beschaffen sind. Das Gleiche gilt für die Bereitstellung von Dienstleistungen. Die Bereitstellung eines Flugzeugs mit 10 Plätzen wird zu teureren Ticketpreisen führen als die Bereitstellung eines Flugzeugs mit 250 Plätzen. Der Grund ist der Fixkostenanteil in der Produktion. Einige Kosten fallen unabhängig von der Größe der Produktion an, wie etwa die Kosten für Maschinen oder die Kosten für die Benutzung einer Landebahn.

Wenn dies so ist, werden sich in einem evolutionären Prozess jene Unternehmen durchsetzen, welche die größten Mengen produzieren. Es wird dann von steigenden Skalenerträgen gesprochen. Dies kann übrigens dazu führen, dass nur einige wenige Firmen oder gar nur eine einzige in einer Industrie existieren. Solange dies nicht passiert, kann die profitorientierte Marktwirtschaft als Mechanismus für Produktion und Verteilung von knappen Gütern und Dienstleistungen durchaus ein geeignetes Instrument zur Erreichung gesellschaftlicher Ziele sein. Erfolgreiche Unternehmen erzielen Profite durch Produktion und Absatz, die kostensparend und damit effizient sind, und werden sich gegenüber anderen Unternehmen durchsetzen. Das Selbstinteresse könnte dann mit dem Interesse der Gemeinschaft (Gemeinwohl) zusammenfallen.[27]

Dies bringt uns zurück zum Wettbewerb. Der Wettbewerb zwingt Unternehmen, kostengünstig anzubieten. Dabei gibt es zwei Strategien, die ein Unternehmen anwenden kann. Einmal kann das Unternehmen bei gegebenem Faktoreinsatz die Produktionsmenge maximieren. Dies geschieht durch höhere Produktivität. Die Maschinen arbeiten effizienter oder die Arbeitnehmer oder beide zusammen. Die Steigerung der Produktivität kann durch verschiedene Maßnahmen erreicht werden. Durch Innovationen können die Maschinen oder Prozesse verbessert werden. Durch die Bereitstellung einer besseren Verkehrsinfrastruktur können die Transportkosten gesenkt werden, was sowohl beim Transport der Produktionsfaktoren als auch beim Abtransport der Produktion eine Rolle spielt. Eine Verbesserung der Kommunikationsinfrastruktur kann zu einer weiteren Absenkung der Kosten führen. Eine bessere Ausbildung ermöglicht den Arbeitnehmern eine höhere Produktivität. Diese Verbesserungen werden teilweise durch den Aufbau von öffentlichen Institutionen, wie etwa dem Internet oder Universitäten, und teilweise durch private Investitionen, beispielsweise in Forschung und Entwicklung, erreicht.

Die Frage, ob nun der private oder der öffentliche Sektor für diese Verbesserungen verantwortlich sein soll, erfordert eine differenzierte Antwort.[28] Wichtig ist hier, welches Problem wahrgenommen wird und welche Strategien die besten Erfolgsaussichten haben. Sicherlich gibt es für dasselbe Problem immer mehrere Lösungen, die auch nebeneinander existieren können. So kann beispielsweise der öffentliche Nahverkehr durch das Angebot von Leihfahrrädern ergänzt werden, wenn viele Menschen kein eigenes Fahrrad besitzen. Dies ist etwa in Barcelona oder Valencia in Spanien der Fall. In Deutschlands Norden, etwa in Bremen oder Oldenburg, ist dies nicht nötig, da die Menschen im Schnitt wohl mehr als ein Fahrrad im Privatbesitz haben. Beide Lösungen können funktionieren im Sinne der Effizienz und beide Lösungen können auch nebeneinander existieren. Mit dieser zusätzlichen Option können die Arbeitnehmer eventuell schneller, kostengünstiger und umweltschonender zur Arbeit kommen als vorher.

Durch die ansteigende Menge an Produktion bei gleichbleibenden Kosten kann also die Produktion kostengünstiger gestaltet werden. Die alternative Strategie ist die Absenkung der Faktorkosten. Entweder werden die Löhne gesenkt oder für Maschinen oder andere Inputs wird weniger gezahlt. Diese Strategie erfordert keine besonderen Institutionen. Jedoch erfordert sie politische Macht, denn Löhne werden meist zwischen Arbeitgeberverbänden und Gewerkschaften ausgehandelt. Das Ergebnis der Verhandlungen entscheidet dann über die Frage, wie die Produktion auf Unternehmer, Arbeitnehmer und Kapitalbesitzer relativ aufgeteilt wird.

Arbeitsteilung erzeugt Schuldverhältnisse

Warum gibt es überhaupt Unternehmen und damit Unternehmer, Arbeitnehmer und Kapitalbesitzer? Die wesentliche Idee dahinter ist das Eigentumsrecht. Solange Menschen als Nomaden umherziehen, gibt es keine Arbeitslosigkeit. Alle sind beschäftigt, die eigene Produktion ist dann auch gleich die Grundlage des Konsums. Einige Güter und Ressourcen werden geteilt, wie beispielsweise Frischwasserquellen oder Weiden. Erst die Einführung von Eigentumsrechten und damit die künstliche Verknappung des Landes und der Produktionsmittel sowie der natürlichen Ressourcen erzeugt eine Situation, in der die Menschen ohne Produktionsmittel auf die Aufnahme einer Arbeit angewiesen sind. Arbeitslosigkeit ist daher ein modernes Phänomen und in der menschlichen Geschichte keineswegs eine Selbstverständlichkeit. Arbeitssuchende können jedoch nur die Arbeitsplätze besetzen, die von Unternehmen angeboten werden.

Die Unternehmen wiederum fragen nur dann Arbeit nach, wenn sie sich Profite versprechen. Wie oben bereits erklärt wurde, hängen die Kosten in der Produktion häufig von der Größe des Outputs ab. Unternehmen sind also tendenziell bestrebt, Arbeitnehmer einzustellen, um so die Produktion auszuweiten. Dabei hat sich das Prinzip der Arbeitsteilung als sinnvoll erwiesen. Ein Arbeitnehmer, der sich auf nur einen Produktionsschritt spezialisiert, ist produktiver. Daher arbeiten in den Unternehmen viele Arbeitnehmer, die jeweils auf gewisse Tätigkeiten spezialisiert sind. Innerhalb der Unternehmen werden die Arbeitnehmer bezahlt, dafür treten sie aber ihre Arbeitskraft ab. Das Unternehmen bestimmt die Tätigkeiten der Arbeitnehmer, um die Produktion zu organisieren. Diese Prozesse sind meist komplex, und das Unternehmen versucht, diese Komplexität durch genaue Planung in den Griff zu bekommen. So lässt sich die ungewisse Zukunft besser angehen, als wenn die Arbeitnehmer jeden Morgen wieder aufs Neue eingestellt und abends mit dem Lohn entlassen werden.

Staat und Markt

Hier ist anzumerken, dass sowohl Unternehmen wie auch der Staat als Institutionen den Markt erst schaffen, der ohne diese Institutionen wohl nicht entstehen würde. Durch langfristige Verträge wird dann für Planungssicherheit gesorgt, die aus verschiedenen Gründen erforderlich ist. Die weitgehende Ausschaltung von Märkten für Arbeitskräfte ist also Teil der Erzeugung von Märkten von Gütern und Dienstleistungen. So wäre es unsinnig, dass der Staat jeden Montag Richter am Arbeitsmarkt einstellt und diese dann am Freitag wieder entlässt. Ein Prozess dauert meist mehrere Wochen und ständig wechselnde Richter würden für ziemliche Unsicherheit sorgen. Ebenso wird sich ein Unternehmen bei einem langwierigen Prozess über die Gültigkeit von Patenten vor Gericht nicht von Rechtsanwaltskanzleien vertreten lassen, die es erst am Morgen für einen Tag engagiert hat.

Durch Arbeitsverträge wird also bewusst die tägliche Preisbildung auf den Arbeitsmärkten umgangen. Langwierige und komplexe Arbeitsprozesse erfordern spezialisierte Arbeitnehmer, und von daher ist eine langfristige Bindung für beide Seiten sinnvoll. Arbeitgeber müssen nicht befürchten, dass die Arbeitnehmer eines Tages den Betrieb fluchtartig verlassen und ihn dadurch ruinieren. Und die Arbeitnehmer schätzen ein stetiges Einkommen höher ein als ein schwankendes. Firmen sind also letztlich Konstrukte zur Umgehung des Marktes.

Die Haushalte haben auf den meisten Märkten eine sehr große Auswahl an Produkten und Dienstleistungen. Je nach individuellen Wünschen sind unterschiedliche Marken, unterschiedliche Farben und Merkmale erhältlich. Transport- und Transaktionskosten begrenzen dennoch den Wettbewerb. Der sonntägliche Spaziergang zum Bäcker wird nicht unendlich ausgedehnt werden und auch das Abtelefonieren von Autohändlern auf der Suche nach dem besten Preis findet irgendwann ein Ende. Dies gilt besonders für Dienstleistungen, die vor Ort erbracht werden. Niemand, der nicht gerade an der Grenze wohnt, wird für einen Haarschnitt ins Ausland fahren. In anderen Bereichen hingegen stehen die einheimischen Unternehmen in internationalem Wettbewerb. Ob internationaler Wettbewerb oder nicht, die Nachfrage entscheidet in einer Volkswirtschaft darüber, was in welchen Mengen produziert wird.

Viele Gütermärkte funktionieren dabei über die Anpassung von Preisen. Als Beispiel mag der Fischbrötchenmarkt dienen. Es wird an dieser Stelle angenommen, dass sich die Akteure am Markt nicht verschulden, sondern nur Geld ausgeben, das sie vorher eingenommen haben. Angenommen also, in einer Stadt kostet ein Fischbrötchen 1,50 Euro. Durch den Zuzug von Hanseaten steigt jedoch die Nachfrage nach Fischbrötchen, was kurzfristig zu höheren Preisen führt. Die Verkäufer bekommen mit, dass ihre Ware ständig ausverkauft ist und reagieren zunächst mit einer Preiserhöhung. Dies erhöht die Gewinne in der Branche, was dann wiederum Nachahmer auf den Plan ruft. So werden eventuell einige Wiener Feinbäcker auf die Idee kommen, ebenfalls einen Fischbrötchenverkauf anzubieten. Dadurch steigt die Angebotsmenge, was bei gleichbleibender Nachfrage nach Fischbrötchen zu einem Absinken der Fischbrötchenpreise führt. Die Preise für die Inputs in Fischbrötchen könnten dadurch ansteigen, was die Kosten in der Branche erhöhen würde. Durch niedrigere Erlöse und steigende Kosten sinken die Gewinne. Die Angebotsmenge ist gestiegen, der Preis wie auch der Gewinn sind wieder auf etwa das ursprüngliche Niveau abgesunken.

Leider hat der Wettbewerb der Unternehmen aber auch negative Folgen. Die Macht der Unternehmen kann den demokratischen Prozess aushebeln, wenn beispielsweise Lobbyisten Gesetze schreiben, der Wahlkampf von Unternehmern finanziert wird und durch andere Gefälligkeiten

Einfluss auf die politische Gestaltung im In- und Ausland genommen wird. Die Grenzen zwischen Staat und privatem Sektor sind in der Realität nicht so scharf abzugrenzen. Unternehmen können zudem durch Monopole oder Preisabsprachen Güter und Dienstleistungen einerseits über ihrem Marktwert anbieten oder andererseits Teile der Kosten für Beschäftigung und Umwelt auf die Gesellschaft abwälzen.

Eine weitere wichtige Frage ist die der Aufteilung der Produktion über die Zeit. Schließlich möchten die Menschen nicht nur dann Güter und Dienstleistungen konsumieren, wenn sie arbeiten, sondern auch dann, wenn sie sich zur Ruhe gesetzt haben. Ein Problem ergibt sich dadurch, dass die meisten Güter nicht unbegrenzt haltbar sind und Dienstleistungen meist sofort und vor Ort erbracht werden. Das „Sparen“ würde so zur Anlage eines Lagers mit Gütern führen, welche sich aber über die Zeit entwerten. An dieser Stelle besteht natürlich der Wunsch, die Kaufkraft von der heutigen Periode in zukünftige Perioden zu verlagern. Nicht zuletzt dafür eignet sich modernes Geld hervorragend. In der Ökonomik wird seit Jahrhunderten dazu geforscht, wie sich Preisstabilität herstellen lässt.

2. Geld und Kredit

Geld und Kredit existieren seit Jahrtausenden. In Mesopotamien wurden Schuldverhältnisse schon vor viertausend Jahren festgehalten durch Kerbhölzer. Münzen aus Gold, Silber und anderen Materialien zirkulierten schon im Römischen Reich und noch nach dessen Untergang. Auch Geldscheine befinden sich seit Jahrhunderten im Umlauf. Älter noch als Münz- oder Papiergeld ist der Kredit, wie zahlreiche Texte über Schulden und Verschuldung zeigen. Bei Verschuldung entsprechen die Forderungen des einen den Verbindlichkeiten des anderen. Der Schuldner, so wird es allgemein erwartet, wird seine Verbindlichkeiten in der Zukunft durch eine Übertragung von Geld oder Gütern an den Gläubiger abbauen.[29] Aufgrund dieser Erwartung besitzt der Gläubiger eine entsprechende Forderung, die den gleichen Wert wie die Verbindlichkeit hat. Wenn der Schuldner seine Verbindlichkeit erfüllt, so entfällt die Forderung. Forderung und Verbindlichkeit sind also zwei Seiten einer Medaille. Häufig werden sie durch Kreditvergabe erzeugt.

Kredit erlaubt durch die Erzeugung von Schulden die Schöpfung von Kaufkraft bzw. die zeitlich verzögerte Bezahlung von Gütern und Dienstleistungen, während Bargeld zur Bezahlung von Gütern und Dienstleistungen bzw. zur Begleichung von Schulden und Steuern eingesetzt wird. Heutzutage sind Zahlungs- und Kreditsystem eng miteinander verzahnt. Warum haben sich derartige Finanzsysteme durchgesetzt? Warum kann man nicht ein reines Zahlungssystem entwickeln, welches ohne Schulden auskommt? In diesem Kapitel untersuchen wir das Entstehen von Kredit und Geld und die Finanzierung des Staates. Grundsätzlich brauchen wir ein Zahlungssystem, um Zahlungen durchführen zu können, ohne die eine arbeitsteilige Wirtschaft nicht funktionieren könnte. Allerdings ist eine weitere, mindestens ebenso wichtige Funktion des Zahlungssystems die Besteuerung. Sie schafft Platz für die Nachfrage des Staates.

Angenommen, wir entwickeln ein reines Zahlungssystem ohne Kredit, also ohne Verschuldungsmöglichkeit. Der Zweck eines jeden Zahlungssystems ist, dass Individuen Geld ausgeben und empfangen können. Jedes Individuum bekommt ein Konto mit einer Haben- (+) und einer Soll-Seite (−). Woher kommt jedoch dieses Guthaben? Nur mit Guthaben können Güter und Dienstleistungen erworben werden. Das Guthaben des Käufers wird reduziert, das des Käufers entsprechend erhöht. Problem: Wer tätigt den ersten Kauf? Woher kommt das erste Guthaben?

T-Konten und Bilanzen

Ein T-Konto erfasst Zu- und Abgänge einer Art. So gibt es ein T-Konto für Bargeld, eins für Bankeinlagen, eins für Kredite oder auch für Material oder andere Dinge. So kann eine Übersicht über den aktuellen Stand der einzelnen Arten gewonnen werden. Werden alle T-Konten aufsummiert, so erhalten wir eine Bilanz.

Individuum	
Guthaben (+)	Schulden (−)

Am Anfang hat in unserem imaginären Beispiel niemand eine positive Zahl auf der Haben-Seite. Da erst gekauft werden kann, wenn sich ein Guthaben auf dem Konto befindet, wird das Zahlungssystem nicht starten können. Die Konsequenz aus dieser Einsicht ist, dass sich jemand im System verschulden muss, damit Guthaben in Umlauf kommen. Dies bedeutet, dass irgendein Konto mit einem Guthaben ausgestattet werden muss, ohne dass dies vorher irgendwie „verdient“ worden wäre.

Ohne dieses Guthaben können auch keine Zahlungen stattfinden. Aus diesem Grund sind Zahlungs- und Kreditsystem miteinander verwachsen. Wer über Geld redet, muss über Verschuldung reden, denn ohne Verschuldung kann kein modernes Geld entstehen! Die in einigen Kreisen verbreitete Vorstellung von verschuldungsfreien Zahlungssystemen beruht auf einer Auffassung von Geld als reinem Tauschmittel. Dies entspricht jedoch nicht dem Wesen und den Anforderungen einer modernen Verkehrswirtschaft.

Wie aber redet man dann über Verschuldung? In der Volkswirtschaftslehre werden meist Gleichgewichtsmodelle herangezogen, in denen über Geldangebot und Geldnachfrage ein gleichgewichtiger Zins bestimmt wird. Damit ist gemeint, dass zu diesem Zins die Anbieter von Geld genügend Nachfrager finden und andersherum. Der Markt ist also geräumt, denn alle Anbieter von Geld und auch alle Nachfrager finden Geschäftspartner. Diese Idee eines Angebots an Geld basiert auf der volkswirtschaftlich umstrittenen Idee der Knappheit, die in der heutigen Ökonomie vorherrschend ist. Allerdings werden wir im Folgenden sehen, dass Geld an sich kein Wirtschaftsgut ist, auf das die Lehren vom vermeintlich markträumenden Preis angewandt werden könnten. Daher ist der Zins auch kein Knappheitsanzeiger für Geld, wie es häufig behauptet wird.

Eine Bilanzperspektive

Wie aber können wir dann Geld und Kredit verstehen? Die folgenden Ausführungen basieren auf der Einsicht, dass Geld und Kredit durch Transaktionen entstehen, die in Bilanzen dargestellt werden können. Geld und Kredit sind eben nicht bloß neutrale Mittel zur Erfüllung von Tauschgeschäften, denn sie entstehen unmittelbar als Zweck des Geschäftsverkehrs: Unternehmen haben Kreditlinien, Exporteure nutzen Exportkredite, der Staat bezahlt seine Rechnungen über die Zentralbank und begibt Staatsanleihen, Haushalte überziehen ihre Girokonten und nutzen Kreditkarten etc. – Geld entsteht also nicht direkt durch Produktion und/oder Handel, sondern durch Verschuldung der Akteure im Wirtschaftsprozess.

Die Zentralbank hat eine Bilanz, die Regierung natürlich auch, die Banken und auch Haushalte und Unternehmen. Die Methodologie basiert auf der Betrachtung von vereinfachten Bilanzen, die immer eine Abstraktion von Verträgen und anderen sozialen Schulden sind. Ich halte diese Methode für relativ objektiv und nachvollziehbar, da sie die Schuldverhältnisse in den Mittelpunkt stellt und den Anforderungen der doppelten Buchführung genügt.[30] Im Folgenden werden Gleichgewichte definiert als die Balance von Forderungen und Verbindlichkeiten, Guthaben und Schulden, Aktiva und Passiva. Der Vereinfachung halber werde ich von Forderungen und Verbindlichkeiten sprechen. Diese stelle ich dann in Bilanzen dar. Das Wort „Bilanz" kommt übrigens vom lat. *Bilanx*, was so viel wie Waage oder Gleichgewicht heißt.

Individuum

Guthaben (+)	Schulden (−)
Forderungen (+)	Verbindlichkeiten (−)
Aktiva (+)	Passiva (−)

Dabei ist es unwahrscheinlich, dass unser Individuum genauso viel Verbindlichkeiten wie Forderungen hat. Nehmen wir einmal an, dass das Individuum mehr Vermögen als Verbindlichkeiten hätte. Dem Vermögen in Höhe von 20 stehen Verbindlichkeiten in Höhe von 10 gegenüber. Forderungen sind Zahlungen, die wir empfangen bzw. empfangen könnten, wenn wir Teile unseres Vermögens verkaufen. Verbindlichkeiten sind Schulden, die wir je nach Laufzeit jetzt oder in Zukunft begleichen müssen.

Da eine Bilanz immer im Gleichgewicht sein muss, entspricht die Höhe der Forderungen immer der Höhe der Verbindlichkeiten. In unserem Fall erzeugen wir das Gleichgewicht, indem wir den Posten Nettovermögen auf die Seite der Verbindlichkeiten buchen. Das Nettovermögen entspricht der Summe der Forderungen abzüglich der Summe der Verbindlichkeiten (natürlich ohne Nettovermögen), in diesem Fall also 20 – 10 = 10. Das Nettovermögen wird auf der Seite der Verbindlichkeiten eingetragen. Man könnte genauso gut das Nettovermögen mit umgekehrtem Vorzeichen auf Seite der Forderungen eintragen, weil sie eine Forderung des Eigentümers oder der Teilhaber darstellt.

Individuum

Forderungen	20	Verbindlichkeiten	10
		Nettovermögen	10

Anhand einer Bilanz kann man das Nettovermögen einer Person oder Institution ablesen. Es ist quasi eine Liste aller Vermögensgegenstände und Verbindlichkeiten in Form einer Gegenüberstellung. Individuen und auch Institutionen wie etwa die Regierung oder die Zentralbank oder auch Unternehmen haben dabei nicht nur Forderungen in Form von Finanztiteln wie Geldeinheiten, Aktien oder Wertpapieren, sondern besitzen auch materielle (Güter, Häuser etc.) und immaterielle Güter (Patente, Marken etc.). Guthaben in Geldeinheiten bei Banken werde ich als Bankeinlagen oder Einlagen bezeichnen, sowohl aus Sicht der Bank wie auch der Haushalte. Man könnte auch von Guthaben sprechen.

Individuum

Haus	200	Hypothek	150
Aktien	30	Nettovermögen	100
Bankeinlagen	20		

Das Individuum, dessen Bilanz oben dargestellt ist, ist relativ vermögend. Der Wert der Forderungen (200+30+20) übersteigt den Wert der Verbindlichkeiten (150) um 100. Dieser Wert wird als Nettovermögen gebucht, damit die Bilanz ausgeglichen ist. Im Jahr 2012 allerdings hatten laut DIW Wochenbericht 9/2014 in Deutschland 28% der erwachsenen Bevölkerung kein oder sogar ein negatives Nettovermögen. Auch wenn Bilanzen notwendigerweise stets „aufgehen“, geben sie allerdings nicht zwangsläufig ein zutreffendes Bild der Wertverhältnisse wieder; die ausgewiesenen Werte sind mit Vorsicht zu genießen. Wie insbesondere die Spanier und die Iren erfahren haben, sind Häuserpreise ziemlich starken Schwankungen unterworfen, und zwar in beide Richtungen. Die Bewertung der entsprechenden Vermögensposition ist daher weder objektiv noch sicher. Der Hauspreis kann fallen, der Wert von Aktien ebenso und Banken können Pleite gehen, wobei Einlagen der Kunden meist bis zu einer gewissen Höhe geschützt sind.

Selbst wenn die bilanzierten Vermögensgegenstände erheblichen Schwankungen unterliegen, bleiben die Verbindlichkeiten in der Regel in vollem Umfang bestehen. Die Hypothek von 150 bliebe bestehen, selbst wenn die kreditgebende Bank Pleite geht. In diesem Falle würde die Hypothek aus der Insolvenzmasse an eine andere Bank veräußert werden, die dann die Hypothek übernimmt und die Rückzahlungen überwacht. Gerät die Tilgung in Gefahr, könnte die Bank gezwungen sein, die Hypothek in Teilen abzuschreiben, also im Wert zu reduzieren. Der Verlust bei den Forderungen würde durch eine Reduzierung des Eigenkapitals oder eines ähnlichen Postens bei den Verbindlichkeiten ausgeglichen werden. Während also der Wert des Vermögens variabel ist, sind die Werte der Verbindlichkeiten unveränderlich. Durch Schuldenstreichungen können Verbindlichkeiten in der Höhe verändert werden, aber normalerweise nicht ohne Zustimmung des Gläubigers. Dies passiert nur sehr selten. Die obige Bilanz des Individuums beinhaltet also Unsicherheit bezüglich des Wertes der Vermögensgegenstände – und damit des Wertes des Nettovermögens.

Bilanzen und Finanzkrisen

Nicht alle Vermögensgegenstände sind dabei gleich unsicher, was ihren Wert anbelangt. Einlagen in den Banken beispielsweise werden normalerweise, sofern die Bank nicht Pleite geht, im Wert nicht schwanken.

Staatsanleihen sind meist genauso sicher wie Einlagen in den Banken, in der Regel sogar sicherer. Aktien und Immobilien hingegen sind schon größeren Wertschwankungen unterworfen, ebenso die Preise von einzelnen Gütern wie beispielsweise Edelmetallen wie Gold, Rohstoffen wie Öl oder der virtuellen „Währung" Bitcoin. Im Folgenden werden wir uns auf die finanziellen Werte, u. a. Bankeinlagen, Wertpapiere und Aktien, konzentrieren und aus Gründen der Übersichtlichkeit alles andere weitestgehend weglassen. Angenommen, eine Immobilien- und Aktienmarktblase würde platzen, dann sähe die Bilanz eventuell so aus:

Individuum

Haus	100	Hypothek	150
Aktien	10	Nettovermögen	−20
Bankeinlagen	20		

Nun hat sich durch den Wertverlust des Hauses und der Aktien das Nettovermögen des Haushalts von +100 auf −20 verändert, ohne dass das Individuum irgendeine Transaktion getätigt hat. Die Bilanz muss ausgeglichen sein. Der Verlust des Wertes der Forderungen wird auf der Seite der Verbindlichkeiten durch ein negatives Nettovermögen erreicht. Dies ist eine aktualisierte Abbildung der Wirklichkeit. Sollte das Individuum geplant haben, im Haus zu wohnen und mit der Rente den Lebensunterhalt zu bestreiten, so wird es wohl zu kleineren Anpassungen des Individuums kommen. Eventuell wird ein bisschen mehr gearbeitet und ein bisschen mehr gespart. Sollte allerdings das Haus verkauft werden, um daraus den Lebensunterhalt zu bestreiten, weil die Rente allein nicht ausreicht, dann ist der Plan jetzt wohl dahin. Das Individuum wird auf die veränderte Situation mit Anpassungen der Arbeitszeit und der Sparquote reagieren. Mehr gearbeitete Stunden und ein größerer Anteil des Einkommens, der gespart wird, sollen so das Nettovermögen wieder erhöhen. Das Einkommen liegt dabei über den Ausgaben.

Wir nehmen an, dass das Individuum ein Einkommen von 20 erzielt hat. Dem stehen Ausgaben in Höhe von 10 gegenüber. Am Jahresende bleibt also ein Überschuss von 10. Wie aktualisieren wir die Bilanz? Wir unterscheiden nun zwischen Bestands- und Flussgrößen. Bisher hatten wir nur Bestandsgrößen betrachtet. Der Wert des Hauses zu einem Zeitpunkt, der Wert des Aktienportfolios zu einem Zeitpunkt etc. sind alles

Daten zu einem Stichtag. Einkommen und Ausgaben hingegen sind Flussgrößen, denn sie beziehen sich auf einen Zeitraum. Fluss- und Bestandsgrößen sind durch eine gestrichelte Linie getrennt. Oberhalb der gestrichelten Linien notieren wir die Flussgrößen und unterhalb dieser die Bestandsgrößen. Die Ersparnis definieren wir als nicht verausgabtes Einkommen. Durch eine Erhöhung der Bankeinlagen um 10 entsteht eine Ersparnis in dieser Höhe. Durch den Anstieg der Forderungen steigt auch das Nettovermögen. Allerdings ist es mit −10 immer noch negativ.

Individuum

Einnahmen	20	Ausgaben	10	Flussgrößen (ein Jahr)
		Ersparnis	10	
Haus	100	Hypothek	150	Bestandsgrößen (Zeitpunkt)
Aktien	10	Nettovermögen	−10	
Bankeinlagen	30			

Das Individuum kann sich jetzt überlegen, ob die Zusammensetzung der Forderungen und Verbindlichkeiten so (noch) ideal ist. Eventuell liegt der Zins auf die Bankeinlagen niedriger als der Zins auf die Hypothek. Dann wäre es sinnvoll, die Bankeinlagen zur teilweisen Tilgung der Hypothek zu verwenden, sofern der Vertrag mit der Bank dies zulässt. Eine Tilgung in Höhe von 10 würde die Bilanz entsprechend verändern:

Individuum

Einnahmen	20	Ausgaben	10	Flussgrößen (ein Jahr)
		Ersparnis	10	
Haus	100	Hypothek	140	Bestandsgrößen (Zeitpunkt)
Aktien	10	Nettovermögen	−10	
Bankeinlagen	20			

Natürlich könnte der Haushalt noch weitere Entscheidungen treffen. Eventuell könnte er die Aktien veräußern und den Erlös ebenfalls zur Schuldentilgung einsetzen. Es ist sehr schwierig, die Reaktionen von Individuen und Institutionen auf Veränderungen einzuschätzen. Da allerdings einige Institutionen fest definierte Ziele haben, lassen sich einige

Operationen mit hoher Wahrscheinlichkeit vorhersagen. Im Folgenden werden vier Leitfragen im Vordergrund stehen, die dabei helfen sollen, ein modernes Finanzsystem im Allgemeinen und das Finanzsystem der Eurozone im Besonderen zu verstehen. Diese Fragen lauten:

1. Wie entsteht Giralgeld (Einlagen)?
2. Wie entsteht Bargeld (Reserven)?
3. Wie entstehen Staatsanleihen (in Deutschland)?
4. Über welche Instrumente verfügt die (Europäische) Zentralbank?

Bei der Betrachtung dieser Fragen kommen die Prinzipien der doppelten Buchführung zur Anwendung. Die wichtigste Regel lautet: Zu jedem Geschäftsvorfall gehören zwei Buchungen. Die beiden Buchungen dürfen dabei die Bilanz nicht aus dem Gleichgewicht bringen, Aktiva und Passiva müssen also die gleiche Höhe ausweisen. Im Folgenden werden wir uns weitgehend Bestandsgrößen in Bilanzen ansehen, Flussgrößen hingegen werden vernachlässigt.

3. Die Entstehung von Giralgeld (Einlagen)

Zuerst betrachten wir die Entstehung von Giralgeld, dem Geld, das die Banken erzeugen.[31] Geschäftsbanken sind Banken, die mit dem privaten Sektor arbeiten. Sie werden im Folgenden einfach als Banken bezeichnet. Zentralbanken hingegen, die im modernen Finanzsystem eigentlich immer dem staatlichen Sektor zuzurechnen sind, arbeiten nur mit Banken zusammen und stellen in erster Linie den reibungslosen Ablauf des Zahlungsverkehrs einer Volkswirtschaft sicher. Das Giralgeld in den Banken ist abzugrenzen gegenüber dem Bargeld bzw. den Reserven (Guthaben bei der Zentralbank), welche im nächsten Abschnitt erklärt werden. Als Giralgeld bezeichnen wir die Einträge in der Buchhaltung der Banken, welche wie Bargeld auch in der Einheit Euro geführt werden. Da die Zentralbank kein Giralgeld erzeugt, ist dies nur bei den Banken der Fall. Sie können sich in privatem oder staatlichem Besitz befinden. Banken bilden das Ergebnis ihrer Geschäftstätigkeit in ihrer laufenden Buchhaltung ab. Die entsprechenden Veränderungen auf ihren Bankkonten entnehmen Haushalte und Unternehmen ihren gedruckten oder elektronischen Kontoauszügen. Wie aber entsteht das Giralgeld?

Die rechtliche Grundlage der für die Buchgeldschöpfung

Die Bundesbank schreibt in einem Schülerbuch, dass es keine direkte rechtliche Regelung geben würde. Wörtlich heißt es dort: „Die Möglichkeit zur Buchgeldschöpfung durch Banken wird vom deutschen Recht vorausgesetzt.“

(https://www.bundesbank.de/de/service/schule-und-bildung/schuelerbuch-geld-und-geldpolitik-digital/vertiefung-haeufig-gestellte-fragen-zum-thema-geldschoepfung)

Es gibt drei Vorgänge für die Entstehung von Giralgeld. Banken erzeugen es bei der Kreditvergabe, beim Empfang von Zahlungen des Staates an die Kunden und beim Empfang von Zahlungen aus dem Ausland im Zusammenhang mit Exporten. Banken können auch bei Verkäufen von

Finanztiteln oder Vermögensgegenständen gegen inländische Währung Giralgeld erzeugen.[32] Während Bankeinlagen, die im Zusammenhang mit einer Erhöhung der Staatsausgaben oder der Exporte geschöpft werden, bis auf weiteres permanent sind, ist es bei Kreditvergabe an Haushalte und Unternehmen so, dass alle zusätzlichen Bankeinlagen plus der Zins wieder vernichtet werden (sollen), wenn der Kredit zurückgezahlt wird. Neben der Schöpfung von Bankeinlagen gibt es auch die Möglichkeit der Löschung von Bankeinlagen. Dies geschieht bei Rückzahlung des Kredits, Steuerzahlung und bei Bezahlung von Importen. In den ersten beiden Fällen sind die Bankeinlagen tatsächlich gelöscht, im letzten Fall werden sie einem Ausländer überschrieben und befinden sich lediglich nicht mehr im einheimischen Geldkreislauf.

In diesem Kapitel stehen Kredite der Banken an Haushalte und Unternehmen im Vordergrund. Ob überhaupt Kredite vergeben werden, richtet sich im Wesentlichen nach der Kreditnachfrage. Eine Bank kann zwar für Kredite werben, aber letztlich niemandem einen Kredit aufzwingen. Sie kann versuchen, die Kunden zu überzeugen oder auch zu überreden, aber am Ende muss der Kunde den Kreditvertrag selbst unterschreiben. Die Bank achtet bei der Kreditvergabe normalerweise darauf, dass der Kunde entsprechende Sicherheiten und Bonität hat. Letztere ist die Einschätzung der Schuldentilgungsfähigkeit aufgrund insbesondere von Einkommen, während im Falle eines Kreditausfalls – also der Einstellung der Rückzahlungen – die Bank auf die Sicherheiten zurückgreifen könnte. Bei diesen Sicherheiten kann es sich auch um Gegenstände handeln, die erst mithilfe des Kredits gekauft werden. Dies ist typisch für Immobilienkredite, auch Hypotheken genannt (in Deutschland meist als sog. Grundschulden). Kann der Kunde den Kredit nicht zurückzahlen, verwertet die Bank das Haus, in der Regel durch Verkauf. Bringt dies nicht genügend ein, wird dem Kunden eine Restschuld aufgebürdet.

Die Kreditvergabe aus der Bilanzperspektive

Wie sieht die Vergabe eines Kredits in den aktuellen Bilanzen der Beteiligten aus? Im Grunde genommen handelt es sich hier um einen Austausch von Zahlungsversprechen bzw. Forderungen. Die Bank verspricht dem Kunden Einlagen auf einem Konto und die Akzeptanz derartiger Einlagen für die Rückzahlung des Kredits.[33] Auf der anderen Seite verspricht der Haushalt der Bank die Rückzahlung des Kredits durch die Überlassung von eben solchen Einlagen, üblicherweise gesichert durch Hypotheken oder andere Sicherheiten.[34] Grundlage ist ein Rechtsgeschäft der beiden Parteien in Form eines Kreditvertrags.

Der Kredit ist eine Forderung der Bank und eine Verbindlichkeit des Haushalts. Das Guthaben, das auf dem Girokonto des Haushalts gutgeschrieben wird, ist eine Forderung des Haushalts und eine Verbindlichkeit der Bank.[35] Basis ist der bankenüblich schriftlich abgeschlossene Kreditvertrag. Forderung (Kredit) und Verbindlichkeit der Bank (Einlagen) entstehen in der Bankbilanz gleichzeitig, ebenso die spiegelbildlichen Eintragungen beim Kreditnehmer. Es handelt sich letztlich um einen Austausch von Zahlungsversprechen. Dies erkennt auch das Bürgerliche Gesetzbuch (BGB):

> *§ 488 Vertragstypische Pflichten beim Darlehensvertrag*
>
> *Durch den Darlehensvertrag wird der Darlehensgeber verpflichtet, dem Darlehensnehmer einen Geldbetrag in der vereinbarten Höhe zur Verfügung zu stellen. Der Darlehensnehmer ist verpflichtet, einen geschuldeten Zins zu zahlen und bei Fälligkeit das zur Verfügung gestellte Darlehen zurückzuzahlen.*

Die bilanziellen Positionen sind abstrakte Platzhalter für reale Schuldverhältnisse, die wiederum innerhalb des jeweiligen rechtlichen Rahmens entstehen. Durch den Kredit entstehen also neue Forderungen und neue Verbindlichkeiten. Es ist nicht richtig, dass Banken die Einlagen ihrer Kunden weiterverleihen. Durch einen neuen Kredit werden neue Einlagen geschaffen, während niemandem Einlagen weggenommen werden. Die neuen Einlagen sind zusätzliche Einlagen, sie basieren nicht auf Ersparnissen von anderen Haushalten oder Unternehmen. Daher wird dieser Prozess auch als „Kreditschöpfung“ bezeichnet.

Bank				Haushalt			
Kredit	100	Einlagen	100	Einlagen	100	Kredit	100

Als Folge der Kreditvergabe haben wir bei beiden Beteiligten eine sog. Bilanzverlängerung, das heißt die Anzahl der Forderungen und der Verbindlichkeiten hat für beide Vertragspartner zugenommen. Ihr Nettovermögen ist davon nicht betroffen, da beide Seiten jeweils um die gleiche Summe gewachsen sind. Nichtsdestotrotz steigt die Unsicherheit im Bankensystem an, da jeder Kredit eine bestimmte Ausfallwahrscheinlichkeit hat, die oberhalb von null liegt. Es ist eine zusätzliche Unsicherheit entstanden. Dies ist ein wesentliches Merkmal der Idee von Verschuldung: Schulden müssen definitionsgemäß erst in der Zukunft getilgt werden, anderenfalls würde es sich um ein sog. Bargeschäft handeln, bei dem die Geldschuld im unmittelbaren zeitlichen Zusammenhang ihrer Entstehung getilgt wird. Die Zukunft lässt sich bekanntlich nicht mit Sicherheit vorhersagen.[36]

Wer bekommt einen Kredit? Banken haben weitgehende Freiheiten bei der Vergabe von Krediten. Das Kreditwesengesetz (KWG) regelt die Regulierung der Banken in Deutschland und setzt einige interessante Rahmenbedingungen fest. Nach §18 KWG darf eine Bank einen Kredit über 750.000 Euro oder einen, der 10% des Eigenkapitals übersteigt, „nur gewähren, wenn es sich von dem Kreditnehmer die wirtschaftlichen Verhältnisse, insbesondere durch Vorlage der Jahresabschlüsse, offenlegen lässt." Selbstverständlich gibt es Ausnahmen. Keine Offenlegung erforderlich ist u. a. bei Krediten an „Zentralregierungen oder Zentralnotenbanken im Ausland, den Bund, die Deutsche Bundesbank". Der Grund hierfür ist, dass diese unter normalen Umständen nicht insolvent werden können.

Warum wird überhaupt ein Zins erhoben?

Ein Zins auf einen Kredit ist nicht zwingend notwendig für das Funktionieren eines Kreditsystems. Durch den Zins kann die Erwartung ausgedrückt werden, dass die Kreditnehmer nicht zurückzahlen können. Verluste reduzieren Rücklagen und später das Eigenkapital einer Bank. Dies kann zur Insolvenz führen. Durch den Zins können das Eigenkapital und die Rücklagen erhöht werden, was die Sicherheit des Überlebens der Bank erhöht.

Der Begriff des Kredits wird in KWG §21 geregelt. Als Kredite zählen u. a. Gelddarlehen aller Art, die Diskontierung von Wechseln und Schecks und andere Verpflichtungen. Die Banken, als Institute bezeichnet, müssen nach §11 „ihre Mittel so anlegen, dass jederzeit eine ausreichende Zahlungsbereitschaft (Liquidität) gewährleistet ist." Die Bundesanstalt für Finanzdienstleistungsaufsicht (BaFin) kann dabei höhere Liquiditätsanforderungen stellen, sofern sie sonst die nachhaltige Versorgung eines Instituts mit Liquidität als gefährdet ansieht. §10 behandelt die Eigenmittelausstattung der Banken, auf die später eingegangen werden wird.

Üblicherweise ist jeder Kredit befristet, d. h. Zins und Tilgung müssen zu bestimmten Terminen gesondert oder zusammen zurückgezahlt werden. Da bei der Kreditvergabe noch nicht feststeht, ob Zahlungen zu den festgesetzten Terminen tatsächlich geleistet werden können, ist das Finanzsystem potentiell instabil. Ein absolut stabiles Finanzsystem wäre nur ohne Kredite möglich. Das allerdings wäre dann eben kein Finanzsystem mehr. Seriosität der Kreditvergabe vorausgesetzt, setzt die Stabilität des Finanzsystems also vor allem entsprechende zukünftige Einnahmen, in der Regel also stabile Einkommen der Kreditnehmer voraus.

Von daher ist der Begriff der Nachhaltigkeit eines Finanzsystems nicht so einfach zu definieren (siehe Kapitel 7). Da jeder Kredit mit Unsicherheit behaftet ist, kann ein strikt nachhaltiges Finanzsystem nur eines ohne Kredite sein. Dann allerdings haben wir kein Finanzsystem mehr und das Kind wurde mit dem Bade ausgeschüttet. Also muss die Nachhaltigkeit des Finanzsystems dadurch bemessen werden, ob die Kreditnehmer bzw. generell die verschuldeten Einheiten, entsprechende zukünftige Einnahmen bzw. Einkommen erwarten.

Die neoklassische Sicht

In der Neoklassik wird die sog. Theorie der loanable funds *vertreten. Unter anderem der US-Ökonom Paul Krugman und der ehemalige deutsche Finanzminister Wolfgang Schäuble hängen der Idee an, dass eine Bank Einlagen von Sparern weiterverleiht. Kredite werden als Sachdarlehen dargestellt. Wie wir in den Bilanzen gesehen haben ist diese Vorstellung einer Ersparnis aus dem* Spartopf *nicht zutreffend.*

Während einer Wirtschaftskrise mit hoher Arbeitslosigkeitsrate haben viele Wirtschaftssubjekte bei der Tilgung ihrer Schulden Probleme. Haushalte können Hypothekenraten nicht mehr bedienen, so dass ihr Haus in eine Zwangsversteigerung gerät, und Unternehmen können Kredite nicht mehr tilgen, weil sie ihre Produktion nicht mehr verkaufen können. In dieser Situation ist Verschuldung ein einzelwirtschaftliches Problem, welches zu einem gesamtwirtschaftlichen Problem werden kann. Wir kommen später noch darauf zurück. An dieser Stelle soll noch einmal festgehalten werden, dass uns ein an der absoluten Beseitigung von Unsicherheit orientierter Stabilitätsbegriff nicht weiterhilft. Indem das Finanzsystem Kredite in Form von Giralgeld zur Verfügung stellt, ist es nämlich selbst ein unentbehrlicher Stabilitätsfaktor. Durch Kredite entstehen Beschäftigungsverhältnisse und Einkommen oder werden aufrechterhalten, die Zukunft betreffende Kontrakte können abgeschlossen werden, insgesamt findet eine Zunahme der Produktion und Versorgung mit Gütern und Dienstleistungen statt.

Privatwirtschaftliche Investitionen in die Realwirtschaft

Die Aufnahme von Bankkrediten ist für Haushalte und Unternehmen mit Kosten verbunden, schließlich muss ein Zins gezahlt werden. Der Zins eines Kredits wird im Kreditvertrag festgeschrieben. Er kann fix sein oder variabel, wobei meist ein Aufschlag auf einen beobachtbaren Marktzins vereinbart wird. Für den privaten Sektor besteht kein Anreiz, die Kreditnachfrage unendlich auszuweiten. Schließlich kostet jeder Kredit Geld (Zinsen) und muss natürlich bis zum Ende der Laufzeit getilgt werden.

Was passiert, wenn die Kreditverträge verschwunden sind?

Im Juli 2017 berichtete die New York Times, dass Kreditverträge von Studentenkrediten im Wert von mehr als fünf Milliarden US-Dollar abzuschreiben wären. Wenn keine Dokumentation darüber vorliegt, wer der Besitzer der verbrieften Kredite ist, ist auch nicht klar, an wen die Zinsen und die Rückzahlungen zu leisten sind. In diesem Fall, und nur in diesem Fall, haben die Kreditnehmer Glück gehabt.

Es muss also gute Gründe geben, warum Haushalte und Unternehmen sich per Kredit verschulden sollten. Bei Haushalten ist der wesentliche Grund für die Kreditaufnahme der Erwerb einer Immobilie zur Eigennutzung. Es ist sinnvoll, auf Kredit ein Haus zu kaufen, wenn die Familie Kinder hat, und nicht erst, wenn die Kinder aus dem Haus sind und die Eltern alt sind. Von daher ist Kredit an Haushalte grundsätzlich eine Institution, die uns das Leben erleichtern kann. Allerdings ist es problematisch, wenn die Kredite sehr teuer sind oder Arbeitslosigkeit und andere Gefahren für die Erzielung von Einkommen drohen.

Bei den Unternehmen ist es so, dass private Investitionen finanziert werden sollen. Die Durchführung hängt im Wesentlichen ab von der erwarteten Nachfrage nach den eigenen Gütern und/oder Dienstleistungen. Die Unternehmen sehen den Kredit als Kosten, die bei der Verfolgung zukünftiger Gewinne entstehen. Grundsätzlich werden Zinsen aus Gewinnen bezahlt, sofern sie vorhanden sind – ansonsten geht es an die Substanz. Das Unternehmen müsste Aktiva veräußern, um Zinszahlungen zu finanzieren.

Da ein solcher Prozess schnell in eine Deflationsspirale führen kann – Notverkäufe führen zu Preisverfall auf den Vermögensmärkten, dies wiederum zur Rückzahlung von mehr Krediten durch weitere Notverkäufe und noch mehr Preisverfall –, ist anzunehmen, dass im Normalfall die Zinsen nicht dauerhaft höher sein können als die Gewinne.[37] Ein Grund für Niedrigzinsen liegt also auch darin, dass die Gewinne nicht höher sind. Aufgrund der durchschnittlich relativ niedrigen Gewinne im Unternehmenssektor würde ein höherer Zins dazu führen, dass die Unternehmen keine Kredite mehr nachfragen würden.

Nehmen wir nun an, dass ein Unternehmen einen Kredit aufnimmt, um eine realwirtschaftliche Investition zu tätigen. Es kauft dem Haushalt 1 eine Maschine zum Preis von 100 Währungseinheiten ab.

Unternehmen 1				Haushalt 1			
Maschine	100	Kredit	100	Einlagen	100	Nettoverm.	100
Bankguthaben	0						

Wir nehmen an, dass der Haushalt die Maschine erst nach Eingang des Auftrags des Unternehmens baut. In diesem Fall entstehen neue (private) Investitionen – und neue Ersparnis! Wenn wir die obige Bilanz nehmen und Maschinen durch Investitionen ersetzen und (nicht verausgabte) Einlagen mit Ersparnis, dann bekommen wir folgendes Resultat:

Unternehmen 1				Haushalt 1			
Investitionen	100	Kredit	100	*Ersparnis*	100	Nettoverm.	100
Bankguthaben	0						

An dieser Stelle wird klar, warum in einer Volkswirtschaft die Höhe der Ersparnis und die Höhe der Investitionen immer gleich hoch ist. Die Ersparnis ist quasi der „buchhalterische Schatten" der (privaten) Investitionen.[38] Die durch Kredit oder Abbau von Vermögen finanzierten Investitionen erzeugen einen Ausgabenüberschuss beim Investor, der sich in einem Einkommensüberschuss beim Empfänger des Geldes ausdrückt. Dieser Einkommensüberschuss stellt dort eine Ersparnis dar, bis das Geld ausgegeben wird und die Ersparnis zu einem anderen Haushalt oder Unternehmen verschoben wird. Hier wird sehr deutlich, dass eine Ersparnis ohne Investitionen nicht denkbar ist und das Ersparnis und Investitionen nicht auseinanderfallen können. Es hat die Ökonomen Jahrzehnte gekostet, um dies zu verstehen.[39]

Spekulation und Blasen

Kommen wir zurück zum Haushalt und zum Kredit. Der Haushalt kann sich nun, da er über ein Guthaben bei der Bank verfügt, damit etwas kaufen. Dafür weist er die Bank an, das Guthaben auf das Konto eines anderen Haushalts oder Unternehmens zu übertragen. Das Guthaben des Haushalts verlässt damit seine Bilanz, wenn er beispielsweise ein Haus gekauft hat. Dieses Haus kann dann mit dem entsprechenden Wert in die Bilanz eingetragen werden. Auf der Seite des Verkäufers findet das ganze spiegelbildlich statt. Der zweite Haushalt besitzt ein positives Nettovermögen, da den Forderungen in Form von Bankguthaben keinerlei Verbindlichkeiten gegenüberstehen.

Haushalt 1				Haushalt 2			
Haus	100	Kredit	100	Einlagen	100	Nettoverm.	100
Bankguthaben	0	Nettoverm.	0				

Haushalt 1 könnte den Kredit für eine Spekulation auf steigende Häuserpreise oder zum Erwerb eines Hauses für den Eigenbedarf aufgenommen haben.[40] Durch den Kauf des Hauses könnten die Häuserpreise generell in die Höhe gezogen werden. Dies ist nicht immer der Fall, und es ist ausgesprochen schwierig, wenn nicht gar unmöglich, die Preisbewegungen genau vorherzusagen. Angenommen, dies ist der Fall, dann wird sich Haushalt 1 nach einem Anstieg der Häuserpreise reicher fühlen, ohne dass sich Haushalt 2 ärmer fühlt. Das Nettovermögen (Nettoverm.) von Haushalt 1 ist höher als vorher, sofern er das Haus zum aktuellen Marktpreis bilanziert. Dies wird aus den folgenden Bilanzen klar. Bankguthaben werden ab jetzt Einlagen genannt.

Haushalt 1				Haushalt 2			
Haus	110	Kredit	100	Einlagen	100	Nettoverm.	100
Einlagen	0	Nettoverm.	10	Haus	0		

Sollte Haushalt 1 spekuliert haben und sich nun bestätigt fühlen in seiner Ahnung, dass die Hauspreise steigen, dann könnte er jetzt weitere Kredite aufnehmen. Aufgrund der höher bewerteten Sicherheit – der Hauspreis ist um 10% gestiegen – ist die Bank bereit, die Kreditsumme entsprechend nach oben anzupassen. Der nächste Kredit über 110 Euro wird wieder in ein Haus investiert.

Haushalt 1				Haushalt 2			
Haus	230	Kredit	210	Einlagen	100	Nettoverm.	100
Einlagen	0	Nettoverm.	20	Haus	0		

Bilanzierungsregeln und Prozyklizität

An dieser Stelle ist zu erkennen, dass Bilanzierungsregeln einen Einfluss auf die Kreditvergabe haben können. Je nachdem, ob Marktwerte oder Einkaufswerte von Immobilien ausgewiesen werden, können die gleichen Sicherheiten zu unterschiedlichen Werten für neue Kredite genutzt werden. Dabei führt ein Steigen der Preise zur Möglichkeit, noch mehr Kredit in Anspruch zu nehmen. Dies kann zu einem sich selbst verstärkenden Zyklus führen – sowohl im Aufschwung wie auch im Abschwung. Man spricht auch von Prozyklizität.

Auch hier, so nehmen wir an, führt der Kaufvorgang zu einem weiteren Anstieg der Häuserpreise. Das Nettovermögen des Haushalts 1 erhöht sich wieder um 10, seine Verschuldung steigt an. Hiermit sind wir schon bei einem Kreditzyklus angelangt, bei dem steigende Preise mehr Spekulation auslösen, die selbst zu weiter steigenden Preisen führt. Dieser Prozess kann selbstverstärkend sein, bis die Verschuldung nicht mehr weiter steigt. Dieser Prozess wird auch Blasenbildung genannt, wobei eine Definition schwerfällt. Es gibt keinen „Gleichgewichtspreis" oder „Fundamentalpreis" von Häusern und anderen Anlagen, da diese nun einmal durch Kredit finanziert werden und die Kreditfinanzierung aufgrund der mit ihr einhergehenden Unsicherheit per Definition nicht gleichgewichtig oder fundamental sein kann.

Stabilität führt zu Instabilität

Der Ökonom Hyman Minsky entwickelte eine Klassifikation für unterschiedliche Niveaus von Verschuldung. In einer monetären Volkswirtschaft ist es normal, dass viele Akteure zu jeder Zeit verschuldet sind. Die erste Stufe der Verschuldung ist dann erreicht, wenn sich ein Akteur verschuldet und bei Fälligkeit sowohl den Kredit wie auch die Zinsen tilgen kann. Dies nennt Minsky *sichere* Verschuldung. Die nächste Stufe nennt er *spekulative* Verschuldung. Der Akteur verschuldet sich, kann aber nur den Zins zahlen und ist darauf angewiesen, dass eine Umschuldung gelingt. Dies beinhaltet ein Risiko, da ohne Umschuldung ein Ausverkauf der Aktiva des Akteurs droht. Die letzte Stufe der Verschuldung ist erreicht, wenn ein Akteur weder Zins noch Kreditsumme aufbringen kann und nur durch eine steigende Verschuldung überleben kann. Diese Stufe nennt Minsky nach einem berühmten US-Spekulanten *Ponzi*-Finanzierung.

Die Bankenabgabe

Seit 2015 gibt es in Deutschland eine sog. Bankenabgabe. Beitragspflichtig sind im Wesentlichen die Banken. 2018 wurden insgesamt 1,99 Mrd. Euro eingezahlt. Das Geld fließt, je nach Land, entweder in den Rettungsfonds oder steht der Regierung zur Verfügung. Da die Zentralbank selbst Geld schöpfen kann, handelt es sich hierbei im Wesentlichen um eine Steuer auf Banken.

Nach Minsky kommt es über die Jahrzehnte dazu, dass durch viele erfolgreich getilgte Kredite die Kreditstandards aufgeweicht werden, da kaum noch jemand mit einer Krise rechnet. Die letzte große Krise gerät in Vergessenheit und die Firmen erhöhen ihre Verschuldung, weil es akzeptabel ist. Dadurch führt Stabilität im Finanzmarkt zu Instabilität. Diese Beobachtung ist eine gute Beschreibung der Jahrzehnte nach Ende des 2. Weltkriegs.[41]

Der Wirtschaftskreislauf

Historisch gesehen war es in Deutschland im 20. Jahrhundert typisch, dass sich die Unternehmen verschuldeten.[42] Privatwirtschaftliche Investitionen werden nicht nur aus einbehaltenen Gewinnen, sondern gerade auch durch Kredit finanziert. Dabei verhandelt das Unternehmen mit der Bank über die Konditionen eines Kredits, mit dessen Hilfe Rohstoffe, Arbeit und Kapitalgüter eingekauft werden sollen. Rohstoffe und insbesondere Kapitalgüter (u. a. Immobilien und Maschinen) dienen zunächst als Sicherheit für die Bank. Die Erlöse des Verkaufs der Produktion sollten dann ausreichen, um den Kredit zu tilgen. Nach der Gewährung des Kredits wird das Unternehmen die Einlagen zum Kauf u. a. von Arbeitskraft nutzen. Fangen wir mit der aktuellen Bilanz nach der Gewährung des Kredits durch die Bank an.

Bank				Unternehmen			
Kredit	100	Einlagen	100	Einlagen	100	Kredit	100

Das Unternehmen kauft nun u. a. Arbeitskraft. Zur Vereinfachung nehmen wir an, dass das Unternehmen Dienstleistungen produziert, welche nur durch den Einsatz von Arbeitskraft produziert werden. Das Unternehmen überweist also nun seine Einlagen an die Haushalte, wofür es Arbeitsleistungen erhält. Die mit Hilfe dieser Arbeit verrichteten Dienstleistungen bilanzieren sie mit einem Wert von 100. In der Bilanz der Bank ändert sich nichts, nur die Einlagen wechseln den Besitzer.

Haushalte				Unternehmen			
Einlagen	100	Nettoverm.	100	D.-leistungen	100	Kredit	100

Dadurch gelangen die Einlagen in die Hände der Arbeitnehmer. Diese können nun die erzeugten Dienstleistungen (Produktion) kaufen, indem sie diese Einlagen wieder zurück an das Unternehmen transferieren. In der Bilanz unten sind die Posten in der Bilanz der Haushalte eingeklammert, da Produktion verbraucht wird und daher normalerweise nicht in die Bilanz eingeht. Bei dem Unternehmen werden aus Dienstleistungen Bankguthaben.

Haushalte				Unternehmen			
[Produktion	100]	[Nettoverm.	100]	Einlagen	100	Kredit	100

Das Unternehmen hat also quasi seine Einlagen zurückerhalten und kann nun seinen Kredit bei der Bank tilgen. Nach der Tilgung sehen die Bilanzen folgendermaßen aus:

Bank				Unternehmen			
Kredit	0	Einlagen	0	Einlagen	0	Kredit	0

Genauso, wie der Kredit und die Einlagen entstanden sind, werden sie wieder gestrichen: technisch gesehen aus dem Nichts zurück ins Nichts. Allerdings beruhen die Einträge natürlich auf Rechtsgeschäften und sind Abstraktionen dieser. Die Grundlage von Buchungen und Bilanzen sind immer Rechtsgeschäfte. Warum wird dann der ganze Aufwand betrieben, wenn die betrachteten Bilanzpositionen am Ende genauso aussehen wie am Anfang? Die Antwort darauf liegt in der Bilanz der Haushalte. Die Produktion, in diesem Falle Dienstleistungen, wurde produziert und konsumiert. Dies ist der Zweck einer Kreditwirtschaft: die Produktion von Waren und Dienstleistungen durch die Unternehmen und die Konsumtion durch die Haushalte.

Die Einlagen zirkulieren, nachdem ein Kredit gewährt wurde, als jeweilige Guthaben im Wirtschaftskreislauf (siehe Abbildung 3.1). Letztlich ist die Verausgabung der Einlagen auch der Grund für die Aufnahme eines Kredits. Kaum jemand nimmt einen Kredit auf und belässt dann die Einlagen in der Bank. Der Grund für Kreditaufnahme sind häufig Unternehmen, die aufgrund einer erwarteten Nachfrage nach Gütern und Dienstleistungen ihre Produktion vorfinanzieren möchten. Der Kreislauf startet also mit der erwarteten Nachfrage, aufgrund derer die Unternehmen mithilfe von neuen Krediten ihre Produktion vorfinanzieren. Unternehmen bezahlen u. a. Arbeitskraft mit ihren Guthaben in den Banken, die sie entsprechend an die Arbeitnehmer übertragen. Diese können nun die Produktion nachfragen und die Nachfrageerwartungen der Unternehmer haben sich zumindest teilweise erfüllt. Die Guthaben der Unternehmen werden wieder aufgefüllt.

Wann endet nun diese Zirkulation? Sie endet, wenn der Besitzer der Einlagen sich dazu entschließt, diese zur Tilgung eines bestehenden Kredits zu verwenden. Eine weitere Möglichkeit ist, dass der Besitzer der Einlagen mit diesen zufrieden ist und sie nicht verausgabt, sondern auf dem Bankkonto liegen lässt. Er könnte sie auch in ein Sparkonto, ein Zertifikat oder Ähnliches umwandeln. Da die Ersparnis in diesem einfachen Modell daher rührt, dass Bankeinlagen in Umlauf gebracht wurden, geht der Pfeil von der Bank zur den Haushalten und nicht andersherum. Die Bankeinlagen fließen von den Banken den Haushalten zu, und nicht andersherum! Eine weitere Möglichkeit ist die Verwendung der Einlagen zur Zahlung von Steuern oder Abgaben an den Staat. Damit wären die Einlagen ebenfalls aus dem Geldkreislauf verschwunden. Später wird dieses Thema ausführlicher behandelt, indem der Staat und das Ausland ergänzt werden.

Abbildung 3.1: Einfacher Geldkreislauf

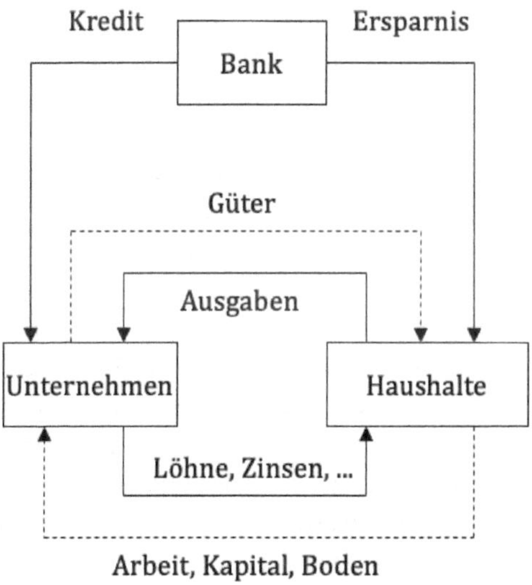

Die Vorratshaltung von Einlagen über den mit Sicherheit kalkulierbaren Bedarf hinaus ist sehr rational. Nicht alle notwendigen Ausgaben lassen sich von vornherein planen. Viele Haushalte und Unternehmen werden daher einen Puffer an Einlagen auf dem Bankkonto halten wollen. Mit der Möglichkeit der Überziehung von Bankkonten – ebenfalls eine Form des Kredits – hat das „Horten" von Bankeinlagen etwas abgenommen. Unternehmen haben oft eine fixierte Kreditlinie bei der Hausbank, die sie bis zu einer vorher vereinbarten Höhe in Anspruch nehmen können. Hier wird deutlich, dass eine Erhöhung des Kredits durch die Nachfrage zustande kommt. Das Ausschöpfen der Kreditlinie liegt, einmal von der Bank gewährt, alleine in der Hand des Unternehmens.

Die keynesianische Geldnachfrage im Lehrbuch

In der „General Theory" von 1936 postuliert J.M. Keynes ein Gleichgewicht zwischen Geldangebot und -nachfrage. Letztere hängt hauptsächlich von Einkommen und Liquiditätspräferenz ab. Im IS/LM-Modell aus dem VWL-Lehrbuch haben wir bei einer Erhöhung der Geldmenge einen expansiven Impuls, welcher die Einkommen so lange erhöht, bis die zusätzliche Geldmenge absorbiert ist. Durch die höheren Einkommen und den niedrigeren Zins wird also mehr Geld nachgefragt, bis Angebot und Nachfrage übereinstimmen. Diese Idee eines Gleichgewichts bei fixiertem Geldangebot ist ein wesentlicher Unterschied zu den Ausführungen in diesem Buch.

Ein weiteres Problem der Ersparnishaltung ergibt sich aus der höheren Ersparnis der relativ reichen Unternehmer und Vermögensbesitzer. Angenommen, ein Unternehmer nimmt einen Kredit über 1 Million Euro auf und produziert. Er zahlt eine halbe Million Euro an Löhnen. Die Produktion möchte er für eine Million Euro verkaufen, allerdings will er selbst seinen Profit komplett sparen. Die Frage ist nun: Woher kommt die Nachfrage, um die Lücke von einer halben Million Euro zu füllen? Der Unternehmer möchte ja nicht sparen, indem er die Hälfte der Produktion auf Lager nimmt. Er möchte Guthaben bei der Bank als Ersparnis halten.

Damit dies funktioniert, müsste also zusätzliche Nachfrage geschaffen werden. Wie wir später sehen werden, kommt diese Nachfrage normalerweise durch den Staat. Dieser erzeugt zusätzliche Einlagen in den Banken, indem er mehr ausgibt, als er einnimmt. Während die staatlichen Ausgaben die Nachfragelücke schließen, tragen die so entstehenden Guthaben der Haushalte und Unternehmen zur Bildung der angestrebten Ersparnis bei.

Das gesamtwirtschaftliche Erfordernis für die staatlichen Haushaltsdefizite liegt also darin begründet, dass die Ersparnis des privaten Sektors – meist der Haushalte, inzwischen zunehmend auch der Unternehmen – eine Nachfragelücke erzeugt, die ansonsten nicht geschlossen werden würde. Da diese Nachfragelücke in guten wie in schlechten wirtschaftlichen Zeiten besteht, erklärt dies die Tatsache, dass der Haushalt des Staates fast immer negativ ist.

Von daher ist ein permanentes staatliches Defizit kein pathologisches Symptom, sondern eine makroökonomische Notwendigkeit, sofern das Ziel Vollbeschäftigung verfolgt wird. Vollbeschäftigung ist dabei grob definiert als eine Situation, in der alle, die arbeiten wollen, auch Arbeit finden können. Sollte der Staat weniger ausgeben, so wird sich die Nachfrage verringern und der Unternehmenssektor bleibt auf Teilen der Produktion sitzen. In der Folge werden sie die Produktion verringern bzw. nicht mehr so stark erhöhen, was zu geringeren Wachstumsraten und steigender Arbeitslosigkeit führt.

Die Verzinsung

Bei der bisherigen Betrachtung haben wir von Zinsen abstrahiert. Kreditzinsen sind die Einnahmequelle der Banken. Folgerichtig werden auf Sichteinlagen zumeist nur sehr viel geringere Zinsen gewährt. Um die Profitabilität einer Bank sicherzustellen, müssen die Zinsen der Forderungen einer Bank die der Verbindlichkeiten übersteigen. Wir kommen nochmal zurück auf die aktuellen Bilanzen von Unternehmen und Bank nach der Vergabe des Kredits. Die Bank wird einen Kreditzins verlangen, der höher als der Einlagezins liegt. Im nächsten Unterkapitel werden wir genauer darauf eingehen, wie Banken ihre Zinsen setzen, wenn sie im Geschäftsverkehr mit anderen Banken Zentralbankgeld benötigen. An dieser Stelle konzentrieren wir uns auf das Unternehmen. Das Unternehmen wird einen höheren Zins auf den Kredit nur in Kauf nehmen, wenn es erwartet, einen entsprechenden Profit zu erwirtschaften.

Bank				Unternehmen			
Kredit	100	Einlagen	100	Einlagen	100	Kredit	100

Eigenkapital als Anfangsausstattung

Bei Gründung einer Bank, sowohl Geschäftsbank wie auch Zentralbank, oder auch eines Unternehmens wird Eigenkapital von Anfang an bereitgestellt. Die Eigner zahlen also Einlagen, Reserven oder Sachgüter (z.B. Bankgebäude) ein, welche als Vermögensgegenstände ausgewiesen werden. Auf der Seite der Verbindlichkeiten wird dann ein Posten Eigenkapital in gleicher Höhe gebildet, da dem Guthaben zunächst keine Verbindlichkeiten gegenüberstehen. Steigen die Verbindlichkeiten stärker als Vermögen und Forderungen, reduziert sich das Eigenkapital entsprechend. Ein negatives Eigenkapital kann eine Insolvenz wegen Überschuldung nach sich ziehen.

Dies wird deutlich, wenn wir die Zeit etwas fortschreiten lassen. Angenommen, wir betrachten die Bilanzen von Bank und Unternehmen zum Zeitpunkt der Fälligkeit des Kredits. Der vereinbarte Zins betrug 5% und der Einlagezins lag bei 0%. Die Bank besitzt nun Guthaben bei der Zentralbank – auch als Reserven bezeichnet – in Höhe von 5.

Bank				Unternehmen			
Kredit	100	Einlagen	100	Einlagen	110	Kredit	100
Reserven	5	Eigenkapital	5			Zins	5
						Eigenkapital	5

Das Unternehmen hat die Produktionsmittel für 100 gekauft und die Produktion für 110 verkauft. Bei Fälligkeit des Kredits bleiben dem Unternehmen nach Tilgung des Kredits Einlagen im Wert von 5 erhalten. Das Nettovermögen erhöht sich. Die Bank verbucht die Zinsen als Forderung, und damit übersteigen diese die Höhe der Verbindlichkeiten. Auch hier wird durch eine Buchung Eigenkapital auf der Seite der Verbindlichkeiten die Bilanz ausgeglichen. Ein positives Eigenkapital bedeutet, dass es Forderungen gibt, denen keine Verbindlichkeiten gegenüberstehen. Eigenkapital ist keine Verbindlichkeit im herkömmlichen Sinne, sondern lediglich ein Konstrukt, dessen Höhe den Betrag ausweist, der bei Liquidation des Unternehmens nach Tilgung aller Verbindlichkeiten an die Eigentümer ausgezahlt werden könnte.

Interessant ist die Tatsache, dass das Unternehmen zur Tilgung der Kredite mehr Einlagen braucht, als in dem Moment auf Grund des gewährten Kredits zirkulieren. Schauen wir uns nochmals die Bilanzen von eben an. Eine Bank hat einen Kredit vergeben, wodurch Einlagen in Höhe von 100 geschaffen wurden. Das Unternehmen muss jedoch Einlagen und Zins an die Bank überweisen, damit der Kredit getilgt wird. Wenn die Bank durch den Kredit nur 100 an Einlagen geschaffen hat, woher kommen dann die Einlagen, mit denen das Unternehmen die Zinsen zurückzahlen kann?

Bank				Unternehmen			
Reserven	10	Einlagen	5	Einlagen	5	Eigenkapital	5
		Eigenkapital	5				

Diese zusätzlichen Einlagen entstehen u. a. in anderen Banken, und ihre Besitzer haben durch Käufe diese Einlagen an das Unternehmen übertragen. Oder eine Bank hat gegen Gewährung von Einlagen dem privaten Sektor, also Haushalten und Unternehmen, etwas abgekauft. Dabei kann es sich z. B. um ein Haus oder einen Firmenanteil handeln. Naturgemäß ist die Rückzahlung von Krediten einfacher, wenn die Kreditmenge gerade (stark) ansteigt, weil dann mehr Einlagen zirkulieren. Ebenfalls erleichternd wirkt sich die Erhöhung der Einlagen im Bankensystem durch höhere Staatsausgaben bzw. die Verringerung der Steuern aus.

Gewinnmaximierung und Schuldenminimierung

Normalerweise wird angenommen, dass Unternehmen die Gewinne maximieren. Es kann jedoch im Zuge von (erwarteten) Finanzkrisen dazu kommen, dass Unternehmen ihre Schulden minimieren. Dabei werden durch die Rückzahlung von Krediten Einlagen vernichtet, was den Wirtschaftskreislauf bremst. Normalerweise wären die Einlagen benutzt worden, um Investitionsprojekte zu finanzieren. Dies hätte zu mehr Nachfrage, höheren Einkommen und mehr Wachstum geführt.

Die Währungseinheit und die Akzeptanz von Geld

Bisher haben wir nicht über die Einheiten in den Bilanzen von Bank, Unternehmen und Haushalt gesprochen. Theoretisch können Banken Giralgeld in allen möglichen Einheiten erzeugen: Euro, Dollar, Deutsche Mark oder Gummibärchen. Warum wählen Banken in Deutschland als Einheit Euro?

Das Giralgeld entsteht in Euro, weil dies im Euroraum die akzeptierte Währung ist. Wann wird eine Währung akzeptiert? Häufig wird gesagt, dass wir Geld deshalb als Zahlungsmittel akzeptieren, weil es alle anderen auch tun. Damit wird zwar der aktuelle Zustand beschrieben, aber nicht erklärt, wie es dazu gekommen ist. Denn bevor das Geld als Zahlungsmittel allgemein akzeptiert war, muss irgendjemand damit angefangen haben, es zu akzeptieren. Der wichtigste Grund, Geld bei seiner Einführung als Zahlungsmittel zu akzeptieren, ist wohl, dass der Staat Geld als das einzig gültige Zahlungsmittel festlegt, mit dem Steuern, Abgaben und Gebühren gezahlt werden können. Dadurch entsteht quasi automatisch eine Nachfrage nach diesem Zahlungsmittel und jeder akzeptiert es als solches. Der Zusammenhang zwischen dem Wert einer Währung und Steuern ist wie folgt:

1. Der Staat belastet den Privatsektor mit in der staatlich festgelegten Rechnungseinheit ausgedrückten Steuerschulden und erhält so Steuerforderungen.

2. Der Staat fragt Güter und Dienste sowie Arbeit im Privatsektor nach und bezahlt mit den von ihm festgelegten Rechnungseinheiten.

3. Die unmittelbaren Vertragspartner des Staates akzeptieren die Rechnungseinheiten als Bezahlung, weil sie und andere diese als Geldguthaben brauchen, um ihre Steuerschulden auszugleichen. Alle anderen Privaten müssen, um ihre Steuerzahlung zu gewährleisten, Geschäftsbeziehungen mit den unmittelbaren Vertragspartnern eingehen, also aktiv am Wirtschaftsleben teilnehmen.

4. Die als Gegenleistung für die erworbenen Güter und Dienste ausgegebenen Rechnungseinheiten funktionieren wie Steuergutschriften und sind daher eine Schuld, aber keine Schulden, der Regierung. Die Schuld besteht darin, dass die Regierung den Bürger in Höhe der bezahlten (also eigentlich zurückgereichten) Geldeinheit von seiner Steuerver-

bindlichkeit befreit. Deshalb werden Bargeld und Reserven in der Bilanz der Zentralbank als Verbindlichkeit ausgewiesen – entsprechend werden sie im Privatsektor als Vermögensgegenstand bilanziert.

Vor der Einführung des Euro wurden Steuern in D-Mark gezahlt, seit Einführung des Euro werden sie in Euro gezahlt. Steuerzahlungen in Fremdwährung werden nicht akzeptiert. Nicht jedes Land hat eine eigene Währung, aber die Länder mit eigener Währung akzeptieren fast überall nur Steuerzahlungen in eigener Währung. Die aktuellen Bilanzen von Staat und Haushalten unmittelbar vor Zahlung der Steuern sehen wie folgt aus:

Staat				Haushalte			
Steuern	100	Einlagen	200	Einlagen	200	Steuern	100
		Nettoverm.	−100			Nettoverm.	100

Die Haushalte wissen, dass ihre Steuern – wie hier unterstellt – am Jahresende fällig werden. Sie haben also einen Anreiz, über das Jahr Einlagen in Banken zu akkumulieren, weil sie diese zur Zahlung von Steuern benötigen. Mit der Steuerzahlung haben die Haushalte die entsprechenden Einlagen dem Staat übertragen, die Bilanzen sehen aktuell so aus:

Staat				Haushalte			
Steuern	0	Geld	100	Einlagen	100	Steuern	0
		Nettoverm.	−100			Nettoverm.	100

In den obigen Bilanzen – noch vereinfacht, denn es fehlen die Banken – wird deutlich, dass sich der Staat durch Geldzahlungen in den Besitz von Gütern und Dienstleistungen bringen kann. Entweder kauft der Staat sie durch Übertragung der Einlagen an die Haushalte direkt oder er bezahlt Haushalte für die Leistung von Arbeit für den Staat. Das Vermögen des privaten Sektors und gegebenenfalls seine Arbeitskapazität werden entsprechend vermindert. Die Verschuldung des einen Sektors entspricht also dem Vermögen des anderen Sektors. Durch eine Steuersenkung würden die privaten Haushalte Bankeinlagen behalten, die sonst an den Staat gegangen wären. Dadurch gewinnt der private Sektor Spielraum. Dies gilt analog auch für Staatsausgabenerhöhungen, wie wir später sehen werden.

Steuern dienen aus makroökonomischer Sicht dazu, dem privaten Sektor Kaufkraft in Form von Einlagen zu entziehen.[43] Wenn ein Unternehmen oder ein Haushalt Steuern zahlt, dann werden Guthaben an den Staat übertragen, die ansonsten für Güter und Dienstleistungen hätten ausgegeben werden können. Der Staat möchte allerdings selbst Güter und Dienstleistungen nachfragen und begrenzt daher die Nachfrage des privaten Sektors. Stößt die um die staatliche Nachfrage ergänzte Gesamtnachfrage an die Kapazitätsgrenze der jeweiligen Ökonomie, müssten Steuern und Abgaben erhöht werden, um das Preisniveau zu erhalten. Alternativ könnten über einen höheren Zins die privaten Investitionen gesenkt werden. Dies führt zu einer Verminderung der Kaufkraft im Privatsektor und ggf. zu einer erhöhten Nachfrage nach Geld.

Die Lehren aus der Französischen Revolution

Ein historisches Beispiel für die Notwendigkeit von Steuereinnahmen zur Inflationsbekämpfung bietet die Zeit unmittelbar nach der französischen Revolution. Die unpopulären, weil ungerechten Steuern waren einer der Auslöser der Revolution, und folgerichtig wurden sie nach ihrem Sieg abgeschafft. Der Staat musste aber weiterhin seine öffentlichen Ausgaben finanzieren und tat dies durch die Ausgabe von Staatsanleihen. Die Folge war eine große Inflation und am Ende die Entwertung der Staatsanleihen. Dies lag nicht etwa daran, dass Papiergeld für sich genommen unsolide wäre, sondern an der Unfähigkeit der Regierung, die Inflation über höhere Steuern in den Griff zu bekommen.

Wie wir später sehen werden, bedarf der Staat zur „Finanzierung“ seiner Aufgaben keiner Steuereinnahmen, da er sich seine Rechnungen über die Zentralbank bezahlen lässt, die dafür einfach die Guthaben der empfangenden Banken bei der Zentralbank erhöht. Ausnahmen, wie die Eurozone, bestätigen die Regel. Steuern finanzieren die Tätigkeit der Regierung also nur in dem Sinne, dass sie die erhöhte Nachfrage nach Ressourcen aus dem Privatsektor ohne zusätzliche Inflation ermöglichen. Es wäre also verfehlt, die Behauptung aufzustellen, dass in einer modernen Geldwirtschaft Steuereinnahmen für Staatsausgaben nötig wären.

Die Pyramide der Verschuldung

Im Alltag unterscheiden Menschen nicht zwischen Euro in Bargeld und Euros auf Bankkonten. Wir erwarten wie selbstverständlich, dass wir für jeden Euro auf unserem Girokonto einen Euro in Bargeld bekommen können, entweder in einer Filiale der Bank oder am Geldautomaten. Was das theoretisch bedeutet wird klar, wenn man weiß, dass der Einlagensicherungsfonds der deutschen Banken aktuell Einlagenguthaben für bis zu 30 Millionen Euro garantiert.

Dazu hatten Kanzlerin Angela Merkel (CDU) und der damalige Finanzminister Peer Steinbrück (SPD) im Oktober 2008 den deutschen Sparern versprochen, dass die Spareinlagen sicher sind. Steinbrück sagte wörtlich: „Ich möchte gerne unterstreichen, dass wir in der Tat in der gemeinsamen Verantwortung, die wir in der Bundesregierung fühlen, dafür Sorge tragen wollen, dass die Sparer in Deutschland nicht befürchten müssen, einen Euro ihrer Einlagen zu verlieren“.

Abbildung 3.2: Die Geldpyramide

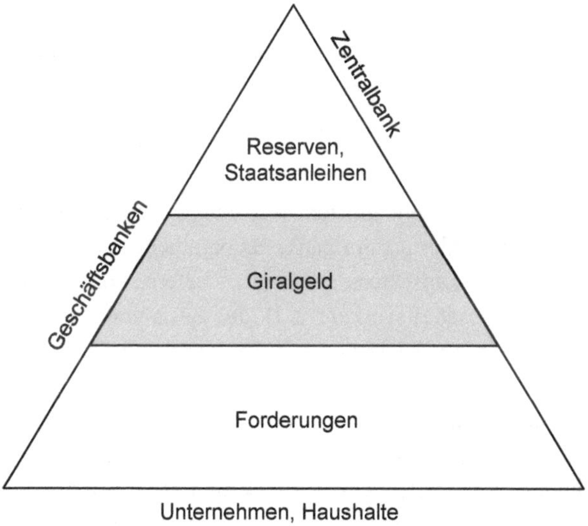

Praktisch werden diese Summen indes wohl niemals auf einen Schlag ausgezahlt bzw. gutgeschrieben werden, aber theoretisch wäre es möglich. Giralgeld in Form von Einlagen in den Banken ist folglich ein Versprechen, in gleicher Höhe Bargeld zu bekommen. Diese Bindung funktioniert in etwa wie ein Wechselkurs von 1:1. Sie wird daher auch als „par" bezeichnet. Abbildung 3.2 zeigt die Geldpyramide. Ganz oben in der Pyramide stehen Reserven und Staatsanleihen. Reserven sind, wie bereits beschrieben Einlagen (Guthaben) der Banken bei der Zentralbank. Das englische Wort lautet *reserves*. Die Reserven sollten nicht mit den Devisenreserven eines Landes verwechselt werden, die in fremder Währung gehalten werden. (Im Englisch der Finanzmärkte setzt sich gerade der Ausdruck *settlement balances* durch, der allerdings nur schwer zu übersetzen ist.) Reserven können von Banken gegen Bargeld getauscht werden und andersherum. Reserven sind also funktional gesehen wie Bargeld. Staatsanleihen hingegen sind Zahlungsversprechen der Regierung. Versprochen wird die spätere Lieferung von Reserven, oft zuzüglich eines Zinses.

Welche Regierung ist denn mit Regierung genau gemeint?

Mit Regierung ist die Bundesregierung, also die zentrale Regierung des Staates gemeint. Nur sie kann üblicherweise durch die Emission von Staatsanleihen unbegrenzt an Geld kommen, da die Zentralbank diese auf dem Sekundärmarkt (unbegrenzt) aufkauft und damit kein Ausfallrisiko existiert. Die Regierungen auf Bundesländerebene dagegen sind meist mehr oder weniger gezwungen, ihren Haushalt auszugleichen.

Staatsanleihen sind in den meisten Währungssystemen genauso sicher wie die Guthaben in der Zentralbank. Bankguthaben hingegen sind ein Versprechen des Bankensektors, Bargeld zu liefern. Forderungen entstehen im täglichen Geschäftsverkehr z. B. auf Basis von Rechnungen und stellen Forderungen auf Lieferung von Einlagen und damit indirekt auf Bargeld dar.

Die Pyramide verdeutlicht, dass Verschuldung immer durch die Übertragung von Zahlungsmitteln der nächsthöheren Stufe zurückgeführt wird. Diese Zahlungsmittel stellen Verbindlichkeiten der Institutionen der oberen gegenüber denen der unteren Stufe dar. Der private Sektor nutzt mit seinen Einlagenguthaben bei den Banken deren Verbindlichkeiten ihm gegenüber als Zahlungsmittel zur Tilgung von Schulden, sowohl untereinander als auch gegenüber Banken. Banken hingegen nutzen ihre Guthaben bei der Zentralbank (hier Reserven genannt) zur Tilgung von Schulden untereinander. Auf gleicher Ebene stehen auch die Staatsanleihen, die den Reserven sehr ähnlich sind, allerdings haben sie typischerweise eine feste Laufzeit und bei längerfristigen Papieren auch einen Zins. Im folgenden Kapitel wird die Rolle von Bargeld und Reserven im Währungssystem genauer untersucht.

Ein weiterer Aspekt der Geldpyramide ist, dass jede Forderung – sprich: jedes Schuldversprechen, die im Geschäftsverkehr in Zahlung genommen wird – Geld sein kann. Der Ökonom Hyman Minsky schrieb über dieses Phänomen:

> „anyone can create money; the problem is in getting it accepted."

Jeder kann also Geld schaffen; das Problem ist die Akzeptanz! In modernen Geldsystemen kann nur das staatliche Geld zur Tilgung von Steuerschulden eingesetzt werden. Privates Geld – Giralgeld – hingegen wird nicht akzeptiert. Dies bedeutet, dass Banken zwar eigenes Geld per Kredit schöpfen können, dass sie aber abhängig sind vom Zugang zu Zentralbankgeld, da ihre eigenen Bankeinlagen nicht als Mittel zur Zahlung von Steuern verwendet werden können. Sind die vergebenen Kredite nicht notenbankfähig – können sie also nicht als Sicherheiten für Kredite der Zentralbankverwendet werden – dann bekommt die Bank ein Liquiditätsproblem, da sie zwar zusätzliche Bankeinlagen per Kreditvergabe schaffen, diese aber nicht mehr in Bargeld umwandeln kann.

Zusammenfassung

Im ersten Abschnitt dieses Kapitels haben wir gesehen, dass Geld grundsätzlich immer ein Schuldverhältnis ist und daher zu seiner Entstehung stets einer entsprechenden Transaktion bedarf und dass Banken Kredit auf Grundlage von Rechtsakten schöpfen können, wobei sie praktisch auf das Vorhandensein von Sicherheiten und Bonität achten. Dabei werden gleichzeitig jeweils Forderungen und Verbindlichkeiten bei Kreditgeber und Kreditnehmer erzeugt.[44] Der entstehende Geldkreislauf führt im Idealfall dazu, dass etwas produziert und abgesetzt wird. Einlagen werden wiederum vernichtet, wenn Kredit zurückgezahlt wird oder Steuern an den Staat entrichtet werden. Dieser legt, wie bereits oben beschrieben, die Einheit fest, in welcher die Steuern gezahlt werden können. Eine Ersparnis oder Deckung irgendwelcher Art geht der Kreditvergabe der Banken dabei nicht voraus.

Bisher haben wir uns nur Giralgeld angesehen, welches sich für den privaten Sektor als Einlage in den Banken darstellt. Die Frage, wie nun diese Einlagen in Bargeld getauscht werden können, wird uns im nächsten Abschnitt beschäftigen. Einlagen, so versprechen ja die Banken, können schließlich par, also eins zu eins, gegen Bargeld getauscht werden. Wie funktioniert das in der Praxis?

4. Die Entstehung von Bargeld (Reserven)

Das Monopol bei der Erzeugung von Bargeld liegt in den meisten heutigen Geldsystemen bei der Zentralbank. Wie wir oben gesehen haben, wird bei einem reinen Kreditsystem kein Bargeld benötigt. Obwohl wir einen Großteil unseres Zahlungsverkehrs über Banküberweisungen abwickeln, erwarten wir dennoch, von unserer Bank Bargeld in Höhe unserer Einlagen abrufen zu können. Da wir das Bargeld jedoch nicht direkt von der Zentralbank bekommen, muss dieser Mechanismus etwas komplizierter sein, als man es vielleicht vermuten würde.

Es gibt drei wesentliche Mechanismen, um die Menge an Bargeld bzw. Zentralbankguthaben zu erhöhen. Die Banken können von sich aus mehr Bargeld nachfragen, was sie per Kredit von der Zentralbank bekommen. Zweitens kann die Zentralbank die Höhe der Zentralbankguthaben über sog. Offenmarktgeschäfte beeinflussen, indem sie den Banken illiquide Forderungen – Aktien, Wertpapiere, Immobilien etc. – abkauft (verkauft) und dafür Reserven einräumt (einzieht). Sie tut das, um die Höhe des kurzfristigen Zinses zu verändern. Drittens kann die Regierung durch zusätzliche Ausgaben die Menge an Zentralbankguthaben zumindest kurzfristig erhöhen. In diesem Kapitel konzentrieren wir uns auf die beiden ersten Möglichkeiten, die dritte behandeln wir im nächsten Kapitel. Schauen wir uns also zuerst die Erzeugung von Einlagen in Banken genauer an.

Bank				Unternehmen			
Kredit	100	Einlagen	100	Einlagen	100	Kredit	100

Hier hat also die Bank einen Kredit gewährt, ein Kreditvertrag mit dem Unternehmen kam zustande. Die Bank erzeugt die Einlagen in einer bankinternen Software, die dem Unternehmen Einlagen von 100 anzeigt. Gleichzeitig wird der Kredit als Forderung der Bank verbucht. Niemandem werden hingegen 100 an Einlagen abgezogen. Wir sehen deutlich, dass die Bank weder die Einlagen von anderen Kunden noch Zentralbankgeld weiterverleiht. Wir erkennen ebenfalls, dass die Bank auch kein Bargeld hat, bevor sie den Kredit vergibt. Wie also kommt sie an Bargeld, wenn jetzt das Unternehmen an den Bankschalter tritt und die Einlagen abheben möchte? In der Bankbilanz oben ist kein Bargeld verzeichnet.

Das Hauptrefinanzierungsinstrument der Zentralbank

Die Antwort ist so einfach wie genial. Banken leihen sich gegen Sicherheiten sog. Reserven von der Zentralbank. Mit Reserven werden die Guthaben der Banken bei der Zentralbank beschrieben. Diese Guthaben können die Banken bei den Zweigstellen der Zentralbank in ihrer Nähe in Bargeld umtauschen. Banken unterhalten dazu virtuelle Konten bei der nationalen Zentralbank, die in der Eurozone ebenfalls in Euro denominiert sind. Wir sprechen von diesen Einlagen der Banken bei der Zentralbank als Reserven, um sie von anderen Einlagen zu unterscheiden.

Banken können Bestände an Reserven aufbauen, indem sie sich diese von der Zentralbank gegen einen Zins leihen. Dies geschieht meist über das Hauptrefinanzierungsinstrument zum sog. Leitzins. Der Kredit ist relativ kurzfristig und geht selten über mehr als einen Monat. Ein Blick in die Bilanzen verdeutlicht den Ablauf und die Konsequenzen.

Zentralbank			
Kredit (Bank)	100	Reserven	100

Bank			
Kredit (U)	100	Einlagen	100
Reserven	100	Kredit (ZB)	100

Die Zentralbank bietet den Banken in regelmäßigen Abständen an, Reserven gegen Sicherheiten auszuleihen. Entsprechend einer Gewährung eines Kredits von Banken an Haushalte oder Unternehmen werden nun die aktuellen Bilanzen verändert. Der Kredit ist eine Verbindlichkeit der Bank, welche die Reserven nach dem Ablauf der Laufzeit zurückzahlen muss. Gleichzeitig ist der Kredit eine Forderung der Zentralbank, die mit einer Sicherheit unterlegt ist. So stellt die Zentralbank sicher, dass im Falle eines Zahlungsausfalls der Bank die eigene Bilanz nicht belastet wird. Durch die Möglichkeit, im Falle eines Falles durch den Verkauf der Sicherheit den vollen Betrag der Forderungen zu bekommen, ist die Zentralbankbilanz theoretisch frei von Risiko. In der Praxis können die Dinge aber auch anders liegen.

Im obigen Fall dient als Sicherheit für den Kredit der Zentralbank der Kredit der Bank an das Unternehmen. Da die Bilanz der Bank nichts anderes hergibt, ist dieser Kredit die einzig mögliche Sicherheit. Die Zentralbank, in unserem Fall die EZB, akzeptiert in der Regel Sicherheiten je nach Rating. Die aktuelle Mindestanforderung ist ein Rating von BBB von Fitch oder Standard & Poor's, Baa3 von Moody's oder BBB von DBRS. Die Rating-Agenturen sind übrigens private Unternehmen. Nur wenn die Sicherheit diese Mindestanforderung erfüllt, gewährt die EZB einen Kredit in Höhe bis maximal zum Nennwert der Sicherheit. Gerät jedoch der reibungslose Ablauf des Zahlungssystems in Gefahr, kann die Zentralbank auch Sicherheiten minderer Güte akzeptieren. Am 7. April 2020 entschied die EZB, im Rahmen des *additional credit claim* (ACC) *framework* auch Kredite der Banken an Unternehmen oder den öffentlichen Sektor als Sicherheit zu akzeptieren.[45]

Die Rating-Agenturen

Durch die Gesetzgebung der Eurozone wird den Rating-Agenturen eine enorme Macht eingeräumt. Während die EZB festlegt, welche Noten die Sicherheiten haben müssen, damit die nationalen Zentralbanken diese akzeptieren dürfen, entschieden die Rating-Agenturen mit ihren Ratings, welche Finanztitel diese Anforderungen erfüllen. Diese Regelung ist eine Besonderheit der Eurozone. Die Zentralbanken anderer Länder haben Rating-Agenturen nicht in diesem Maße mit Macht ausgestattet.

Die Bank kommt also durch den Kredit an eine Forderung gegen die Zentralbank. Nur Banken unterhalten Konten bei der EZB und haben damit direkten Zugang zu Reserven. Kein Unternehmen und auch kein Haushalt unterhält ein Konto bei der Zentralbank, wobei allerdings einige Unternehmen eine Bank besitzen und darüber indirekt ein Zentralbankkonto. Die Regierung, vertreten durch das jeweilige Finanzministerium, unterhält normalerweise auch ein Konto bei der Zentralbank, aber dies ist in der Eurozone nur indirekt der Fall. Das Konto der Bundesregierung wird nämlich von der Bundesbank zur Verfügung gestellt, die allerdings immer nur auf Weisung des Bundesfinanzministeriums handelt, wenn sie dort Buchungsvorgänge vornimmt.

Die Reserven stellen aus Sicht der Zentralbank eine Verbindlichkeit dar, ähnlich wie beim Kredit einer Bank Einlagen eine Verbindlichkeit der Bank darstellen. Auch Reserven werden aus Sicht der ausgebenden

Institution auf der Seite der Verbindlichkeiten erfasst. Während früher den Reserven zumindest teilweise noch Goldvorräte zur Deckung gegenüberstanden, ist dies heute nicht mehr der Fall.[46]

Das Ende des Bretton-Woods-Systems

Im Weltwährungssystem von Bretton Woods (1945-1971) war der US-Dollar an Gold gebunden: $35 konnten bei der Zentralbank gegen eine Unze Gold getauscht werden. Da die anderen teilnehmenden Währungen zu festen Wechselkursen an den US-Dollar gebunden waren, waren auch sie indirekt noch mit Gold hinterlegt. 1971 hob der US-Präsident Richard Nixon die Goldkonvertibilität, also das Recht auf Umtausch in Gold, auf. Trotz aller Befürchtungen kam es nicht zu einer Hyperinflation.

In der Eurozone werden Kredite der Zentralbank an die Banken übrigens als *repurchase agreement* (kürzer: *repo*) vergeben. Die Banken überlassen der Zentralbank für eine gewisse Zeitspanne Sicherheiten und verpflichten sich, diese nach Ablauf zu einem vorher vereinbarten Preis wieder zurückzukaufen. Der Preis ergibt sich meist aus dem Wert der Sicherheit zuzüglich eines Zinses unweit des Leitzinses.

Schauen wir uns die aktuellen Bilanzen an, nachdem das Unternehmen Bargeld von seiner Bank bekommen hat. Die Bank hat in der Zwischenzeit die Reserven in einer Zentralbankfiliale gegen Bargeld getauscht. Dieser Tausch funktioniert übrigens in beide Richtungen. Bargeld kann von der Bank bei der Zentralbank eingezahlt werden, welche dann das Zentralbankkonto der Bank um entsprechende Reserven erhöht.

Bank				Unternehmen			
Kredit (U)	100	~~Einlagen~~	~~100~~	~~Einlagen~~	~~100~~	Kredit	100
~~Bargeld~~	~~100~~	Kredit (ZB)	100	Bargeld	100		

Wie wir sehen, kommt es bei einer Auszahlung der Einlagen beim Unternehmen zu einem sog. Aktivtausch: es wird eine Forderung gegen die Bank (Einlagen) durch eine Forderung gegen die Zentralbank (Bargeld) ersetzt. Das Vermögen des Unternehmens ändert sich nicht, nur die Zusammensetzung. Auf der Seite der Bank ist man die Verbindlichkeit der Einlagen los, hat allerdings durch die Auszahlung des Bargelds in gleicher Höhe den Bestand an Forderungen reduziert. Es bleibt der Kredit von der Zentralbank als Verbindlichkeit in den Büchern stehen und als Forderung der Kredit an das Unternehmen. Das Eigenkapital verändert sich nicht. Solange der Kreditzins des Unternehmens, welchen die Bank empfängt, über dem Kreditzins der Zentralbank, welcher von der Bank gezahlt wird, liegt, ist die Bank profitabel. Dies ist ein Grund, warum normalerweise die Zinsen der Banken für Kredite an den privaten Sektor immer über dem Zins der Zentralbank – dem sog. Leitzins – liegen.

Geld als Punktesystem

Während bei der Aufnahme von Krediten bei der Zentralbank die Banken die Initiative ergreifen, kann die Zentralbank auch von sich aus die Menge an Reserven verändern, indem sie z. B. Wertpapiere kauft und dafür mit neu geschaffenen Reserven bezahlt. Analog zur Kreditgewährung bei Banken handelt es sich dabei um voraussetzungslose elektronische Buchungsvorgänge. Die Knappheit von Reserven und Bankguthaben ist menschengemacht. Wenn Knappheit von Reserven ein Problem sein sollte, können einfach zusätzliche Reserven erzeugt werden. Analog können bei Knappheit von Bankguthaben zusätzliche Bankguthaben erzeugt werden. Die Frage ist nur, welche Institution dazu berechtigt ist und wie die Spielregeln ausgestaltet werden.

Das Ganze ähnelt dem Spielstand eines Fußballspiels. In einem modernen Stadion hat die digitale Anzeigetafel unbegrenzte Stellen. Der Spielstand kann also nicht durch die Technik ausgebremst werden, selbst ein dreistelliges Ergebnis wäre problemlos anzuzeigen. Andersherum bedeutet aber eine digitale Anzeigetafel nicht, dass mehr Tore fallen werden, weil sie einfacher angezeigt werden können! Das Ergebnis des Spiels ist von der Technologie der Anzeige des Spielstands unabhängig.

Eine Zentralbank ist quasi der Wächter über den Spielstand und damit über das Geldsystem. Auf der Tabelle der Zentralbank können den Banken theoretisch unbegrenzte Guthaben eingeräumt werden, was aber praktisch nicht erlaubt ist. Das Problem ist beispielsweise nicht, dass einer Zentralbank „das Geld ausgeht“. Weder die Menge an gedruckten Geldscheinen und Münzen noch die Menge an virtuellem Geld, welches in den Bilanzen der Banken als Forderung bzw. als Verbindlichkeit existiert, sind irgendwie begrenzt. Begrenzt hingegen ist die Menge an Rohstoffen, die

Menge an Arbeitsstunden und die Menge an Produktion von Gütern und Dienstleistungen. Insofern sollte in einer Gesellschaft nur das produziert werden, was den höchsten Anstieg des Gemeinwohls bzw. des individuellen Nutzens erzeugt.

Die bloße Feststellung, dass Banken und Zentralbanken unbegrenzt jeweilige Einlagen schaffen können, bedeutet keinesfalls, dass eine unbegrenzte Kreditausweitung angestrebt oder auch nur toleriert werden sollte. Genauso wenig sinnvoll ist es aber umgekehrt, die Rückführung jeglicher Verschuldung zu fordern. Das Geldsystem erfüllt einen bestimmten Zweck. Es ermöglicht die Produktion von Gütern und Dienstleistungen und deren sinnvolle gesellschaftliche Verteilung. Zur Erreichung dieses Ziels sind Zwischenziele sinnvoll, die aber nicht in Stein gemeißelt sein sollten.

Ziele einer Zentralbank

Das vorrangige Ziel der Europäischen Zentralbank ist laut AEU-Vertrag, §127(1) die Gewährleistung der Preisstabilität. Diese wird von der EZB als mittelfristige Inflationsrate von knapp unter 2% definiert. Die EZB soll aber auch die allgemeine Wirtschaftspolitik der Europäischen Union unterstützen, soweit dies nicht die Preisstabilität beeinträchtigt. Andere Zentralbanken verfolgen als unmittelbare Ziele neben der Inflation oft noch Wachstum und eine niedrige Arbeitslosigkeitsrate.

Eine niedrige Inflationsrate beispielsweise kann zweckmäßig sein, muss es aber nicht. Ebenso wenig steht eine geringe Neuverschuldung des Staates immer im Einklang mit den eigentlich angestrebten Zielen – z. B. Vollbeschäftigung und Preisstabilität bei nachhaltiger Bewirtschaftung der Ressourcen – und darf daher kein Steuerungskriterium an sich sein, sondern sollte stets nur als Ergebnis der angestrebten Wirkung einer wirtschaftspolitischen Maßnahme gesehen werden.

Wir halten also an dieser Stelle fest, dass physikalische Grenzen bei der Schöpfung von Geld keine Rolle spielen, weder bei Zentralbanken (Reserven) noch bei Banken (Einlagen). Allerdings führt die reale Begrenzung der Produktionskapazität dazu, dass eine Ausweitung der Menge an Einlagen unter besonderen Umständen zu einer höheren Inflationsrate führen kann. Wichtig für eine Währung ist die Kaufkraft bzw. ihre Veränderung, die durch die Inflationsrate angenähert wird. Wichtig für eine Gesellschaft ist die Produktion und deren Verteilung.

Abbildung 4.1: Veränderungsraten der Geldmengen M0, M1, M2 und M3 sowie des Konsumentenpreisindex, 1980-2006

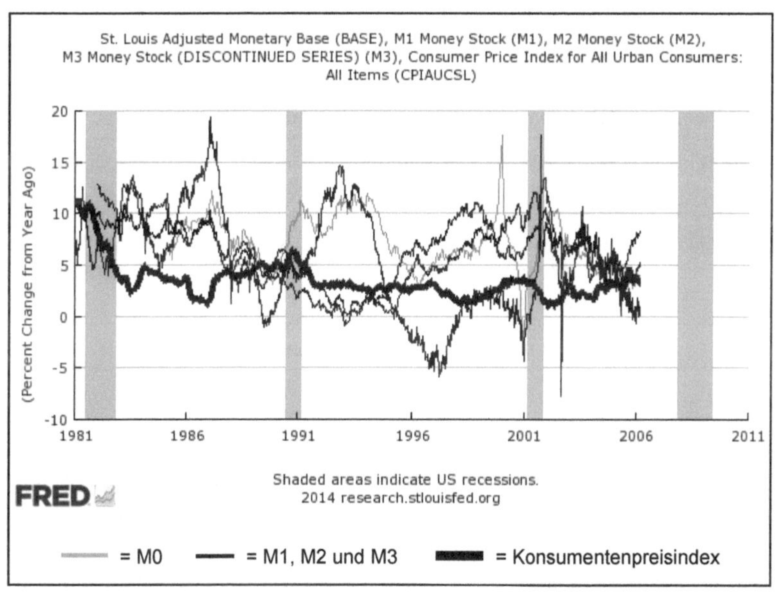

Quelle: Federal Reserve Economic Data, FRB of St. Louis

Die mögliche Abhängigkeit von Produktionsmenge und Einlagenbestand bei Banken bzw. weiter gefasster Geldmengen ist eine komplizierte Angelegenheit. Abbildung 4.1 zeigt die Veränderungsraten der Geldmengen M0, M1, M2 und M3 sowie des Konsumentenpreisindex in den USA. Eine klare Korrelation oder Kausalität ist für den Zeitraum 1980 bis 2006 nicht zu erkennen. Die Inflationsrate liegt ziemlich stabil um die 3%, die Geldmengen verändern sich mal in die eine, mal in die andere Richtung. Die Daten für die Geldmenge M3 enden übrigens 2006, da die US-amerikanische Zentralbank mit der Definition nicht mehr zufrieden war. Dies ist u. a. den Derivaten geschuldet, deren Erfassung extrem schwierig ist, deren Liquidität aber zumindest vor der Krise hoch war. Mit Liquidität wird die wertverlustfreie und schnelle Möglichkeit der Umwandlung von

Forderungen und Finanzanlagen in liquide Mittel – also Bar- und Giralgeld – ausgedrückt. Es besteht kein Grund zu der Annahme, dass eine Erhöhung eines Geldmengenaggregats die Konsumentenpreisinflation erhöht.

Tabelle 4.1: Definitionen der Geldmengen M1, M2 und M3 (Bundesbank)

Geldmenge	Definition
Geldbasis	Bargeld und Einlagen in der Zentralbank (Reserven)
M1	Bargeld sowie täglich fällige Einlagen (Sichteinlagen) von Nichtbanken
M2	M1 und Spareinlagen mit einer Kündigungsfrist von bis zu drei Monaten und Termineinlagen mit einer Laufzeit von bis zu zwei Jahren
M3	M2 und weitere kurzfristige (Quasi-)Geldanlagen

Die Definition der verschiedenen Geldmengen richtet sich nach der Fristigkeit der Einlagen, wobei die sog. Geldbasis nur Reserven und Bargeld umfasst und M3 auf der anderen Seite relativ weit gefasste Finanzanlagen beinhaltet. M3 beinhaltet dabei M2 und M2 beinhaltet M1 (vgl. Tabelle 4.1). Es existiert in der Wissenschaft kein eindeutiger Befund, wie die Auswirkungen von Veränderungen der Geldmenge sich auf die Inflationsrate auswirken. Die genaue Vorhersage von Inflationsraten, insbesondere in Abhängigkeit von Geldmengen, ist daher ebenso wenig möglich wie die von Wechselkursen. Es ist wichtig, auch die Grenzen der eigenen Disziplin zu kennen.

Nachdem Banken ihre Reserven nicht an Unternehmen und Haushalte verleihen können, kommt insbesondere der Geldbasis keine große Bedeutung zu, auch wenn deren Ausweitung in jüngerer Zeit häufig herangezogen wurde, um vor Inflation zu warnen.

Offenmarktgeschäfte der Zentralbank

Im obigen Beispiel hatten wir die Menge an Reserven erhöht, indem eine Bank mit ausreichenden Sicherheiten einen Kredit von der Zentralbank aufnimmt. Die Entscheidung für dieses Geschäft ging von der Bank aus, der Zentralbank blieb nur der Vollzug. Laut Gesetz muss nämlich die EZB bei Vorlage von ausreichenden Sicherheiten den Banken zum Leitzins Kredit in gewünschter Menge gewähren. Ein politischer Entscheidungsspielraum besteht nicht. Dies ist gewollt, damit alle Banken gleichbehandelt werden. Die Zentralbank hat also keinen Spielraum, wenn eine Bank mit ausreichenden Sicherheiten einen Kredit von der Zentralbank beantragt. Entgegen der häufig geäußerten Meinung, die Zentralbank würde die Geldmenge kontrollieren, ist dies nicht der Fall.

Allerdings kann auch die Zentralbank initiativ die Menge an Reserven im Bankensystem verändern. Sie kann in ihrer Bilanz Reserven erzeugen, indem sie einer Bank eine oder mehrere ihrer Forderungen abkauft. Durch diese Transaktion, auch Offenmarktgeschäft genannt, wird die Bank mehr Reserven haben als vorher, was die Menge an Reserven im Bankensystem erhöht. Warum sie das tun sollte, werden wir später betrachten. Die Zentralbank erzeugt also die Reserven per Tastatur am Computer, indem sie das Guthaben des Verkäufers erhöht. Wir nehmen hier an, dass die Bank eine Staatsanleihe besitzt und die Zentralbank diese kaufen möchte.

Zentralbank				Bank			
Reserven	100	Reserven	200	Staatsanleihe	100	Einlagen	100
Kredit (Bank)	100			Kredit (U)	100	Kredit (ZB)	100

Die Zentralbank tritt nun ihrerseits an die Banken heran und verkündet ihre Absicht, eine Staatsanleihe kaufen zu wollen. Jetzt müssen sich Zentralbank und Banken nur noch über den Preis der Anleihe einigen, dann wird das Geschäft abgeschlossen. Die Zentralbank findet eine Bank mit der aktuellen Bilanz, die oben abgebildet ist. Der Kauf der Staatsanleihe ist, wenn man die Reserven ebenfalls als Finanztitel betrachtet, im Grunde eher ein Tausch. Die folgenden Bilanzen ergeben sich nach der Durchführung des Geschäfts.

Zentralbank				Bank			
Staatsanleihe	100	Reserven	200	Reserven	100	Einlagen	100
Kredit (Bank)	100			Kredit (U)	100	Kredit (ZB)	100

Da also die Bank zusätzliche Reserven hat, ist die Menge an Reserven gestiegen. Stimmt dann die in diesem Zusammenhang gerne gemachte Aussage, dass hierdurch zwangsläufig die Inflation steigt? Nein, und über diesen Punkt lässt sich nicht einmal streiten, denn aus bilanztechnischer Sicht liegt ganz klar keine Kausalität vor. Warum nicht?

Der sprunghafte Anstiegt der Reserven und (keine) Hyperinflation

Die EZB hat im Dezember 2011 und im Februar 2012 zusammen mehr als 1.000 Milliarden Euro in Reserven gegen Sicherheiten an die Banken verliehen. Die Erhöhung der Geldmenge würde zu mehr Inflation führen, argumentierten damals einige Ökonomen. Warum das nicht eingetreten ist, können wir jetzt erklären. Die Guthaben der Banken bei der Zentralbank können nicht in den privaten Sektor fließen und daher keine Erhöhung der Inflationsrate verursachen. Banken können keine Reserven an den privaten Sektor verleihen!

Wie wir oben gesehen haben, ist für die Vergabe eines Kredits einer Bank an ein Unternehmen oder einen Haushalt keine Ersparnis erforderlich. Banken sind eben nicht vornehmlich Zwischenhändler (sog. Intermediäre), die die Einlagen der einen an die anderen weiterverleihen, sondern sie schaffen durch Kreditschöpfung selbst Giralgeld. Der Reservebestand der Bank ist für die Kreditvergabe also völlig unerheblich. Eine Erhöhung der Reserven im Bankensystem wirkt nicht per se inflationär, da die Menge der Kredite durch sie nicht beeinflusst wird. Es gibt auch keinen Mechanismus, durch den der erhöhte Reservebestand eine erhöhte Nachfrage nach Bargeld nach sich zöge.

Schließlich ist die Bank auch für den Fall, dass der Kreditnehmer sein Guthaben auf ein Konto bei einer anderen Bank überweist, im Rahmen des sog. Zahlungsausgleichs (s. u.) nicht von vorneherein auf einen erhöhten Reservebestand angewiesen. Denn wie wir gesehen haben, kann sich die Bank jederzeit gegen Sicherheiten zusätzliche Reserven besorgen. Durch den erhöhten Bestand an Reserven wird also die Kreditvergabe nicht einmal erleichtert. Er spielt schlicht für die Kreditvergabe keine Rolle.

Der Grund für die Durchführung von Offenmarktgeschäften ist die Zinssteuerung der Zentralbank. Bevor wir die Zinsen der Zentralbank und ihre Durchsetzung genauer untersuchen, müssen wir uns noch mit der

Nachfrage nach Reserven aus dem Bankensektor beschäftigen. Ein Teil der Nachfrage nach Reserven ist durch die Nachfrage nach Bargeld durch den privaten Sektor begründet. Ein weiterer Teil der Nachfrage kommt durch den Zahlungsausgleich der Banken zustande. Diese Vorgänge werden im Folgenden durch Bilanzbuchungen beschrieben.

Der Zahlungsausgleich der Banken (Interbankenmarkt)

Banken geben also Einlagen an ihre Kunden heraus und halten selbst Einlagen bei der Zentralbank, für die sie Bargeld bekommen können. Wenn ein Kunde einer Bank eine Zahlung an einen anderen Kunden derselben Bank ausführt, ist die Buchung sehr einfach durchzuführen. Kunde A bekommt von seinem Konto die Summe X abgezogen, während sie Kunde B gutgeschrieben wird. Was jedoch passiert in den Konten, wenn Kunde B nicht Kunde derselben Bank ist?

In diesem Fall gehen die Banken am Ende des Tages in den Zahlungsausgleich. Nehmen wir an, Kunde A ist bei Bank A und Kunde B bei Bank B. Die Kunden der beiden Banken führen über den Tag einige Zahlungen durch. Am Ende des Geschäftstages schauen sich die beiden Banken die Zahlungen an und ermitteln die Nettosumme, welche dann von der defizitären Bank an die andere Bank überwiesen wird. Haben etwa die Kunden von Bank A an Kunden der Bank B 1.000 Euro überwiesen, die Kunden von Bank B den Kunden von Bank A aber nur 950 Euro, dann muss Bank A der Bank B eine Zahlung in Höhe von 50 Euro leisten. Nehmen wir der Einfachheit halber an, dass an einem Tag nur Haushalt A 50 Euro an Haushalt B überwiesen hat.

Bank A

Kredit	100	Einlagen	
		– Haushalt A	50
		– Bank B	50

Bank B

Kredit	100	Einlagen	150
Einlagen bei Bank A	50		

Haushalt A

Einlagen	50	Kredit	100
		Nettoverm.	−50

Haushalt B

Einlagen	150	Kredit	100
		Nettoverm.	+50

Die aktuellen Bilanzen könnten wie oben aussehen. Haushalt A verliert 50 Euro an Einlagen, Haushalt B gewinnt 50 Euro. Die Einlagen von Bank A bleiben unverändert, nur die Besitzverhältnisse ändern sich. Bank B hat nun ein Konto bei Bank A mit einem Guthaben in Höhe von 50 Euro. Den vermehrten Forderungen stehen jedoch auch vermehrte Verbindlichkeiten gegenüber, denn Haushalt B wurden ja 50 Euro auf seinem Konto bei Bank B gutgeschrieben. Der Zahlungsausgleich kann jedoch nicht einfach als Gutschrift auf einem Konto der Bank B bei Bank A geschehen. Warum nicht?

Die Banken sind Konkurrenten, und als Konkurrenten drängen sie sich gerne gegenseitig aus dem Markt. Es ist daher problematisch, die Sicherheit des Zahlungssystems als öffentliche Aufgabe Banken anzuvertrauen, die zugleich privatwirtschaftlichen Verdrängungswettbewerb betreiben. Schließlich müsste Bank B bei einer Pleite von Bank A einen Teil ihrer Forderungen abschreiben und dies könnte eine unerwünschte Kettenreaktion innerhalb des Bankensystems auslösen.

Der Zahlungsausgleich von Banken läuft über die Konten bei der Zentralbank.[47] Die Differenz im Zahlungsverkehr eines Tages wird in Reserven übertragen, welche der defizitären Bank abgezogen und der empfangenden Bank gutgeschrieben werden. Wir gehen vereinfachend davon aus, dass sich Bank A am Ende des Tages von der Zentralbank 50 Euro (Reserven) leiht. Als Sicherheit dient dabei der an den privaten Sektor vergebene Kredit. Bank A überweist die Reserven der Bank B, welche auf ihrem Konto bei der Zentralbank eine Gutschrift erhält. Die aktuellen Bilanzen sind nach der Transaktion genauso ausgeglichen wie vorher, wie sich leicht überprüfen lässt.

Bank A			
Kredit	100	Einlagen	50
Reserven	+50	Kredit (ZB)	50
Reserven	−50		

Bank B			
Kredit	100	Einlagen	150
Reserven	+50		

Haushalt A			
Einlagen	50	Kredit	100
		Nettoverm.	−50

Haushalt B			
Einlagen	150	Kredit	100
		Nettoverm.	+50

Eine interessante Beobachtung des Zahlungsausgleichs ist, dass die Reserven lediglich im privaten Sektor zwischen den Banken neu verteilt werden. Es kann durch den Zahlungsausgleich als solchen die Menge an Reserven im Bankensystem nicht variiert werden. Was eine Bank an Reserven verliert, bekommt eine andere gutgeschrieben. Alternativ können die Banken sich gegenseitig die geschuldeten Summen anschreiben.

Geld- und Kapitalmarkt – wer ist wer?

Ursprünglich haben Banken im Zahlungsausgleich Reserven, also Guthaben bei der Zentralbank, transferiert. Allerdings sind sie in der jüngeren Vergangenheit dazu übergegangen, diese Zahlungen zu vermeiden und sich gegenseitig Kredit zu gewähren. Diese Kredite versprechen Zahlungen von Reserven in der Zukunft und sind mit Sicherheiten aus dem Kapitalmarkt unterlegt. Von der Funktion her wachsen also Geldmärkte (Handel von Reserven) und Kapitalmärkte (Handel von Einlagen) zusammen.

In der Bilanz der Bank B erscheint dann kein Zuwachs an Reserven, sondern ein Kredit an Bank A (Kredit IB), da dieser die Zahlung der Reserven gestundet wurden. Ein Kredit ist hier eine Aufschiebung einer Zahlung in die Zukunft, um eine Zahlung heute zu vermeiden. Dafür fällt allerdings ein Zins an. Der Zahlungsausgleich wird so aufgeschoben in die Zukunft. Bank A muss immer noch Reserven an Bank B zahlen, aber in der Zukunft bei Fälligkeit des Kredits von Bank B. Bank B kassiert einen Zins für diese Gewährung einer zeitlichen Frist. Dieser Zins ergibt sich am Interbankenmarkt.

Bank A			
Kredit	100	Einlagen	50
		Kredit (IB)	50

Bank B			
Kredit	100	Einlagen	150
Kredit (IB)	+50		

Haushalt A			
Einlagen	50	Kredit	100
		Nettoverm.	−50

Haushalt B			
Einlagen	150	Kredit	100
		Nettoverm.	+50

Da sich Banken bei der Zentralbank zum aktuellen Leitzins Reserven leihen können, wird der Zins am Interbankenmarkt nicht stark von diesem abweichen. Dieser Markt wird auch Geldmarkt genannt, weil dort Geld in Form von Reserven, also Einlagen bei der Zentralbank, gehandelt wird. Diese Reserven können in Bargeld umgetauscht werden. Der Markt für Einlagen bei den Banken heißt Kapitalmarkt. Auf beiden Märkten können entsprechende Einlagen für kürzere oder längere Zeit geliehen werden.

Was ist Seigniorage?

Zentralbanken können Reserven erzeugen, mit denen sie Forderungen erwerben. Da Guthaben bei der Zentralbank meist niedriger verzinst sind als die von der Zentralbank erworbenen Forderungen, macht die Zentralbank normalerweise einen Gewinn. Dies gilt ebenfalls für Reserven, die in Banknoten umgewandelt werden. Allerdings kosten Banknoten in der Herstellung Geld, welches den Gewinn der Zentralbank schmälert. Laut dem zur regionalen Zentralbank gehörenden The Money Museum *in Kansas City kostet die Herstellung einer US-Dollarnote in beliebigem Wert 6,2 Cent. Allerdings darf die Zentralbank diese Note nicht einfach so ausgeben! Zusätzliche Banknoten werden nur gegen entsprechende Guthaben an Banken ausgegeben.*

Zum Thema Seigniorage gibt es ein empfehlenswertes Buch: Jens Reich, *Seignorage: On the Revenue from the Creation of Money*, Berlin: Springer, 2017.

Die Referenzraten auf dem europäischen Geldmarkt sind die *Euro Short-Term Rate* (€STR), die Eurovariante der *London Interbank Offered Rate* (LIBOR), die *Euro Interbank Offered Rate* (EURIBOR) und der *Euro OverNight Index Average* (EONIA). €STR wurde am 2. Oktober 2019 zum ersten Mal erhoben.[48] Der Zinssatz wird jeden Arbeitstag um 8:00h morgens veröffentlicht, ggf. um 9:00h korrigiert. Die Daten für €STR werden im Rahmen der MMSR-Regulierung (*Money Market Statistical Reporting*) erhoben.

Dazu werden individuelle Transaktionen herangezogen. €STR beruht auf unbesicherten Übernacht-Ausleihen. LIBOR und EURIBOR werden per Umfrage bei den Banken erhoben, was sie anfällig für Manipulationen macht. EONIA wird als Durchschnitt der Transaktionen im Interbankenmarkt errechnet. Für die aktuellen Statistiken der EZB wird seit Oktober 2019 €STR verwendet.

In der Realität gewähren sich viele große Banken quasi automatisch Kredit, um einen Zahlungsausgleich zu verhindern. Es gibt dabei einen Kreditrahmen, innerhalb dessen ausstehende Schulden mit dem Leitzins über Nacht verzinst werden. Erst wenn die Interbankschulden aus diesem Korridor herauskommen, werden die Banken eine längerfristige Lösung suchen. Dabei werden meist gedeckte oder ungedeckte Wertpapiere genutzt (*covered/uncovered bonds*). Hier liegt der Zins dann etwas höher, je nach Risikoeinschätzung der Banken.

Der Zins auf dem Interbankenmarkt ergibt sich also nicht durch Angebot und Nachfrage, obwohl beides auf dem Markt vorhanden ist. Im nächsten Kapitel werden die Instrumente der Zentralbank vorgestellt, mithilfe derer sie in der Lage ist, die kurzfristigen Zinsen und bei Bedarf auch die langfristigen Zinsen auf dem Geldmarkt zu kontrollieren.

Kann eine Zentralbank „Pleite gehen"?

Die kurze Antwort auf diese Frage lautet: nein. Dies gilt uneingeschränkt für alle Zentralbanken, denen nicht vom Gesetzgeber eine solche Begrenzung per Gesetz auferlegt wird. Solche Fälle sind denkbar, allerdings gibt es in der Realität zwar „Schuldenbremsen" für Staaten, jedoch keine solche „Schuldenbremse" für Zentralbanken.

Moderne westliche Zentralbanken sind aber nicht durch Schuldenobergrenzen eingeschränkt. Sie können durch einen Eintrag im Zahlungssystem die Guthaben der Banken und der Regierung innerhalb der gesetzlichen Regeln fast nach Belieben verändern. Die Zentralbankbilanz wird durch diese Buchungen verlängert. Allerdings stehen ihr dazu nur die oben genannten Instrumente zur Verfügung. Die Zentralbank darf beispielsweise die Reserven nicht einfach in Bargeld tauschen und dann selbst „einkaufen gehen". Sie darf lediglich im gesetzlichen Rahmen den Banken Finanzanlagen abkaufen und teilweise auch dies nur auf Zeit. Sie darf weder spekulieren noch mit dem Ziel der Gewinnmaximierung in den Markt eingreifen.

Wer druckt die Banknoten, wer prägt das Münzgeld?

Der Druck der Banknoten und die Prägung der Münzen befanden sich früher oft in staatlicher Hand. Heute gibt es private Unternehmen, die dies übernehmen. Dabei zahlt die Zentralbank dem Hersteller natürlich nicht 100 Euro für einen Schein mit dem Nennwert in Höhe von 100 Euro, sondern nur den Preis, welches das Unternehmen angesetzt hat. Ist dieser zu hoch, kann der Auftrag an einen günstigeren Wettbewerber vergeben werden. Die Druckplatten werden von der Zentralbank bzw. dem Finanzministerium bestimmt und verbleiben im Eigentum des Staates. Die Druckerei darf natürlich die Scheine und Münzen nur exklusiv an die Zentralbank (Scheine) oder das Finanzministerium (Münzen) verkaufen – aber nicht zum Nennwert!

Die Zentralbank erzeugt Guthaben in Form von Reserven, ohne dass es eine Grenze geben würde. Der damalige US-Zentralbankpräsident Ben Bernanke wurde im März 2009 von CBS befragt, ob die Zentralbank das Geld, welches sie in der Krise ausgegeben hat, aus Steuern genommen hat. Die Antwort von Bernanke lautete im Original:[49]

> „It's not tax money. The banks have accounts with the Fed, much the same way that you have an account in a commercial bank. So, to lend to a bank, we simply use the computer to mark up the size of the account that they have with the Fed. It's much more akin to printing money than it is to borrowing."

Bernanke bestätigt hier also, dass die Zentralbank keine Steuergelder benutzt, sondern einfach die Guthaben der Banken bei der Zentralbank erhöht, wenn sie an diese Banken Kredite vergibt und ihnen Finanzanlagen abkauft.[50] Er sagt, dass dies eher etwas von „Geld drucken" habe als von „leihen". Wie bereits oben erläutert, sind die Erzeugung von Geld und Kredit sowie die Schaffung von neuen Einträgen in Bilanzen nicht losgelöst voneinander zu betrachten.

Bernanke betont, dass das Erzeugen von zusätzlichen Reserven auf den Konten der Banken durch den Kauf von deren Finanzanlagen nichts mit Verschuldung (Kredit) zu tun hat, sondern eher etwas mit Kauf durch (selbst erzeugtes) Geld. Insofern ist der Umweg über die Schaffung von neuen Reserven als Forderung und Verbindlichkeit von eben eher als didaktisches Mittel zu verstehen, denn als exakte Beschreibung der Realität.

Big Maple Leaf – die 1-Million-Dollar-Münze

In Kanada existieren sechs Goldmünzen mit einem Nominalwert von jeweils einer Million kanadische Dollar. Da der reine Goldwert inzwischen deutlich mehr beträgt, ist es unwahrscheinlich, dass eine solche Münze je zur Steuerzahlung eingesetzt wird. Im März 2017 wurde eine der Münzen aus einer Ausstellung in Berlin gestohlen und sehr wahrscheinlich eingeschmolzen.

Der Mythos des Steuerzahlers

Geld in Form von Guthaben der Banken bei der Zentralbank wird am Computer mithilfe einer Tastatur erzeugt. Mit „Geld drucken" im Sinne von „die Notenpresse anschmeißen" hat das nichts zu tun. Haushalte und Unternehmen sind die Nachfrager von Bargeld. Eine Zentralbank kann Bargeld selbst drucken oder drucken lassen, gibt aber Bargeld nur an Banken aus, wenn Letztere dies wünschen und dies mit Reserven bezahlen können. Dadurch soll Missbrauch verhindert werden.

Dies bedeutet, dass Zentralbanken aufgrund ihrer Geldschöpfung ihre Ausgaben generell nicht aus Steuern oder Verkäufen von Staatsanleihen „finanzieren" können. Staatliche Ausgaben sind die Bedingung für Steuerzahlungen, aber nicht andersherum. Das bedeutet, dass staatliche Ausgaben unabhängig von Steuerzahlungen sind und man daher auch in einem souveränen Währungssystem nicht davon sprechen kann, dass „der Steuerzahler" (nicht zufällig ist *er* immer männlich) das bezahlt hat, was *wir* aufgebaut haben. Nach dem 2. Weltkrieg haben *wir* die öffentliche Infrastruktur aufgebaut, indem die Regierung Leute dafür bezahlt hat, Ressourcen für den Staat zu schaffen und Arbeitsleistungen einzusetzen. *Unsere* Ressourcen werden durch Geld bewegt, und es ist *unser* Geld, welches für die staatliche Infrastruktur ausgegeben wurde. Was an Steuerzahlungen an den Staat zurückgeflossen ist, ist für die Erstellung der Infrastruktur unerheblich.

Die Idee des „Steuerzahlers" als Figur im Hintergrund, der staatliche Ausgaben „finanziert", hat viel Unheil angerichtet. Insbesondere die „Bankenrettung“ und die „Rettung von Griechenland“ durch die deutschen Steuerzahler ist ein Mythos, der bei uns immer noch sehr populär ist, während man im Mittelmeerraum nur den Kopf schüttelt über so viel ökonomische Unkenntnis. Die Ausgaben des Staates in der Krise wurden natürlich, wie alle anderen Ausgaben auch, von der Zentralbank, der Deutschen Bundesbank, getätigt. Der Ausgabenanstieg führte zu einer höheren Staatsverschuldung, aber nicht zu neuen Steuern oder höheren Steuersätzen. Komischerweise lesen wir trotzdem immer wieder, dass „der Steuerzahler“ hohe Kosten/Verluste/Schäden schultern musste in dieser oder jener Krise.

Auch in der Folge der Covid-19-Pandemie wird darüber diskutiert, ob jetzt der Steuerzahler die Kosten „finanzieren“ muss. Diese Frage ergibt keinen Sinn. Die Ausgaben waren in der Krise höher als vorher und die Steuereinnahmen geringer. Damit steigen staatliches Defizit und Schulden. Dies sind Statistiken, die vergangenheitsbezogen sind. Es sind keine Rechnungen mehr offen, von daher gibt es auch nichts zu „finanzieren“. Wer die Steuersätze gerne erhöhen möchte, um die Ungleichheit der Einkommen und Vermögen zu reduzieren auf ein Niveau, welches mit einer Demokratie vereinbar ist, der möge das vorschlagen. Das sollte dann aber nicht als einmalige „Finanzierung“ der „Krisenkosten“ verkauft werden, denn sonst würden die Superreichen sehr billig davonkommen.

„Quantitative easing“ – langfristige Offenmarktgeschäfte

Eine Zentralbank kontrolliert mit den von ihr gesetzten Zinsen den Tagesgeldzinssatz am Geldmarkt. Der Tagesgeldzins ist der Zins, den eine Bank bezahlt, wenn sie sich über Nacht Reserven leiht. Für den privaten Kunden ist der Tagesgeldzins der Zins, der für die Überlassung von Einlagen (und damit eventuell auch von Reserven) gewährt wird. Schließlich braucht die Bank dann an dem Tag keine Reserven für den eventuellen Zahlungsausgleich vorhalten, da der Kunde durch die Nutzung des Tageskontos verspricht, die Einlagen weder abzuheben noch zu einer anderen Bank zu transferieren.

Am Geldmarkt verleihen Banken Reserven. Durch den Zahlungsverkehr, der erst im Zahlungsausgleich am Ende des Geschäftstages abgewickelt wird, fließen Reserven von der einen Bank zur anderen. Dabei kommt es dazu, dass einige Banken danach mehr Reserven haben, als sie benötigen. Andere Banken haben weniger Reserven, als sie benötigen. Es entsteht hier ein Markt für Reserven, der sog. Interbankenmarkt. Dies ist ein Nullsummenspiel, solange die Banken nur untereinander Reserven überweisen. Reserven werden über Tage, manchmal auch über Wochen oder gar Monate verliehen. Die Banken können auch von der Zentralbank Reserven leihen, sofern sie dies wünschen. Diese Transaktionen beeinflussen hauptsächlich die kurzfristigen Zinsen.

Möchte die Zentralbank die langfristigen relativ zu den kurzfristigen Zinsen absenken, so macht sie dies über das sog. *quantitative easing* (QE). Was bestimmt den langfristigen Zins? Wie wir gesehen haben, wird der kurzfristige Zins durch die Zinssetzung der Zentralbank und die Durchführung von Offenmarktgeschäften bestimmt. Eine wichtige Verbindung besteht dabei zwischen Leitzins bzw. Interbankenmarktzins und Verzinsung von Staatsanleihen. Banken, welche Reserven besitzen, können alternativ Staatsanleihen kaufen. Die Verzinsung der Reserven wird am Interbankenmarkt bestimmt. Sie fällt nicht unter den Einlagezins, den die Zentralbank zahlen würde.

Die Verzinsung der Staatsanleihen ergibt sich dann über die sog. Arbitrage. Arbitrage bezeichnet das Ausnutzen von Preisunterschieden. In unserem Fall geht es um Zinsunterschiede, wobei der Zins der Preis für die Überlassung von Finanzanlagen ist. Eine Bank, welche Staatsanleihen kaufen könnte, wird folgende Überlegung anstellen. Auf der einen Seite könnte sie Reserven für eine bestimmte Dauer über den Interbankenmarkt leihen. Dafür zahlt sie einen Zins. Nun sieht die Bilanz der Bank wie folgt aus:

Geschäftsbank

Reserven	100	Kredit (IB)	100

Die Bank wird einen Verlust machen, denn auf die Reserven bekommt sie keinen Zins, auf die Verbindlichkeiten hingegen muss sie einen Zins zahlen. Sie kann die Reserven, die sie sich geliehen hat, bis zur Fälligkeit des Kredits verwenden. Sie könnte sie weiterverleihen und dafür einen Zins kassieren. Dies ist nur dann sinnvoll, wenn die Bank Reserven zu günstigeren Zinsen leihen kann, als sie verleiht. Je nach Risikoeinschätzung kann dies profitabel sein. Eine andere Möglichkeit ist das Deponieren der Reserven in der Einlagefazilität der Zentralbank. Deren Zins liegt jedoch immer unter dem Interbankenmarktzins, so dass dies keinen Profit abwerfen wird.

Natürlich könnte die Bank auch auf eigene Rechnung spekulieren und mit den Reserven Finanzanlagen kaufen: Aktien, Immobilien, Wertpapiere, was auch immer zu haben ist. Dies ist eine gute Möglichkeit, eine Bank in den Ruin zu treiben. Entwerten sich die gekauften Finanzanlagen um die Hälfte (Schrottanleihe), so sieht die Bilanz danach wie folgt aus:

Geschäftsbank

Schrottanleihe	50	Kredit (IB)	100
		Eigenkapital	−50

Diese Bank ist insolvent, sie kann den Kredit nicht mehr zurückzahlen. Durch den Verkauf der Schrottanleihe bekäme sie noch 50 in Reserven zusammen, aber dies reicht nicht, um den gesamten Kredit bei Fälligkeit zu tilgen. Also werden die Banken sich auf risikolose Anlagen beschränken. Was zeichnet eine risikolose Anlage aus? In modernen Finanzsystemen sind Staatsanleihen meist risikolos, da die Zentralbank direkt oder indirekt dafür garantiert, dass Staatsanleihen zum aktuellen Preis gegen Reserven getauscht werden können. Folglich wäre es für die Banken interessant, die geliehenen Reserven in Staatsanleihen zu investieren, wenn deren Verzinsung höher liegt als der Zins am Interbankenmarkt. Ist dies der Fall, so kauft die Bank Staatsanleihen.

Geschäftsbank

Staatsanleihen	100	Kredit (IB)	100

Das Geschäft ist dann lohnend, wenn die Verzinsung der Staatsanleihen höher liegt als der Zins am Interbankenmarkt. Eine wichtige Rolle bei der Verzinsung spielt der aktuelle Preis der Staatsanleihen, zu welchem diese gekauft werden können. Dabei sollten die Fristigkeiten übereinstimmen, damit gar kein Risiko entsteht. Staatsanleihen mit einer Laufzeit von 3 Monaten sollten also mit einem Interbankenkredit von 3 Monaten finanziert werden, nicht kürzer. Liegt die Laufzeit des Kredits unter der der Staatsanleihe, so trägt die Bank das Risiko, dass der Zins am Interbankenmarkt in der Zwischenzeit steigt – im ungünstigsten Fall über die Verzinsung der Staatsanleihe hinaus. Diese Arbitragemöglichkeit existiert nur dann, wenn Staatsanleihen als risikolos wahrgenommen werden. Je nach institutionellen Arrangements kann dies der Wahrheit entsprechen oder auch nicht.

Die Sache verkompliziert sich etwas, weil die Rendite der Staatsanleihen nicht notwendigerweise ihrem Zins entspricht. Eine Staatsanleihe enthält bei der Ausgabe meist folgende Informationen:

1. Angabe der Währung, die dem Besitzer ausgezahlt wird.
2. Angabe der Summe, die dem Besitzer ausgezahlt wird.
3. (ggf.) Angabe des Zinses, der dem Besitzer ausgezahlt wird.
4. Angabe des Datums, an dem an den Besitzer ausgezahlt wird.

Der Zins wird also in einer Staatsanleihe festgeschrieben, sofern sie einen hat. Allerdings ist der Preis einer Staatsanleihe flexibel. Eine $100-US-Staatsanleihe mit einem Zins von 0% kann zu niedrigeren oder höheren Preisen gehandelt werden. So ergibt sich dann doch eine von null abweichende Verzinsung, wenn beispielsweise die Anleihe für $90 gekauft wird. Aufgrund der erwarteten Auszahlung von $100 ergibt sich nach einem Jahr ein Gewinn von $10 bei einem Einsatz von $90. Dies wären über 11% als Verzinsung.

Die Verzinsung risikofreier Staatsanleihen bildet die Grundlage für viele Kreditverträge. Wenn ein Unternehmen beispielsweise einen Kredit mit fünf Jahren Laufzeit aufnehmen möchte, wird als Referenzzins meist der Interbankenmarktzins (z. B. LIBOR) herangezogen. Da Kredite an Unternehmen nicht risikolos sind, wird ein Aufschlag auf den Interbankenmarktzins hinzugerechnet. Viele mittel- bis langfristige Finanzierungen, also auch die Ausgabe von Anleihen oder andere Instrumente, basieren auf der Verzinsung der Staatsanleihen mit gleicher oder ähnlicher Laufzeit. Deren Verzinsung ist nicht unabhängig von ihren Marktpreisen. Diesen Zusammenhang macht sich eine Zentralbank beim QE zunutze. Die folgenden Bilanzen zeigen die Situation vor dem QE.

Zentralbank			
Reserven	100	Reserven	100

Regierung			
Reserven	0	Staatsanleihen	200
		Nettoverm.	−200

Geschäftsbank			
Staatsanleihen	200	Einlagen	300
Hypotheken	100		

Haushalt			
Einlagen	300	Hypotheken	100
Häuser	200	Nettoverm.	400

Die Zentralbank hat bereits die Menge an Reserven in der Bilanz erhöht. Sie wird jetzt den Banken die langfristigen Staatsanleihen abkaufen. Der Preis der Staatsanleihen ergibt sich über den Markt. Die zusätzliche Nachfrage nach langfristigen Staatsanleihen führt also zu einem Anstieg ihres Preises. Je höher der Preis, desto niedriger ist die Verzinsung. Eine $100-Staatsanleihe mit einem Zins von 4% könnte auch für $101 gehandelt werden. Ihre Verzinsung würde dann etwa 3% betragen. Die Zentralbank kauft also den Banken so lange langfristige Staatsanleihen ab, bis sich der Preis auf einem Niveau einpendelt, bei dem die Verzinsung die gewünschte Höhe erreicht hat.

Zentralbank			
Reserven	50	Reserven	100
Staatsanleihen	50		

Regierung			
Reserven	0	Staatsanleihen	200
		Nettoverm.	−200

Geschäftsbank			
Staatsanleihen	150	Einlagen	300
Hypotheken	100		
Reserven	50		

Haushalt			
Einlagen	300	Hypotheken	100
Häuser	200	Nettoverm.	400

Die Banken haben also zusätzliche Reserven für Staatsanleihen bekommen. Diese können sie auf dem Interbankenmarkt verleihen, was dort den Zins drücken würde, bis die Zentralbank eingreift. Alternativ könnten sie die Zinsen in der Einlagefazilität der Zentralbank parken. Allerdings können sie die Reserven nicht an den privaten Sektor weiterverleihen, da dieser keine Konten bei der Zentralbank unterhält. Gehörten die Staatsanleihen nicht den Banken, sondern ihren Kunden in Form von Fonds, so würden die Haushalte jetzt mehr Einlagen besitzen. Diese steigen von 200 auf 350, während der Fonds von 100 auf 50 fällt. Die folgende Darstellung bildet den Stand nach QE ab. Der Haushalt gewinnt 50 Einlagen und verliert Fondsanteile im selben Wert (von 100 auf 50).

Zentralbank			
Reserven	50	Reserven	100
Staatsanleihen	50		

Regierung			
Reserven	0	Staatsanleihen	200
		Nettoverm.	−200

Geschäftsbank				Haushalt			
Staatsanleihen	150	Einlagen	250	Einlagen	350	Hypotheken	100
Hypotheken	100	Fonds	50	Häuser	100	Nettoverm.	400
Reserven	50			Fonds	50		

So werden also tatsächlich mehr Einlagen im privaten Sektor geschaffen. Es ist allerdings nicht anzunehmen, dass die Besitzer diese Einlagen für Konsum oder Investitionen einsetzen. Sie werden wahrscheinlich weiterhin sparen wollen und Aktien, Wertpapiere und Immobilien kaufen. Von daher ist es nicht verwunderlich, dass eine der Nebenwirkungen von QE der Anstieg der Vermögenspreise auf breiter Front ist. Dies ist natürlich nicht neutral in der Verteilungswirkung.

Wie entsteht die Zinsstrukturkurve (yield curve)*?*

Die Basis der Zinsstrukturkurve ist normalerweise die risikofreie Anlage, nämlich Staatsanleihen. Deren Verzinsung wird auf der Zinsstrukturkurve abgetragen für die verschiedenen Fristen. Es gibt Anleihen mit einer kurzen Laufzeit in Wochen oder Monaten, und solche mit einer langen in Jahren. Letztere tragen meist einen Zins, Erstere nicht. Da sie nicht immer zum Ausgabewert gehandelt werden, ist die Verzinsung variabel. Wer für zwei Jahre Geld investieren möchte, kann zwei einjährige Staatsanleihen hintereinander kaufen oder eine zweijährige. Ist der Preis der zweijährigen zu niedrig, lohnt es sich, diese statt den beiden einjährigen zu kaufen. Diese sog. Arbitrage löst eine Verschiebung der Nachfrage aus, welche zur Angleichung der Verzinsung führt. Dabei spielen auch Erwartungen über zukünftige Zinsen eine wichtige Rolle.

Über QE können Zentralbanken also langfristige Zinsen beeinflussen. Warum tun sie das überhaupt? Für die meisten größeren Investitionen sind lange Laufzeiten notwendig, um einen Profit zu erzielen. Eine Fabrik rentiert sich vielleicht erst nach zehn Jahren, ein Kraftwerk nach zwanzig, Infrastruktur nach fünfzig Jahren. Entsprechend langfristig müssen die Finanzierungsinstrumente ausgelegt sein. Im Normalfall gilt: Je länger die Frist, desto höher der Zins. Unternehmer achten also auf die mittelbis langfristigen Zinsen. Diese unterliegen normalerweise nicht der direkten Kontrolle der Zentralbank.

Durch QE kann die Zentralbank also auch die Zinsen drücken, welche für die Unternehmen relevant sind, wenn es um größere Investitionen geht. Allerdings gibt es noch andere Gründe, Investitionen durchzuführen als niedrige Zinsen. Insbesondere das Vorhandensein einer ausreichenden Nachfrage kann Investitionen in die Produktion erhöhen bzw. ihr Mangel Investitionen stoppen. Die meisten Unternehmen begründen die Begrenzung der Produktion mit einem Mangel an Nachfrage, nicht einem Mangel an Gütern, Dienstleistungen, Energie, Rohstoffen oder Arbeitskräften. Wenn der Mangel an Nachfrage das Problem ist, dann bleibt auch das *quantitative easing* wirkungslos. Wesentlich für das QE in der Eurozone war wohl die Versorgung der Banken mit Zentralbankguthaben, damit diese damit Staatsanleihen kaufen können und so die Finanzierung der Staaten gesichert bleibt. Da dies offiziell nicht Aufgabe der EZB war oder ist, wurde dies nicht offiziell kommuniziert.

Bilanz und Unabhängigkeit der Zentralbank

Eine Zentralbank braucht eigentlich keine Bilanz. Diese sind ja dazu gedacht, Informationen über das Nettovermögen und Zahlungsverpflichtungen zu vermitteln. Da aber eine Zentralbank nicht zahlungsunfähig werden kann, sind derartige Informationen sehr speziell.

Abbildungen 4.1 und 4.2 zeigen die Bilanz der EZB. Wichtig sind auf der Aktivseite die Positionen unter Punkt 5 („Forderungen in Euro aus geldpolitischen Operationen an Kreditinstitute im Euro-Währungsgebiet") und Punkt 7 („Wertpapiere in Euro von Ansässigen im Euro-Währungsgebiet"). Die Position 7.1 besteht aus den zu geldpolitischen Zwecken gehaltenen Wertpapieren und ist in Verbindung mit QE und den verschiedenen Ankaufprogrammen zu sehen. Die Positionen unter Punkt 5 stellen ein Liquiditätsdefizit der Banken dar, denn sie schulden der EZB über die verschiedenen Fazilitäten Geld. Interessant ist aktuell, dass die Spitzenrefinanzierungsfazilität überhaupt nicht genutzt wird. Anscheinend sind alle Banken im Besitz von derart viel Reserven, dass sie keine mehr bei der EZB ausleihen müssen oder ggf. auf den Interbankenmarkt ausweichen.

Abbildung 4.2: Bilanz der EZB vom 29.05.2020, Aktiva

	Aktiva (in Millionen EUR) - 29. Mai 2020	**Stand**	**Veränderungen zur Vorwoche aufgrund von Transaktionen**
1	**Gold und Goldforderungen**	**509.840**	**−1**
2	**Forderungen in Fremdwährung an Ansässige außerhalb des Euro-Währungsgebiets**	**361.999**	**705**
2.1	Forderungen an den IWF	84.550	11
2.2	Guthaben bei Banken, Wertpapieranlagen, Auslandskredite und sonstige Auslandsaktiva	277.449	694
3	**Forderungen in Fremdwährung an Ansässige im Euro-Währungsgebiet**	**153.222**	**504**
4	**Forderungen in Euro an Ansässige außerhalb des Euro-Währungsgebiets**	**13.398**	**85**
4.1	Guthaben bei Banken, Wertpapieranlagen und Kredite	13.398	85
4.2	Forderungen aus der Kreditfazilität im Rahmen des WKM II	0	0
5	**Forderungen in Euro aus geldpolitischen Operationen an Kreditinstitute im Euro- Währungsgebiet**	**998.030**	**18.611**
5.1	Hauptrefinanzierungsgeschäfte	451	273
5.2	Längerfristige Refinanzierungsgeschäfte	997.529	18.300
5.3	Feinsteuerungsoperationen in Form von befristeten Transaktionen	0	0
5.4	Strukturelle Operationen in Form von befristeten Transaktionen	0	0
5.5	Spitzenrefinanzierungsfazilität	50	38
5.6	Forderungen aus Margenausgleich	0	0
6	**Sonstige Forderungen in Euro an Kreditinstitute im Euro-Währungsgebiet**	**34.430**	**−1.229**
7	**Wertpapiere in Euro von Ansässigen im Euro-Währungsgebiet**	**3.222.645**	**24.740**
7.1	Zu geldpolitischen Zwecken gehaltene Wertpapiere	3.019.918	24.382
7.2	Sonstige Wertpapiere	202.727	358
8	**Forderungen in Euro an öffentliche Haushalte**	**23.322**	**0**
9	**Sonstige Aktiva**	**279.184**	**−2.621**
Aktiva insgesamt		**5.596.070**	**40.794**

Differenzen in den Summen durch Runden der Zahlen.

Quelle: https://www.ecb.europa.eu/press/pr/wfs/2020/html/ecb.fst200602.de.html

Abbildung 4.3: Bilanz der EZB vom 29.05.2020, Passiva

Passiva (in Millionen EUR) - 29. Mai 2020		Stand	Veränderungen zur Vorwoche aufgrund von Transaktionen
1	**Banknotenumlauf**	**1.353.308**	**5.110**
2	**Verbindlichkeiten in Euro aus geldpolitischen Operationen gegenüber Kreditinstituten im Euro-Währungsgebiet**	**2.274.324**	**29.337**
2.1	Einlagen auf Girokonten (einschließlich Mindestreserveguthaben)	1.951.967	6.611
2.2	Einlagefazilität	322.357	22.726
2.3	Termineinlagen	0	0
2.4	Feinsteuerungsoperationen in Form von befristeten Transaktionen	0	0
2.5	Verbindlichkeiten aus Margenausgleich	0	0
3	**Sonstige Verbindlichkeiten in Euro gegenüber Kreditinstituten im Euro-Währungsgebiet**	**8.207**	**−1.356**
4	**Verbindlichkeiten aus der Begebung von Schuldverschreibungen**	**0**	**0**
5	**Verbindlichkeiten in Euro gegenüber sonstigen Ansässigen im Euro-Währungsgebiet**	**646.185**	**15.646**
5.1	Einlagen von öffentlichen Haushalten	518.432	13.381
5.2	Sonstige Verbindlichkeiten	127.752	2.265
6	**Verbindlichkeiten in Euro gegenüber Ansässigen außerhalb des Euro-Währungsgebiets**	**348.334**	**−4.271**
7	**Verbindlichkeiten in Fremdwährung gegenüber Ansässigen im Euro-Währungsgebiet**	**9.043**	**335**
8	**Verbindlichkeiten in Fremdwährung gegenüber Ansässigen außerhalb des Euro-Währungsgebiets**	**6.854**	**−171**
8.1	Einlagen, Guthaben und sonstige Verbindlichkeiten	6.854	−171
8.2	Verbindlichkeiten aus der Kreditfazilität im Rahmen des WKM II	0	0
9	**Ausgleichsposten für vom IWF zugeteilte Sonderziehungsrechte**	**57.945**	**0**
10	**Sonstige Passiva**	**275.868**	**−3.836**
11	**Ausgleichsposten aus Neubewertung**	**507.111**	**0**
12	**Kapital und Rücklagen**	**108.891**	**0**
Passiva insgesamt		**5.596.070**	**40.794**
Differenzen in den Summen durch Runden der Zahlen.			

Quelle: https://www.ecb.europa.eu/press/pr/wfs/2020/html/ecb.fst200602.de.html

Auf der Passivseite taucht dann der Liquiditätsüberschuss der Banken in den Positionen 2.1 bis 2.4 wieder auf. Die Reserven zur Erfüllung der Mindestreserven sind dabei allerdings nicht frei verfügbar. Im Wesentlichen sind es die Reserven in der Einlagefazilität, welche perspektivisch zum Abbau von Verbindlichkeiten der Banken gegenüber der EZB verwendet werden können. Ebenfalls von besonderem Interesse ist die Position 1, der Banknotenumlauf. Die Zentralbank muss den politischen Zwischenrufen nicht folgen und kann die Zinsen innerhalb ihres Mandats so setzen, wie sie das für richtig hält. Zumindest der EZB-Präsident, der für acht Jahre gewählt ist, hat dabei nicht viel zu verlieren. Die Position ist auf eine Amtszeit beschränkt, eine Wiederwahl ist also unmöglich.

In der Eurozone sind die nationalen Zentralbanken quasi ausführende Organe der EZB (im sog. Eurosystem). Allerdings betreiben sie auch auf eigene Rechnung Geschäfte. Das *Agreement on Net Financial Assets* (ANFA) regelt dabei, in welchem Umfang und unter welchen Regeln Zentralbanken nationale Aufgaben erfüllen dürfen.[51] Dazu gehört das Halten von Goldbeständen, Fremdwährungen und Portfolios von Vermögenswerten, z. B. für die Pensionen der Angestellten der Zentralbank. Gold und Fremdwährungen werden gehalten, weil die Zentralbanken diese mit in den Euro eingebracht haben. Wahrscheinlich wollen sie die Goldbestände nicht verkaufen, weil sie nicht verpflichtet sind, Gewinne zu maximieren.[52] Zudem sind sie als Schöpfer des Geldes nicht auf Erlöse aus Verkäufen angewiesen, wenn sie etwas kaufen wollen.

Zusammenfassung

Bargeld entsteht also, indem Banken ihre Einlagen bei der Zentralbank umtauschen. Die Reserven werden geschaffen, wenn Banken bei der Zentralbank einen Kredit aufnehmen, staatliche Zahlungen an sich selbst oder ihre Kunden annehmen oder der Zentralbank Staatsanleihen verkaufen. So kommen sie an Guthaben bei der Zentralbank. Möglich ist auch, dass es zu Wertpapierpensionsgeschäften kommt. Dabei wird beim Kauf gleich der Wiederverkauf festgelegt. Banken kommen über die ständigen Fazilitäten und über Offenmarktgeschäfte an Reserven. Untereinander handeln sie ebenfalls mit Reserven bzw. Versprechen, diese zu liefern. Dies wird als Interbankenmarkt bezeichnet.

Die Nachfrage nach Reserven entsteht aus der Nachfrage des privaten Sektors nach Bargeld und der Nachfrage der Banken nach Reserven für den Zweck des Zahlungsausgleichs. Die Banken versprechen ihren Kunden, dass ihre Einlagen immer gegen Bargeld in gleicher Höhe getauscht werden können. Überschüssiges Bargeld des privaten Sektors wird dabei zurück an die Banken fließen, die dieses ihrerseits bei der Zentralbankfiliale in Reserven umtauschen. Diese zusätzlichen Reserven könnten auf dem Interbankenmarkt bei gegebener Nachfrage den Interbankenzins drücken, wenn nicht die Zentralbank üblicherweise den von ihr festgelegten kurzfristigen Interbankenzins verteidigen würde. Dazu besitzt sie einen monetären Werkzeugkasten mit verschiedenen Instrumenten.

5. Die Instrumente der Zentralbank (Geldpolitik)

Eine Zentralbank nutzt meist neben der Offenmarktpolitik drei Zinssätze zur Kontrolle des kurzfristigen Zinses auf dem Geldmarkt.[53] Sie gibt verschiedene Zinsen vor, zu denen Banken dann Reserven ausleihen und damit ihrem Guthaben bei der Zentralbank hinzufügen können, zudem können bzw. müssen sie überschüssige Reserven bei der Zentralbank gegen einen Zins parken. Entgegen der landläufigen Meinung kontrolliert eine Zentralbank die Geldmenge nicht. Die EZB bietet den Banken zwei Zinssätze zur Ausleihe und einen zum Parken von Reserven an. Wenn eine Bank dringend Reserven benötigt, beispielsweise für den Zahlungsausgleich (*clearing*) oder für Kunden, die Bargeld fordern, dann kann sie sich sofort, aber nur über Nacht (Rückzahlung am Tag danach), Reserven von der Zentralbank gegen Sicherheiten leihen. Die sog. Spitzenrefinanzierungsfazilität wird im Englischen als *marginal lending facility* bezeichnet.

Die ständigen Fazilitäten

Wie Abbildung 5.1 zeigt, liegt der Zins dieser Fazilität höher als die anderen Zinsen. Damit lässt sich die EZB dafür bezahlen, dass diese Fazilität noch bis eine halbe Stunde nach Geschäftsschluss geöffnet ist. Banken, die erst am Ende des Geschäftstages merken, dass sie nicht genügend Reserven für den Zahlungsausgleich haben, können sich hier noch die benötigten Reserven besorgen. Dies ist sinnvoll, da ungenügende Reserven zur Folge hätten, dass die Überweisungen von einer Bank zur anderen nicht durchgeführt werden können. Die Kunden der Banken, die auf diese Überweisungen angewiesen sind, würden sofort das Vertrauen in die Banken verlieren, wenn Zahlungen aus irgendwelchen technischen Gründen platzen würden. Wie bereits gesagt, ist die Aufrechterhaltung des Zahlungssystems neben der Geldpolitik die wichtigste Aufgabe der Zentralbank.

Abbildung 5.1: Zinssätze der EZB in der Eurozone

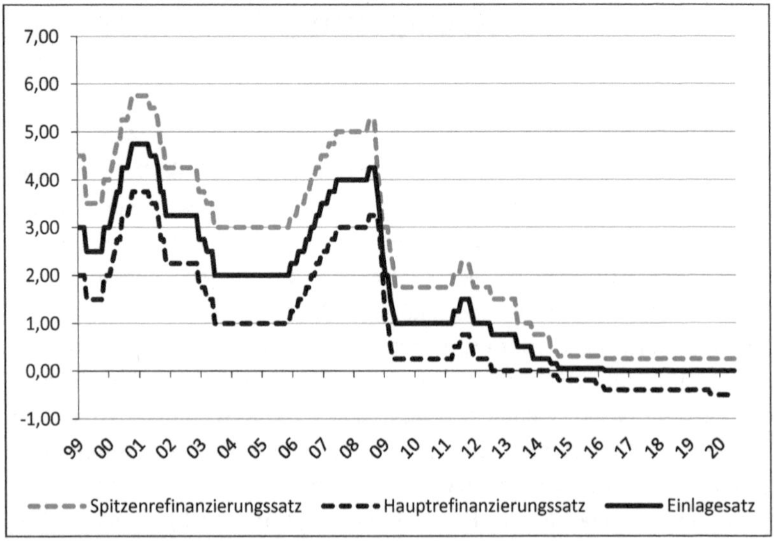

Quelle: Eurostat (irt_cb_m)

Die zweite Möglichkeit der Leihe von Reserven direkt von der Zentralbank ist die Nutzung der Hauptrefinanzierungsgeschäfte (*main refinancing operations*). Dabei gibt die EZB einen Zins vor und die Banken leihen sich gegen Sicherheiten so viele Reserven, wie sie brauchen. Hier beträgt die Dauer der Ausleihe nicht nur Tage, sondern kann auch Wochen, Monate oder gar Jahre betragen. Die langfristigen Kredite der EZB von Ende 2011 und Anfang 2012 mit einer Dauer von bis zu drei Jahren waren aber Ausnahmen im Vergleich zu vorher.

Während die Banken mit Bedarf an Reserven diese von der Zentralbank leihen können, gibt es auch eine Möglichkeit für Banken mit überschüssigen Reserven, diese bei der EZB gegen einen Zins zu parken. Die Einlagefazilität (*deposit facility*) der EZB ist den Banken offen, sie müssen dort nicht benötigte Reserven der EZB gegen einen relativ geringen – und momentan sogar negativen – Zins überlassen. Es handelt sich dabei um ein Arrangement ähnlich zu Giro- und Sparkonto. Banken halten ihre Reserven in einem Konto bei der Zentralbank, und wenn sie diese nicht benötigen, dann transferieren sie die Reserven auf das Sparkonto namens Einlagefazilität. Sie können über die Reserven täglich unbegrenzt verfügen. Allerdings müssen sie der EZB Transaktionen spätestens 15 Minuten vor Geschäftsschluss des Zahlungssystems (TARGET2) melden.

Kann eine Zentralbank negative Zinsen setzen?

Ja. Aktuell beträgt der Einlagezins der EZB −0,4%. Von Mitte 2012 bis ins Frühjahr 2014 war der einem Einlagezins entsprechende Zins der dänischen Zentralbank negativ. Negative Leitzinsen sehen wir gerade in Schweden, wo die „repo rate" bei −0.25% liegt (August 2019). Der Kreditnehmer würde dann weniger zurückzahlen müssen, als er ausgeliehen hatte. Dies ist praktisch wohl nur schwer durchführbar, da der Öffentlichkeit erklärt werden müsste, warum Banken unter Umständen einen risikofreien Gewinn machen.

Vor einigen Jahren hat die EZB den Einlagezins in der Eurozone auf einen negativen Wert gesenkt. Er liegt momentan bei −0,5% jährlich. Da der Zins bezogen auf eine Nacht anfällt, beträgt er 1/350 vom Einlagezins, also momentan etwa −0,00143% pro Nacht. Ein negativer Zins bedeutet, dass die Bank dafür bezahlt, dass sie ihre Reserven bei der EZB in der Einlagefazilität „parkt".

Mit dem Wissen um die drei Zinssätze der Spitzenrefinanzierungsfazilität, des Hauptrefinanzierungsinstruments und der Einlagefazilität kann nun das Zustandekommen des kurzfristigen Zinses auf dem Interbankenmarkt untersucht werden. Wir hatten eben den Fall, dass Bank A sich Reserven bei der Zentralbank leiht, um in den Zahlungsausgleich mit Bank B gehen zu können. Schauen wir uns die Bilanzen etwas genauer an. Leiht sich Bank A die Reserven über Nacht bei der Zentralbank, so zahlt sie einen Zins von 0,25%. Bank B bekommt für die Reserven keinen Zins, solange diese nicht in der Einlagefazilität liegen oder an andere Banken verliehen wurden.

Bank A

Kredit	100	Einlagen	50
		Kredit (ZB −0,4%)	50

Bank B

Kredit	100	Einlagen	150
Reserven (0%)	+50		

An dieser Stelle entsteht eine Möglichkeit, wie sich beide Parteien durch ein Geschäft besserstellen können. Statt dass sich Bank A die Reserven von der Zentralbank leiht, könnte sie sich genauso gut die Reserven von Bank B leihen. Wenn man sich auf einen Preis für diesen Interbanken-Kredit (IB-Kredit) in Höhe eines Zinses von 0,2% einigen würde, dann wären beide Parteien bessergestellt. Bank A zahlt lediglich Zinsen in Höhe von 0,2%, und Bank B bekommt für die überschüssigen Reserven 0,2% statt −0,5%, wenn die Reserven in der Einlagefazilität geparkt werden.

Bank A				Bank B			
Kredit	100	Einlagen	50	Kredit	100	Einlagen	150
		Kredit (IB 0,2%)	50	Kredit (IB 0,2%)	+50		

Zentralbankguthaben und Kapitalabflüsse

Reserven sind Guthaben bei der Zentralbank und können nur von angeschlossenen Geschäftsbanken gehalten werden. Ausländische Banken können über Tochterbanken Reserven halten oder über Konten bei anderen Geschäftsbanken. Reserven bleiben quasi immer im Inland. Wenn Banken Reserven in Dollar verkaufen, werden sie entsprechend von anderen Banken gehalten. Reserven können also nicht „abfließen" oder „aus dem Land fliehen". Nur bei Bargeld ist dies möglich.

Sofern das Risiko einer Pleite von Bank A nicht beträchtlich ist, werden sich also die Banken weitgehend untereinander Reserven leihen, ohne dass die Zentralbank eingreifen muss. Da alle Parteien bessergestellt werden, ist dies in der Realität auch meist der Fall, zumindest solange nicht die Zahlungsfähigkeit einiger Banken bezweifelt wird. Was passiert aber, wenn Bank A zusätzliche Reserven auf dem Interbankenmarkt leihen möchte, aber die anderen Banken keine Reserven mehr verleihen wollen? Sollte Bank A zum Gebot von 0,2% keine Reserven mehr von anderen Banken ausleihen können, dann passiert das, was auf Märkten immer passiert, wenn das Angebot knapp wird. Bank A wird einen höheren Preis bieten, in diesem Fall also einen höheren Zins. Dabei werden in kurzen Schritten die Angebote so lange erhöht, bis es zum Geschäft kommt. Vielleicht könnte sich Bank A mit einer Bank C zu einem Zins von 0,24%

einigen, da Bank C die Reserven wahrscheinlich nicht braucht und Bank A so dem Risiko entgeht, sich über Nacht von der EZB Reserven zu 0,25% leihen zu müssen. Dies führt zu einem Anstieg des Zinses auf dem Interbankenmarkt.

*Die Manipulation des LIBOR (**L**ondon **I**nter**b**ank **O**ffered **R**ate)*

Der Zins auf dem Interbankenmarkt LIBOR wird durch eine Umfrage der teilnehmenden Banken ermittelt. Diese sollen angeben, zu welchen Zinssätzen sie sich gegenseitig Reserven leihen würden. Im Jahr 2012 wurde durch Barclays Bank aufgedeckt, dass diese Umfrage jahrelang manipuliert wurde. Der Zins wurde nach oben manipuliert, wodurch viele Kreditnehmer höhere Zinsen an die Banken zahlen mussten, sofern sie einen variablen Zins hatten, welcher auf dem LIBOR plus einem Aufschlag basierte. Die EU Kommission verhängte daraufhin eine Strafe von 1,7 Mrd. Euro gegen mehrere europäische Großbanken.

Der Anstieg dieses Zinssatzes ist allerdings begrenzt dadurch, dass sich Banken ja auch bei der Zentralbank kurz- und auch mittelfristig Reserven leihen können. Keine Bank wird einen Zins von über 0,25% akzeptieren, wenn sie zu dem Zins über Nacht Reserven von der Zentralbank ausleihen kann. Andererseits wird durch den Einlagezins ein Boden unter den Interbankenmarktzins gezogen, denn keine Bank würde Reserven für weniger als den Einlagezins verleihen. Das Setzen der Zinsen durch die Zentralbank reicht fast schon aus, um den Zins auf dem Interbankenmarkt in einen mehr oder weniger engen Korridor zu zwängen.

In Krisenzeiten hat die EZB zusätzliche Operationen durchgeführt, um die Liquidität des Bankensystems sicherzustellen. Die sog. *targeted longer-term refinancing operations* (TLTROs) wurden mit niedrigen Zinsen und langen Laufzeiten durchgeführt.[54] So können die Banken sicherstellen, dass sie auf Jahre mit genügend Zentralbankgeld ausgestattet sind. Dies erhöht die Stabilität des Bankensektors. Zudem bietet die EZB günstigere Zinsen an, wenn die teilnehmenden Banken ihre Kreditmenge stärker ausweiten.

Offenmarktoperationen

Eine alternative Möglichkeit ist der Eingriff durch Offenmarktoperationen, die bereits behandelt wurden. Dabei werden den Banken illiquide Anlagen gegen liquide Reserven abgekauft, um die Menge an Reserven zu erhöhen. Dadurch würden die Banken die erworbenen überschüssigen Reserven anbieten und so den Zins am Interbankenmarkt senken. Um den Zins zu erhöhen, würde die Zentralbank den Banken illiquide Anlagen verkaufen. Sofern der Preis stimmt, würden die Banken auf solche Geschäfte eingehen.

Diese Möglichkeit der Veränderung der Reserven durch die Initiative der Zentralbank bedeutet aber keineswegs, dass diese die Menge an Reserven im Bankensystem kontrolliert. Auf Initiative der Banken können diese ja Reserven in der Einlagefazilität parken und auch über die Spitzenrefinanzierungsfazilität ausleihen. Da Letzteres im Euroraum bis zu eine halbe Stunde nach Geschäftsschluss möglich ist, haben die Banken das letzte Wort. Die Höhe der Reserven wird also nicht durch die Zentralbank bestimmt.

Das 28-Milliarden-Euro-Versehen

Im April 2018 berichtete die Presse von einer Panne bei der Deutschen Bank. Bei einer Routinezahlung wurde aus Versehen eine vielfach höhere Summe überwiesen: 28 Milliarden Euro! Während ein Tippfehler immer mal wieder vorkommen kann, sollten die Banken natürlich entsprechende Kontrollen haben, damit so etwas nicht vorkommen kann.

Die Zentralbank kann die Zinsen verändern, wie sie es möchte. Natürlich ist es ratsam, den Zins für Hauptrefinanzierungsgeschäfte über dem für Einlagen zu halten, da ansonsten die Banken Reserven leihen können und dann gegen einen höheren Zins bei der Zentralbank parken würden. Dies wäre ein Geschenk an die Banken. Die Banken werden die Veränderungen des Leitzinses an ihre Kunden weitergeben. Dabei gibt es eine Asymmetrie. Zinssenkungen werden meist mit Verzögerung weitergegeben, während Zinserhöhungen sofort weitergegeben werden. Die Bank erhöht dann die Zinsen für Konsumentenkredite, Hypotheken etc. Die Zinsen von bestehenden Kreditverträgen passen sich eventuell automatisch an, da

Kredite vielfach mit variablen Zinsen ausgestattet sind. Es ist üblich, dass Kreditnehmer einen Aufschlag auf einen Interbankenzins zahlen, bspw. den LIBOR. Dadurch verringert die Bank das Zinsrisiko, denn bei einer Erhöhung der Zinsen werden Reserven teurer. Wenn aber auch die Kreditzinsen auf der Seite der Forderungen angepasst werden, hat die Bank keinen Grund zur Sorge.

Was beschränkt die Kreditvergabe der Banken?

Es kann an dieser Stelle festgehalten werden, dass Banken theoretisch unbegrenzt Guthaben erzeugen können. Dies gilt sowohl für Banken, die Einlagen für Haushalte und Unternehmen schaffen, wie auch für Zentralbanken, welche Einlagen für Banken – die sog. Reserven – schaffen. Warum wird dann nicht unendlich Kredit geschaffen für den privaten Sektor, in Verbindung mit unendlicher Schöpfung von Reserven durch die Zentralbank? Was hält die Akteure davon ab? Muss das Ganze nicht in Hyperinflation enden?

Hier ist deutlich zwischen den theoretischen Möglichkeiten des Gesamtsystems und dem tatsächlichen Verhalten der Einzelakteure zu unterscheiden. Nicht alles, was grundsätzlich machbar ist, liegt auch im Interesse der Beteiligten. Was hält also die einzelne Bank davon ab, quasi grenzenlos Kredite zu vergeben? Schließlich verdient sie ja an der Differenz zwischen Kreditzinsen und Einlagezinsen bzw. Zentralbankzinsen, so dass sie doch daran interessiert sein sollte, möglichst viele Kredite zu vergeben? Schauen wir uns das genauer an. Bedeutet eine solche Strategie für Bank A, dass sie sehr viel mehr Kredite vergibt als beispielsweise Bank B? Die Kunden der Bank A werden beim Ausgeben ihrer Guthaben also viel mehr Einlagen zu Kunden der Bank B überweisen als andersherum, so dass der Bedarf an zusätzlichen Reserven von Bank A im Vergleich zu Bank B entsprechend steigen wird. Dies wird in den folgenden Bilanzen deutlich.

Bank A				Bank B			
Kredit	1000	Einlagen	750	Kredit	100	Einlagen	350
		Kredit (IB)	250	Kredit (IB)	250		

Eine Bank, deren Kreditportfolio deutlich stärker wächst als das der Konkurrenz, wird also im Laufe der Zeit ein Defizit an Reserven aufweisen, welches durch Kredite der anderen Banken oder der Zentralbank gedeckt werden muss. Dies ist mit dem Eintrag Kredit (IB) gekennzeichnet. Dabei besitzt eine Bank gegenüber der anderen eine Forderung. Entsprechend ist der Kredit für die andere Bank eine Verbindlichkeit. Solange die ursprünglich an Haushalte und Unternehmen vergebenen Kredite einlagefähig sind, die EZB sie also als Sicherheit für Kredite von Zentralbankgeld akzeptiert, ist zwar die Refinanzierung gesichert, die Bank hat aber im Verhältnis zur Konkurrenz einen erhöhten Zinsaufwand, sprich mehr Kosten.

Auch ist die Bank bei der Refinanzierung über die Zentralbank deren Zinserhöhungen schutzlos ausgeliefert. Durch Refinanzierung am Interbankenmarkt werden die Kosten zwar geringer, gleichzeitig verschafft der Abfluss von Zinszahlungen an die Konkurrenz dieser wiederum einen Vorteil im Ergebnis. Durch das größere Kreditportfolio einer Bank wird auch ein höheres Zinseinkommen erreicht, allerdings bei einem entsprechend höheren Risiko. Die anderen Banken bekommen den Zins am Interbankenmarkt, welcher niedriger liegt. Allerdings ist auch das Zahlungsausfallrisiko im Interbankengeschäft üblicherweise geringer. Zusammenfassend lässt sich also sagen, dass am Markt ein gewisser Zwang zum Gleichschritt bei der Ausweitung des Kreditportfolios herrscht. Banken mit erhöhter Kreditvergabe machen sich abhängig vom Interbankenmarkt und von der Zentralbank. Bei Problemen mit ihren Krediten können sie nicht darauf hoffen, dass andere Banken die gleichen Probleme haben.

Ein ganz anderes Problem entsteht, wenn die Qualität des Kreditportfolios von Bank A im Zeitablauf abnimmt. Nehmen wir einmal an, dass die Kredite der Bank A zur Finanzierung von Immobilien eingesetzt wurden. Aufgrund eines plötzlichen Sturzes der Immobilienpreise kommt es dazu, dass einige der Kreditnehmer die Kredite nicht tilgen können. Die Bank muss also einen Teil der Kredite abschreiben, was ihre Eigenkapitalposition schwächt. Wir nehmen einmal an, dass das Eigenkapital der Bank A 50 Euro beträgt. Eigenkapital bezeichnet den Überschuss der Aktiva über die Verbindlichkeiten. Unterstellt sei, dass die Bank durch gutes Wirtschaften in der Vergangenheit ein Portfolio von Staatsanleihen im Wert von 50 Euro aufgebaut hat, dem keine echten Verbindlichkeiten gegenüberstehen. Die Bilanzen sehen dann so aus:

Bank A

Aktiva		Passiva	
Kredit	1000	Einlagen	750
Staatsanleihen	50	Kredit (IB X%)	250
		Eigenkapital	50

Bank B

Aktiva		Passiva	
Kredit	100	Einlagen	350
Kredit (IB X%)	+250		

Durch den Fall der Immobilienpreise geraten nun die Kredite unter Druck, mit einer vollständigen Rückzahlung kann nicht mehr gerechnet werden. Angenommen, das Rating dieser Kredite fällt unter die von der EZB festgelegte Grenze für die Akzeptanz als Sicherheit, dann kann die Bank den Kredit nicht als Sicherheit für zusätzliche Kredite von der Zentralbank einsetzen – sie ist jetzt vollständig abhängig von den Krediten im Interbankenmarkt, durch die sie den Zahlungsausgleich heute und damit den Bedarf an Reserven reduzieren und sich neue Reserven per Kredit verschaffen kann. Sollte sie jedoch keine zusätzlichen Reserven mehr bekommen, so kann sie weder zusätzliche Bargeldauszahlungen noch Überweisungen an andere Banken durchführen. Eine solche Situation einer Bank wird als Illiquidität (Zahlungsunfähigkeit) bezeichnet. Eine illiquide Bank kann keinerlei Zahlungen mehr durchführen und erfüllt damit den Tatbestand der Insolvenz.

Die Bankenkrise in Griechenland

Die EZB hatte im Februar 2012 nach der Herabstufung von griechischen Staatsanleihen durch Standard & Poor's entschieden, diese nicht mehr als Sicherheiten für die Gewährung von Zentralbankkrediten zu akzeptieren. Da aber die griechischen Banken sehr viele griechische Staatsanleihen hielten, gerieten sie in Liquiditätsprobleme. Ihre Bilanz zeigte zwar keine Überschuldung an, aber die Menge an Reserven drohte knapp zu werden. Einen Monat später konnten griechische Staatsanleihen über den Rettungsschirm EFSF in Papiere mit zusätzlichen Sicherheiten umgetauscht werden, die dann wiederum bei der EZB als Sicherheit eingereicht werden konnten.

Ähnlich gelagert ist die Situation der Insolvenz in Form von Überschuldung.[55] Hier kommt es dazu, dass die Forderungen der Bank unter die Höhe der echten Verbindlichkeiten (ohne Eigenkapital) fallen. Da die Bilanz immer ausgeglichen sein muss, wird ein entsprechendes negatives

Eigenkapital ausgewiesen. Bei einem dauerhaften Absinken des Wertes des Kreditportfolios der Bank A von 1.000 Euro auf 900 Euro käme es zu einer Insolvenz, wie die folgenden Bilanzen zeigen. Die Verminderung des Wertes der Forderungen löscht erst das vorhandene Eigenkapital aus, danach wird es negativ. Ein Verkauf sämtlicher Forderungen, sofern möglich, würde noch 950 Euro erlösen. Dem stehen aber Verbindlichkeiten in Höhe von 1.000 Euro gegenüber.

Bank A				Bank B			
Kredit	900	Einlagen	750	Kredit	100	Einlagen	350
Staatsanleihen	50	Kredit (IB X%)	250	Kredit (IB X%)	250		
		Eigenkapital	−50				

An dieser Stelle muss die Bankenregulierung eingreifen und die Bank schließen. Tut sie es nicht, würde es wohl zum *bank run* kommen. Während Bank B die Angestellten von Bank A mit Zahlungsaufforderungen bezüglich der Interbankenkredite bombardiert, werden sich die Inhaber der Konten vor den Bankautomaten und Filialen in die Schlange stellen. Sie wissen, dass die Menge an Reserven nicht ausreicht, um alle Verpflichtungen zu erfüllen, selbst wenn Bank A noch alle Kreditforderungen zum aktuellen Preis verkaufen oder als Sicherheit für Zentralbankkredite einsetzen kann.

Steuergutschriften als Zahlungssystem in Griechenland

Im Zuge der griechischen Bankenkrise und einer drohenden zeitweisen Schließung von Banken aufgrund von Liquiditätsengpässen brachte der damalige Finanzminister, Yanis Varoufakis, den Vorschlag auf, ein paralleles Zahlungssystem auf der Basis von Steuergutschriften zu installieren. Der Vorschlag sah vor, dass das Finanzamt für jeden Steuerzahler ein digitales Konto erstellt und mit Steuergutschriften kreditiert. Durch den Transfer von Steuergutschriften zwischen den Konten wäre der Zahlungsverkehr trotz geschlossener Banken möglich gewesen. Ferner hätte es der Regierung fiskalischen Spielraum zwecks Belebung der griechischen Wirtschaft ermöglicht. Das Beispiel macht die grundsätzliche Funktionsweise von Geldsystemen deutlich und zeigt, dass modernes Geld ebenfalls als Steuergutschrift zu verstehen ist.

Seriöse Banken sollten also im eigenen Interesse darauf achten, nicht unverhältnismäßig mehr Kredite zu vergeben als die Konkurrenz und keine unangemessenen Risiken bei der Kreditvergabe einzugehen.[56] Zu einer Gefährdung des gesamten Systems kommt es daher nur im Falle eines langfristig ruinösen Wettbewerbs zwischen den Instituten. Das ist dann der Fall, wenn während eines Aufschwungs alle Institute gleichzeitig ihr Kreditportfolio erweitern, weil niemand bei dieser kurzfristig lukrativen Entwicklung zurückbleiben will. In einer solchen Situation werden gerne Kredite auf Biegen und Brechen vergeben und übliche Standards verletzt. Man kann hier zu Recht von einem Herdenverhalten sprechen, bei dem die üblichen Marktmechanismen und zu erwartenden individuellen Risikoerwägungen außer Kraft gesetzt werden.

Diese Vorkommnisse ändern aber nichts daran, dass eine theoretisch unbegrenzte Kreditschöpfung im Regelfall nicht zu einer praktisch unbegrenzten Kreditschöpfung führt. Ebenso wenig führte die zweifellos hilfreiche Entdeckung des Feuermachens automatisch zur Brandstiftung. Hier wie dort muss der Gesetzgeber dafür sorgen, dass sich Regelverstöße nicht lohnen und die Schuldigen bestraft werden.

Eine grundsätzliche Bemerkung zum Schluss: Wenn es richtig ist, dass die Schaffung von Einlagen, ob nun bei der Zentralbank oder bei den Banken, prinzipiell unbegrenzt möglich ist, ist es offenbar unsinnig von „Geldknappheit" zu sprechen. Nicht der vermeintlich begrenzte Vorrat von Geld ist das Thema, sondern seine angemessene Verteilung. Ein Kreditausfall – bei Banken in Zentralbankgeld, bei Haushalten und Unternehmen in Giralgeld – kommt nicht zustande, weil allgemeine Knappheit im System herrscht. Problematisch wird es vielmehr immer dann, wenn beim Kreditnehmer keine ausreichende Menge an Zahlungsmitteln zur Tilgung eines Kredits vorhanden ist.

Devisenswap-Vereinbarungen

Devisenswap-Vereinbarungen dienen der Versorgung von Zentralbanken mit ausländischen Währungen (Devisen). Diese können dann an die angeschlossenen Banken verliehen werden. Wenn sich eine Zentralbank bei einer anderen Devisen leiht, dann tauscht sie diese letztlich gegen die entsprechende Summe in eigener Währung. Es geht dabei um Reserven, also um Guthaben bei der jeweiligen Zentralbank. Laut EZB dienen Devisenswap-Vereinbarungen vor allem dazu, Vermögenswerte aus anderen Währungsräumen zu finanzieren, wenn sich die Refinanzierungsmärkte dieser Räume verschlechtern. Während der Finanzkrise von 2008/09 kam es nach der Insolvenz der New Yorker Investmentbank Lehman Brothers beispielsweise zu Problemen bei der Refinanzierung in US-Dollar.[57] Ein Verkauf US-amerikanischer Vermögenswerte durch europäische Banken hätte extreme Preisschwankungen ausgelöst. Durch die Devisenswap-Vereinbarungen, so erklärt es die EZB selbst, konnten diese potentiellen „Störungen“ vermieden werden.[58]

Seit 2007 hat die EZB Devisenswap-Vereinbarungen getroffen. Im Jahr 2011 wurden Swap-Vereinbarungen mit der Bank of England, der Bank of Canada, der Bank von Japan, der Federal Reserve und der Schweizerischen Nationalbank getroffen. Seit Dezember 2015 werden allerdings nur noch US-Dollars und Schweizer Franken durch die EZB bereitgestellt. Dazu gibt es noch Vereinbarungen mit Dänemark, Lettland, Ungarn, Polen und Schweden zur Versorgung der Zentralbanken dieser Länder mit Euro. Seit 2013 gibt es zudem eine Devisenswap-Vereinbarung mit der People's Bank of China, um entsprechend chinesische Renminbi (Yuan) zur Verfügung stellen zu können.

Zusammenfassung

In einem modernen Geldsystem vergeben die Banken Kredite und werden von der Zentralbank gegen Sicherheiten mit Bargeld versorgt. Die Banken halten Einlagen in der Zentralbank, welche gegen Bargeld eingetauscht werden können. Unternehmen und Haushalte haben keine Konten bei der Zentralbank. Sie halten Einlagen in den Banken. Als Zahlungsmittel für den privaten Sektor fungieren eben diese Einlagen, während die Banken im Zahlungsausgleich Einlagen bei der Zentralbank (Reserven) bzw. Versprechen, diese zu liefern, als Zahlungsmittel nutzen. Durch den Aufschub des Zahlungsausgleichs gibt es keinen Zusammenhang zwischen Kredit- und Geldmenge. Während Einlagen in der Realwirtschaft für Nachfrage und gegebenenfalls auch für Inflation sorgen können, gilt dies nicht für die Reserven, welche die Banken halten.

Aufgrund der Tatsache, dass sowohl Reserven wie auch Bankeinlagen am Computer mithilfe einer großen Tabelle erzeugt werden, sind weder Reserven noch Bankeinlagen durch irgendeine Art physischer Grenzen beschränkt. Daraus folgt allerdings nicht, dass diese unbegrenzt wachsen sollten. Zentralbanken können die Menge an Reserven nicht zu stark verändern, ohne den Interbankenmarktzins zu bewegen. Zudem verleihen Zentralbanken Reserven nur gegen Sicherheiten, deren Menge endlich ist. Schließlich könnte eine Zentralbank theoretisch Reserven auch ohne Sicherheiten verleihen, wobei praktisch die gesetzlichen Grundlagen der Zentralbanken dies nicht zulassen würden.

Tabelle 5.2: Einlagen in Zentralbanken und Banken

Einlagen in ...	Zentralbanken	Banken
Name	Reserven	(Sicht-)Einlagen
Zahlungsmittel für ...	Banken	privaten Sektor
Zins	Interbankenmarkt	Kreditzins, Kapitalmarktzins
Insolvenz, Illiquidität	unmöglich	möglich

Quelle: eigene Tabelle

Auch Banken werden die Kreditschöpfung normalerweise nicht zu stark ausweiten, da sonst zu viele Reserven abfließen und sie vom Interbankmarkt abhängig werden. Durch das Leihen von Reserven entstehen Kosten, denn es wird ein Zins gezahlt, und dies drückt die Profitabilität der Bank. Zudem wächst mit der Menge an Kredit normalerweise auch das Ausfallrisiko. Wenn die Qualität der Kredite abnimmt, dann wird es für eine Bank schwieriger, an Reserven zu gelangen. Im Zweifelsfall sind sie dann von der Finanzierung durch die Zentralbank abhängig bzw. werden geschlossen und abgewickelt, wenn die Summe der Verbindlichkeiten die Summe der Forderungen übersteigt.

Alan Greenspan, der Vorsitzende der US-amerikanischen Zentralbank von 1987 bis 2006, hielt eine strikte Bankenregulierung für nicht notwendig, da die Banken ein Eigeninteresse hätten, nicht in die Insolvenz zu gehen. Diesen Glauben an das Funktionieren des Marktes hat Greenspan inzwischen verloren. Im Oktober 2008 sagte er vor einem Ausschuss des Repräsentantenhauses: „Those of us who have looked to the self-interest of lending institutions to protect shareholders' equity, myself included, are in a state of shocked disbelief".[59]

J.P. Morgan zahlte $13 Milliarden im Vergleich mit dem Justizministerium

Im November 2013 einigten sich die Bank J.P. Morgan und das US-amerikanische Justizministerium auf einen Vergleich über $13 Milliarden. Es ging im Wesentlichen um verbriefte Immobilienkredite, die im Laufe der Immobilienkrise stark an Wert verloren. Dabei hat J.P. Morgan zugegeben, dass sie die Investoren belogen, als sie Kredite, welche die Zeichnungsrichtlinien nicht erfüllten, als solche darstellten, die sie wohl erfüllten.

Wie wir feststellen mussten, beschäftigen sich nicht alle Banken mit dem Schutz der Interessen ihrer Aktionäre bzw. Eigner. Es kann für das Management reizvoll sein, durch kurzfristige Gewinnentnahmen (u. a. durch Bonuszahlungen) schnell so reich zu werden, dass die langfristige Insolvenz der Bank quasi als Kollateralschaden in Kauf genommen wird. Schließlich ist nach der letzten Finanzkrise in den USA bisher nur ein einziger Investmentbanker von der Wall Street zu einer Gefängnisstrafe verurteilt worden, obwohl die Banken reihenweise die Gesetze brachen und zu Strafzahlungen in Milliardenhöhe verurteilt wurden.[60]

So oder so scheint Hyman Minsky richtig zu liegen, wenn er meint, dass der Kapitalismus instabil ist – und zwar nach oben. Die moderne Ökonomie tendiert mittelfristig zur Überhitzung, die Zentralbanken greifen dann mit einer Erhöhung des Leitzinses ein. Dies führt zwangsläufig zur nächsten Krise und dann zu Zinssenkungen, um die Wirtschaft wieder zu stabilisieren. Diese Konjunkturzyklen können zwar nur schwer vorhergesagt werden, aber das Thema ist nun wieder schwer in Mode.[61]

Bisher waren Zentralbank, Banken und privater Sektor Untersuchungsgegenstand, die Regierung mit Staatsausgaben und Steuern haben wir bisher nicht berücksichtigt. Wie gibt die (deutsche) Regierung Geld aus? Was passiert, wenn die Steuereinnahmen schon verbraucht wurden und die Regierung sich verschuldet? Welche Rolle spielt die Regierung im Geldsystem? Diese Fragen sind Teil des nächsten Kapitels.

6. Die Entstehung von Staatsanleihen (Fiskalpolitik)

Staatliche Institutionen variieren von Land zu Land.[62] Ebenso wie Verfassungen unterschiedliche Rechte und Pflichten definieren und Institutionen zu deren Durchsetzung errichten, ist eine Zentralbank nicht identisch mit allen anderen Zentralbanken. Im Folgenden wird eine Zentralbank beschrieben, die mit dem Finanzministerium so verbunden ist, dass die Regierung ziemlich sicher nicht Pleite gehen kann. Meist wird es der Zentralbank direkt oder indirekt ermöglicht, der Regierung im Falle eines Falles unbegrenzten Kredit einzuräumen. Selbst bei vermeintlichen Überschuldungskrisen bleiben so die kurzfristigen und auch langfristigen Zinsen auf sehr niedrigem Niveau. Dies ist momentan in den USA, Japan, Großbritannien, Schweden und vielen anderen Ländern zu beobachten. Die im Folgenden erklärte Ordnung ist daher nur mit Abstrichen auf die Eurozone anzuwenden, die ursprünglich die Pleite von Regierungen der Mitgliedsländer vorsah, nun allerdings davon abgerückt ist.

Eine Regierung braucht zur Durchführung ihres Programms Zugang zu Gütern und Dienstleistungen sowie die Möglichkeit der Beschäftigung von Arbeitnehmern. Zur Souveränität einer Nation gehört, dass ihr Parlament einen Haushalt ohne Weisungen fremder Mächte beschließen und – ohne willkürlich auferlegte Budgetgrenzen – ausführen kann. Dies ist nur dann der Fall, wenn die Regierung über eine eigene Währung verfügt oder Teil eines Währungsraumes ist, in dem sie im Zweifelsfall per Anweisung an die Zentralbank Zugang zu Reserven hat. Demnach sind die Mitgliedsstaaten der Eurozone nach dieser Definition zumindest de jure nicht souverän.

In den meisten westlichen Staaten hat sich eine Konstellation herauskristallisiert, in der Staatsanleihen als risikolose Anlage fungieren.[63] Die Verzinsung dieser Anleihen ist dann eine Art Bezugsgröße, zu der je nach Risiko des Finanztitels ein Risikoaufschlag addiert wird. Eine solche Konstellation herrscht in den USA, in Großbritannien, Japan, China und beispielsweise auch Schweden. In der Eurozone hingegen ist dies nicht der Fall. Sie ist in dieser Beziehung einzigartig, oder, besser gesagt, war es. Durch die später erklärten Ankaufprogramme wie das *Pandemic Emergency Purchase Programme* (PEPP) oder das vorherige Programm der *outright monetary transactions* (OMT) kann die Europäische Zentralbank die Zahlungsunfähigkeit der Regierungen der Eurozone sicherstellen.

Die folgende Darstellung bezieht sich aus pädagogischen Gründen auf ein imaginäres Geldsystem, in dem die Zentralbank unbegrenzt Staatsanleihen aufkaufen kann.[64] Später schauen wir uns den Fall der Eurozone an, wo dies nicht möglich ist. Das folgende System weist – mit ein paar Einschränkungen – Ähnlichkeiten mit dem von Kanada auf. Hier stellt die Zentralbank der Regierung gegen kurzfristige Staatsanleihen bis zu einer Grenze Reserven zur Verfügung. Wie sieht eine Staatsanleihe aus? Kanada stellt am 1. Januar 2021 eine Art Schuldschein aus. Ein Schuldschein ist eine verbriefte Zahlungsverpflichtung. Sie ist eine Verbindlichkeit, zu deren Zahlung sich der Aussteller verpflichtet hat. Sie könnte wie folgt aussehen:

> „Hiermit verspreche ich, Vertreter des Finanzministeriums von Kanada, dem Besitzer dieses Schuldscheins am 30.06.2021 die Summe von einhundert (kanadischen) Dollar sowie einen Zins in Höhe von fünf von Hundert auszuzahlen."

Mit diesem Schuldschein könnte die Regierung nun versuchen, Lieferanten oder Angestellte zu bezahlen. Wenn diese entsprechendes Vertrauen in das Finanzinstrument der Regierung hätten (also letztendlich in die Fähigkeit des Staates, Steuern in seiner Währung zu erheben und dafür sein eigenes Geld zu akzeptieren), würden sie vielleicht den Schuldschein als Bezahlung akzeptieren. Allerdings ist ein solches Versprechen eventuell noch nicht ausreichend. An dieser Stelle kommt die Zentralbank ins Spiel.

Die Regierung geht zur Zentralbank und folgendes Geschäft kommt zustande. Die Regierung verspricht die Lieferung von einem Schuldschein über 100 Dollar an die Zentralbank, wenn diese wiederum eine Rechnung der Regierung über 100 Dollar bezahlt. Dies geschieht elektronisch auf einer Tabelle am Computer. Diese Reserven sind Zentralbankgeld, welches den Banken oder der Regierung gehören kann (wobei man im letzteren Fall nicht von Reserven spricht, da sich der Staat dieses Geld quasi selbst schuldet), nicht jedoch einem Unternehmen oder einer Person. Es kann bei Zentralbankfilialen gegen Bargeld getauscht werden, und auch der umgekehrte Transfer ist möglich. Unternehmen und Personen gelangen nur über den Umweg der Banken an Bargeld.

Nun hat die kanadische Zentralbank für die Regierung eine Rechnung bezahlt. Dies mag auf den ersten Blick seltsam erscheinen, schließlich hat die Zentralbank einfach 100 kanadische Dollar auf dem Konto einer Bank gutgeschrieben und so eine Rechnung beglichen. Warum wir den Schuldschein der Regierung Staatsanleihe und den Schuldschein der Zentralbank Reserven nennen hat historische Gründe, nicht zuletzt den, dass der Marktwert der Anleihen schwankt. Die Bilanzen sehen wie folgt aus (die Zentralbank hält Staatsanleihen und „schuldet“ Reserven):

Zentralbank			
Staatsanleihen	100	Reserven	100

Regierung			
Einlagen	100	Staatsanleihen	100

Geschäftsbank			
Reserven	100	Einlagen	100

Bauer			
Einlagen	100	Nettoverm.	100
[Äpfel	0]		

Wie wir sehen, ist der Haushalt vermögend. Dabei hat sich die Form seines Vermögens von Waren in Geld gewandelt. Der Verkauf der Äpfel, die damit aus der Bilanz gestrichen werden, hat 100 Dollar an Bankeinlagen eingebracht. Dieser Ersparnis – es handelt sich dabei definitionsgemäß um nicht verausgabtes Einkommen – von 100 Dollar stehen keine Verbindlichkeiten gegenüber. Um die Bilanz auszugleichen, wird ein Posten „Nettovermögen“ eingeführt in Höhe des Überschusses der Forderungen über die Verbindlichkeiten. Die Bank hingegen hat zwar Verbindlichkeiten in Höhe von 100 Dollar, sie hat aber auch 100 Dollar als Gutschrift von Reserven bei der Zentralbank. Sie besitzt folglich kein Nettovermögen bzw. Eigenkapital, was eine Vereinfachung der Realität darstellt. Sie könnte ihre geschuldeten Bankeinlagen ohne Probleme in Bargeld auszahlen, wenn sie die Reserven bei der Zentralbank in Bargeld tauscht.

Auf die Einlagen zahlt die Bank einen geringen Zins, dieser könnte beispielsweise bei 2% liegen. Die Reserven werfen in diesem Beispiel keinen Zins ab, entweder weil sie generell nicht verzinst werden oder weil der Einlagezins bei null liegt. Dies ist ein wesentlicher Unterschied zu anderen Finanzanlagen. Ein weiterer Unterschied ist, dass die Reserven bei der Zentralbank direkt in Bargeld getauscht werden können, welches in der Gesellschaft als Zahlungsmittel akzeptiert wird. Bargeld ist liquide, während andere Finanzanlagen erst verkauft werden müssen, um dann mit dem Bargeld etwas kaufen oder Schulden bezahlen zu können.

Dies bedeutet, dass die Kaufkraft von anderen Finanzanlagen letztlich von deren Marktpreis abhängt, während dies beim Bargeld nicht der Fall ist. Der nominale Preis des Bargelds ist fixiert, es gibt keine Kursschwankungen wie bei Aktien. Um vom nominalen Preis zur Kaufkraft zu kommen, brauchen wir Informationen über das Preisniveau. Dazu kommen wir später. Zuerst schauen wir uns die finanzielle Seite noch etwas genauer an.

So wie die Bilanz oben momentan aussieht, wird die Bank Verlust machen. Forderungen und Verbindlichkeiten sind gleich hoch, aber die Betriebskosten werden auch in die Bilanz eingehen und diesen stehen keine Gewinne gegenüber. Folglich sollten die Reserven verliehen oder damit Finanzanlagen gekauft werden, welche der Bank ein Zinseinkommen bringen. Dieses sollte über den Zinskosten liegen und mindestens die laufenden Kosten des Bankbetriebs abdecken. Eine grundlegende Bedingung dabei allerdings ist, dass die Bank jederzeit zahlungsfähig bleibt. Der Haushalt könnte seine Einlagen spontan abheben. Nehmen wir an, der Haushalt wird dies nicht tun und die Bank weiß das. Vielleicht ist der Kunde am Sparen interessiert und die 2% genügen ihm. Nun sucht die Bank nach einer Anlagemöglichkeit für die Reserven im Wert von 100 Dollar. In den meisten Lehrbüchern zur Makroökonomie würde jetzt argumentiert werden, dass die Bank die 100 Dollar verleihen kann als Kredit an einen Haushalt oder an ein Unternehmen. Diese Darstellung ist jedoch, wie wir bereits gesehen haben, falsch.

Wir müssen uns in Erinnerung rufen, wie die Bilanz der Bank aussieht. Auf der Aktivseite finden sich Guthaben bei der Zentralbank, die sog. Reserven. Private Unternehmen oder Haushalte hingegen halten ihre Guthaben nicht bei der Zentralbank, sondern bei den Banken. Eine Erhöhung der Reserven im Bankensystem wird keine zusätzlichen Kredite an den privaten Sektor erzeugen, denn Banken verleihen keine Reserven an Nicht-Banken – und auch nicht in nennenswertem Umfang Bargeld, das sie im Tausch dafür bekommen könnten. Banken vergeben Kredite unabhängig von der Höhe ihrer aktuellen Reserveguthaben, denn sie können sich bei Bedarf später Reserven von anderen Banken oder der Zentralbank leihen.

Banken können nicht benötigte Reserven an andere Banken verleihen, welche entsprechenden Bedarf haben. Banken benötigen die Reserven für den Zahlungsausgleich untereinander insbesondere dann, wenn Kunden einer Bank ihre Einlagen an eine andere Bank überwiesen haben. Nehmen wir aber einmal an, dass die Bank mit den nicht benötigten Reserven keine andere Bank findet, die bereit ist, diese für fünf Prozent plus Risikoprämie auszuleihen. Eine Alternative wäre dann der Kauf von Staatsanleihen. Wir nehmen an, dass die Zentralbank die Staatsanleihen zum nominalen Ausgabewert von 100 Dollar an die Bank verkauft. Nach der Transaktion bekommt die Bank fünf Prozent Zinsen von der Regierung und zahlt selber aber nur zwei Prozent Zinsen an Sparer. Die Differenz bildet den Gewinn der Bank (was unten nicht angegeben wird). Die aktuellen Bilanzen der vier Beteiligten sehen danach wie folgt aus. Die Regierung hat ein negatives Nettovermögen, da sie Staatsanleihen emittiert und die Reserven ausgegeben hat.

Zentralbank

Reserven	0	Reserven	0

Regierung

Reserven	0	Staatsanleihen	100
		Nettoverm.	−100

Geschäftsbank

Staatsanleihen	100	Einlagen	100

Bauer

Einlagen	100	Nettoverm.	100

Dem Chefökonom von Standard & Poor's platzt der Kragen

In einer Veröffentlichung vom 13. August 2013 greift die Rating-Agentur Standard & Poor's mit einem Forschungspapier in die Diskussion um eventuelle inflationäre Auswirkungen von Erhöhungen der Reservenhaltung der Banken in der Folge von Zentralbankoperationen ein. Das Papier trägt den Titel „Repeat After Me: Banks Cannot and Do Not ‚Lend Out' Reserves". Offenbar ist dem verantwortlichen Chefökonomen hier der Kragen geplatzt aufgrund der immer wiederkehrenden Beschwörungen, eine Erhöhung der „Geldmenge" (Reserven) müsse zu Inflation führen. Was viele wiederholen, muss nicht richtig sein – und ist es in diesem Fall auch nicht.

Fassen wir also zusammen, was die Ausgabe von Staatsanleihen bewirkt hat. Die Zentralbank hat zusätzliche Reserven erzeugt, die den Banken gutgeschrieben wurden und am Ende wieder vernichtet wurden. Die

Menge an Reserven ist am Ende unserer Buchungssätze wieder die gleiche wie vorher. Die Regierung hat sich verschuldet, die Haushalte haben zusätzliche Einkommen erzielt und Nettovermögen aufgebaut. Sie haben für den Staat etwas produziert, was sie sonst nicht produziert hätten.

Es ist offensichtlich, dass dieses Vermögen ohne eine zusätzliche Verschuldung des Staates nicht zustande gekommen wäre. Dies liegt in der doppelten Buchführung begründet. Die Forderung der einen Partei entspricht immer der Verbindlichkeit einer anderen. Ohne die Staatsanleihen gäbe es also weder Staatsverschuldung noch privates Vermögen in Form von Staatsanleihen. Auch die Menge der Einlagen bei den Banken wäre geringer.

Die Federal Reserve Bank und direkte Ankäufe von Staatsanleihen

In einer Veröffentlichung der Federal Reserve Bank of New York wird geschildert, dass die Zentralbank der USA bis 1935 das Recht hatte, Staatsanleihen der Bundesregierung direkt von dieser zu kaufen. Hier wird deutlich, dass die Zentralbank bzw. die regionalen Zentralbanken „fiskalische Agenten der Regierung" sind, wie es der Finanzminister McAdoo einmal formulierte. Die heutigen Regeln sind wohl ein Versuch, diesen Zusammenhang zu verschleiern. Die Zentralbank garantiert für die Zahlungsfähigkeit der Regierung.

Zudem wird eine Erhöhung der Staatsausgaben zu weiteren Ausgaben führen. Der Empfänger dieser Ausgaben erzielt ein entsprechendes Einkommen und wird sicherlich einen Teil davon konsumieren. Dadurch wird wiederum Einkommen erzeugt, was dann ebenfalls in Teilen verausgabt wird. Durch Steuerzahlungen und Ersparnis nimmt aber die Menge des zirkulierenden Geldes stetig ab, bis der Effekt langsam zum Erliegen kommt. Über den sog. Multiplikator kann statistisch geschätzt werden, wie viele Ausgaben im privaten Sektor durch einen zusätzlich ausgegebenen Euro ausgelöst werden. In einer Auswertung von über 100 Studien wurde festgestellt, dass der Multiplikator bei den Ausgaben zwischen 1 und 2 liegen würde.[65] Staatliche Investitionen erzielten den höchsten Wert, Militärausgaben den geringsten.

Eine permanente Erhöhung der staatlichen Ausgaben für investigative Zwecke (militärische Zwecke) um eine Milliarde Euro würde das Bruttoinlandsprodukt jährlich um zwei (eine) Milliarde(n) Euro erhöhen. Eine Staatsausgabensteigerung führt also zu mehr Beschäftigung und mehr Produktion. Veränderungen der Steuern haben einen schwächeren Effekt auf das BIP, ihr Multiplikator liegt bei unter eins. Die Steuerreform 2000 in Deutschland und die Steuerreform 2017 in den USA unter der Regierung Trump zur Entlastung der Unternehmen zeigen deutlich, dass selbst große Steuersenkungen nicht zu einem deutlichen Anstieg der Produktion führen.

Steuern, Vermögen und Schulden

Dieser Zusammenhang zwischen Staatsverschuldung und privatem Vermögen ist wieder die Konsequenz daraus, dass Vermögen und Schulden untrennbar sind. Wenn sich die Regierung verschuldet, erlaubt sie dadurch den Haushalten den Aufbau von Vermögen in Form einer risikolosen Anlage. Die Staatsanleihen sind also Vermögen, da sie eine Forderung gegen die Regierung darstellen. Im Umkehrschluss bedeutet eine Reduktion der Staatsverschuldung eine Reduktion des Vermögens der Haushalte. Vermögensfonds halten einen Großteil ihrer Anlagen in Staatsanleihen, und wenn die Regierung ihre Verschuldung verringert, werden weniger Staatsanleihen auf dem Markt sein. Schließlich hat der Staat die Menge an Einlagen des privaten Sektors durch die Senkung seiner Ausgaben oder die Erhöhung seiner Steuern gesenkt. Staatsanleihen haben in der Regel nur eine begrenzte Laufzeit. Diese liegt meist zwischen ein paar Monaten und zehn, zwanzig oder gar dreißig Jahren.

Finanzierungsschätze in der Bundesrepublik Deutschland

Zwischen 1975 und 2012 wurden von der BRD sogenannte Finanzierungsschätze herausgegeben. Dies waren unverzinste Anleihen mit ein und zwei Jahren Laufzeit. Sie wurden unter Nennwert verkauft, so dass die Käufer dadurch eine Verzinsung hatten. Nur Nichtbanken durften Finanzierungsschätze erwerben. Sie waren nicht handelbar und konnten auch nicht zurückgegeben werden.

Die Idee, dass eine Erhöhung der Staatsverschuldung zukünftige Generationen belasten würde, beruht übrigens auf einem Denkfehler. Staatsanleihen, welche im Privatsektor gehalten werden, sind keine Verbindlichkeit des Privatsektors, sondern sein Vermögen. Die Zinszahlungen und Tilgung von Staatsanleihen finden also immer innerhalb einer Generation statt. Dabei bezahlt der Staat die Zinsen durch Geldschöpfung, so wie das auch bei anderen Ausgaben der Fall ist. Die Steuerzahler „finanzieren" also die Zinszahlungen nicht. Zudem führen höhere Zinsen nicht automatisch dazu, dass die Steuersätze und damit auch die Steuern erhöht werden. Zukünftige Generationen kassieren also die Zinsen auf Staatsanleihen und zahlen auch die Steuern. Dabei kommt es zu einer Umverteilung, sofern die Zinsen auf Staatsanleihen nicht bei null liegen. Da allerdings die Vermögensbesitzer nicht gezwungen sind, Staatsanleihen zu halten, ist die Verteilungswirkung kompliziert.

Die schwarze Null

Die Idee, dass der Staat eine „schwarze" Null aufweisen muss, also einen leichten Einnahmenüberschuss, beruht auf einem Missverständnis des Geldsystems. Schwäbische Hausfrauen „finanzieren" ihre Ausgaben, indem sie vorher Einnahmen erzielen müssen. Der Staat kann nicht „finanzieren" – seine Ausgaben werden getätigt, indem die Zentralbank die Konten der empfangenden Banken hochschreibt. Das gilt auch für die Regierungen in der Eurozone. Die Restriktionen der Ausgaben des Staates sind immer politisch, aber nicht technologisch oder finanziell. Die „schwarze Null" ist also eine politische und keine volkswirtschaftliche oder juristische Kreatur.

Staatsausgaben, und zu diesen gehören Zinszahlungen an die Halter der Staatsanleihen, werden durch die Zentralbank durchgeführt. Also verlieren die Steuerzahler Kaufkraft und die Besitzer der Staatsanleihen gewinnen Kaufkraft. Die beiden Summen müssen sich aber nicht entsprechen. Die Steuerzahler im Jahr 2050 zahlen dann ebenso Steuern und die Besitzer der Staatsanleihen im Jahr 2050 empfangen ein Einkommen. Niemals aber zahlt eine Generation Steuern, die dann eine andere Generation empfängt. Wem die Verteilungswirkung der Staatsanleihen nicht gefällt, der kann entweder deren Zinsen auf null setzen (womit aber auch der Zentralbankzins dauerhaft bei null landet), sie besteuern (bis zu 100%) oder die Steuern auf die Haushalte schieben, welche am meisten durch die Staatsanleihen profitieren.

„Steuern sind unbar zu entrichten“. So heißt es in einer bremischen Broschüre über die Entrichtung der Steuern.[66] Als Nutzer der Währung sieht es für Haushalte so aus, als ob Bankeinlagen für die Steuerzahlungen genutzt werden. Dies ist jedoch nicht der Fall. Der deutsche Staat unterhält, anders als beispielsweise die US-amerikanische Zentralbank, keine Konten bei den Banken in Deutschland. Daher werden Steuern in Reserven bezahlt. Unsere Zahlungsanweisung an die Bank führt also nur dann zur Steuerzahlung, wenn unsere Bank auch die notwendigen Reserven hat, die sie dann dem Staat überschreibt. Die Steuerzahlung eines Deutschen über eine Überweisung einer zypriotischen Bank in der Zeit der Kapitalverkehrskontrollen (2013-2015) wäre also erfolglos geblieben – das Bankguthaben ist vorhanden, aber die Reserven können nicht überschrieben werden.[67] Die Steuerzahlung wäre daher nicht erfolgt.

Bei einer erfolgreichen Steuerzahlung verliert der Steuerzahler seine Einlagen in der Bank, die Bank Einlagen bei der Zentralbank (Reserven) und die Regierung bekommt ein höheres Guthaben auf dem Konto bei der Zentralbank. Die folgenden Bilanzen zeigen die Veränderungen auf den Konten. Die Menge an Reserven nimmt ab, weil das Guthaben der Regierung bei der Zentralbank nicht als Reserven gezählt wird.

Zentralbank			
		Reserven	−100

Regierung			
Guthaben	+100	Staatsanleihen	100
		Nettoverm.	−100

Geschäftsbank			
Reserven	−100	Einlagen	−100

Steuerzahler			
Einlagen	100	Nettoverm.	−100

Es wird deutlich, dass Steuerzahlungen zu einem entsprechenden Verlust an Nettovermögen beim Steuerzahler führen. Dies ist nicht weiter verwunderlich, denn genau dies ist ja der makroökonomische Zweck der Steuern: Sie entziehen Haushalten und Unternehmen Kaufkraft. Dies bedeutet im Umkehrschluss, dass Staatsausgaben das private Vermögen erhöhen. Es ist dabei anzunehmen, dass der Verlust von Vermögen dazu führt, dass die Haushalte und Unternehmen negativer in die Zukunft schauen. Während also der Staat „spart“ im Sinne der Erzielung von Einkommensüberschüssen, befindet sich der private Sektor nun in einer Situation des „Entsparens“. Er weist ein finanzielles Defizit aus, wenn die Steuereinnahmen über den Staatsausgaben liegen. Langfristig steigt seine Nettoverschuldung.

Kann ein Staat oder eine Regierung „Pleite gehen“?

Oft wird behauptet, ein Staat bzw. seine Regierung könnte „Pleite gehen“. Im Dezember 2009 sagte US-Präsident Barack Obama, dass ohne Reformen die USA in die staatliche Insolvenz getrieben werden könnten. Er verglich dabei die USA, ausgestattet mit einem Monopol auf die Schaffung von US-Dollar, mit dem privaten Unternehmen General Motors (GM), welches kein Geld schöpfen kann.[68] Ein moderner Staat mit einer souveränen Währung kann jedoch, im Gegensatz zu einem privaten Unternehmen, nicht „Pleite gehen“ – außer es werden politische Hürden aufgebaut. Dann allerdings ist die Möglichkeit eines staatlichen Bankrotts gewollt.[69] Diese institutionellen Hürden sind gleichwohl nicht unüberwindbar. Selbst die Verfassung kann verändert werden, wenn es eine politische Mehrheit dafür gibt. Da es unterschiedliche Finanzsysteme gibt und wir uns bisher nur mit dem einer souveränen Währung beschäftigt haben, schauen wir uns nochmals die Bilanzen eines solchen Systems an.

Zentralbank			
Reserven	0	Reserven	0

Regierung			
Reserven	0	Staatsanleihen	100
		Nettoverm.	−100

Geschäftsbank			
Staatsanleihen	100	Einlagen	100

Haushalt			
Einlagen	100	Nettoverm.	100

Souverän ist eine Währung dann, wenn der Staat nicht „Pleite gehen“ kann. „Pleite gehen“ kann eine Institution auf zwei verschiedene Arten und Weisen. Einmal kann eine Insolvenz vorliegen, sofern die Verbindlichkeiten die Forderungen übersteigen. Zweitens kann eine Zahlungsunfähigkeit vorliegen, wenn die Institution ihre Rechnungen nicht mehr bezahlen kann. Dies nennt man Illiquidität. Da fast alle souveränen Staaten eine positive Nettoverschuldung haben, die sie durch jahrzehntelange staatliche Defizite in eigener Währung aufgebaut haben, reden wir hier nicht über eine staatliche Insolvenz. Diese ist nicht möglich, da ein Staat der Schöpfer der Währung ist.[70]

Ein Staat ist kein Haushalt oder Unternehmen, weil er sich die Mittel zur Finanzierung seiner Tätigkeit nicht anderweitig beschaffen muss. Eine staatliche Insolvenz ist, wie gesagt, schlichtweg nicht notwendig, solange sich die Regierung nicht in Fremdwährung verschuldet. Dies ist eine Errungenschaft der Aufklärung, denn zur Zeit der absoluten Monarchien waren die Herrscher durchaus auf Kredit und Geld der Reichen angewiesen. Wenn eine Regierung vor der Verabschiedung des Haushalts noch die Bürger fragen muss, ob diese ihr das nötige Geld leihen, ist der Staat nicht souverän. Eine Gruppe von wohlhabenden Haushalten kann durch eine Verweigerung der Finanzierung den Haushalt verhindern. Da aber die Regierung heutzutage demokratisch legitimiert ist, wäre dieses Veto ein Schlag gegen die Demokratie.[71]

Die Insolvenz von Argentinien

Im Zuge der Argentinien-Krise von 2001/02 geriet die Zahlungsfähigkeit der argentinischen Regierung in Gefahr. Wie andere Regierungen in Schwellen- und Entwicklungsländern hatte sich die argentinische Regierung in US-Dollar verschuldet. Da die argentinische Regierung keine US-Dollars erzeugen kann, musste die argentinische Regierung entweder über Steuern oder Umtauschzwang an inländische Dollars kommen oder die Kredite verlängern. 2005 kam es zu einem Umtausch von argentinischen Staatsanleihen (alt gegen neu) mit einem Verlust von 75% des Nennwertes für die Gläubiger. Ende 2018 verhandelt die argentinische Regierung erneut mit dem IWF, da sie abermals Staatsanleihen ausgegeben hatte, welche auf US-Dollar lauteten.

Wenn es keine staatliche Insolvenz geben kann, dann bliebe noch zu prüfen, ob eine staatliche Illiquidität im Bereich des Möglichen liegt. Angenommen, eine Staatsanleihe wird fällig, die Regierung besitzt aber keinerlei Vermögen und muss Verbindlichkeiten aus Staatsanleihen begleichen. Für einen Akteur des privaten Sektors wäre dies ein großes Problem. Für die kanadische Regierung, die ein sehr gutes Beispiel für das Funktionieren eines modernen Geldsystems abgibt, ist es hingegen ganz einfach.

Die Regierung weist das Finanzministerium an, eine Staatsanleihe zu begeben. Die Anleihe wird in der Währung des souveränen Staats herausgegeben, in diesem Fall kanadische Dollar. Der Wert der neuen Anleihe lautet auf die Tilgung alten Anleihe inklusive Zins von beispielsweise 5% (also $105). Die Zentralbank ist durch das Gesetz verpflichtet, Zahlungen im Auftrag der Regierung in Höhe des Preises der Staatsanleihen durchzuführen. Die Zentralbank nimmt die Staatsanleihen quasi in Zahlung, wenn sie die Rechnungen der Regierung begleicht.

Zentralbank				Regierung			
Staatsanleihen	105	Reserven	105	Reserven	0	Staatsanleihen	105
						Nettoverm.	−105

Dies mag auf den ersten Blick überraschen, da es sich bei dieser Transaktion weder um eine „echte“ Verschuldung handelt noch der „freie Markt“ ins Spiel kommt. Eine Verschuldung wird normalerweise zwischen zwei Parteien eingegangen, wobei die eine sich verschuldet und die andere zum Gläubiger wird. Dies passiert meist aufgrund von Freiwilligkeit, nicht aufgrund von Zwang. Die Zentralbank und die Regierung gehören aber beide zum Staat. Insofern ist der Begriff der Verschuldung hier fehl am Platze.

In einem modernen Geldsystem mit souveräner Währung gibt die Regierung zwar kein Bargeld und auch keine Reserven selber aus, kann aber indirekt über die Zentralbank unbegrenzt an Reserven – und damit an Bargeld – kommen. Damit ist eine Illiquidität, wie sie im Privatsektor möglich ist, für Regierungen mit souveräner Währung ausgeschlossen, solange keine Verbindlichkeiten in Fremdwährungen ausgegeben werden. Dies versteht auch die Europäische Zentralbank. In einem Papier von 2017 schreiben die Autoren Marek Jarociński und Bartosz Maćkowiak:[72]

> „In einer Volkswirtschaft mit einer eigenen Fiat-Währung können die Währungsbehörde und die Finanzbehörde sicherstellen, dass die auf die nationale Fiat-Währung lautenden Staatsschulden nicht ausfallgefährdet sind, d.h. fällig werdende Staatsanleihen sind zum Nennwert in Währung konvertierbar. Mit dieser Regelung kann sich die Fiskalpolitik auf die Stabilisierung des Konjunkturzyklus konzentrieren, wenn die Geldpolitik auf die Untergrenze trifft. Die Finanzbehörden der Länder des Euroraums haben jedoch die Möglichkeit aufgegeben, nicht notleidende Schulden zu emittieren. In-

> folgedessen war eine wirksame makroökonomische Stabilisierung nur schwer zu erreichen".

Die Solvenz einer nationalen Regierung in der Eurozone hängt im Wesentlichen davon ab, ob die EZB diese unterstützt. Kauft die EZB den Investoren große Mengen an Staatsanleihen ab oder wird dies von ihr erwartet, dann sind die Staatsanleihen quasi risikofrei. Sollte ihr Preis fallen, kauft die EZB sie so lange auf, bis ihr Preis sich stabilisiert. Diese Idee steckt auch hinter dem OMT-Programm (*Outright Monetary Purchases*) von 2012 und dem PSPP-Wertpapierankaufprogramm (*Public Sector Purchase Programme*) von 2015. Seit März 2020 hat das PEPP (*Pandemic Emergency Purchase Programme*) die größte Bedeutung bei der EZB.[73]

Im Rahmen dieses Programms wird die EZB 750 Mrd. Euro ausgeben für die Ankäufe von Finanztiteln, unter die auch nationale Staatsanleihen fallen. Damit stellt die EZB sicher, dass es immer einen Käufer für diese Papiere gibt. Es ist auch angekündigt, dass das Programm verlängert, vergrößert und auf einzelne Länder konzentriert werden kann. Damit können alle nationalen Regierungen der Eurozone ihre Staatsanleihen an die jeweiligen Banken verkaufen, da diese sie mit einem kleinen Gewinnaufschlag – der übrigens nicht verdient ist – an die EZB weiterverkaufen können. Das gilt auch für Griechenland. Da die Europäische Kommission bzw. der Europäische Rat ebenfalls im März 2020 beschlossen hatten, die allgemeine Ausstiegsklausel des Stabilitäts- und Wachstumspaktes zu aktivieren, sind auch die zu erwartenden Defizite als Resultat steigender Staatsausgaben kein Problem mehr.[74]

Müssen wir als Steuerzahler die Staatsverschuldung nicht zurückzahlen?

Nein. Sofern sich der Staat in der eigenen Währung verschuldet und die Zentralbank der Regierung gegen Staatsanleihen neue Reserven übergibt, ist ein Staat nicht genötigt, sich über Steuereinnahmen zu finanzieren. Es gibt kaum historische Belege von Staaten, die ihre Staatsanleihen wieder auf null reduziert haben, indem sie die Steuereinnahmen auf das dafür notwendige Niveau erhöht hatten. Ein Beispiel für eine „gelungene" Entschuldung der Regierung sind die USA, die 1834 nach der Tilgung ihrer Staatsschulden in eine tiefe Rezession stürzten. In der Folge wurde die Möglichkeit der Staatsverschuldung wieder genutzt.

Die nationalen Regierungen der Eurozone sind also seit Mitte März 2020 handlungsfähig und können ihre Ausgaben erhöhen, sofern sie das wollen. Solange die Defizitgrenzen des Stabilitäts- und Wachstumspaktes ausgesetzt sind haben sie keine Sanktionen zu befürchten. Im April 2020 kündigte die italienische Regierung eine Erhöhung der Ausgaben um 55 Mrd. Euro an. Die Preise der italienischen Staatsanleihen blieben stabil. Auch die Erwartung eines Defizits in Höhe von 10,4% konnte den Preisen der italienischen Staatsanleihen nichts anhaben. Dies war in der Eurokrise ab 2010 anders. Investoren verkauften die Staatsanleihen einiger Euroländer und kauften keine neuen Staatsanleihen bspw. von Griechenland. Dadurch ging der griechischen Regierung das Geld aus, denn sie bekam kein neues mehr.

Die „Hilfsprogramme“ der EU waren also aus heutiger Sicht unnötig. Die EZB hätte auch damals schon ein Notprogramm auflegen können, um die Solvenz der europäischen Regierungen sicherzustellen. Aufgrund des Umgangs der EU mit der Krise ist zu hoffen, dass diesmal keine Austeritätspolitik durchgeführt wird und die Krisenländer nicht wieder mit Kürzungen der Staatsausgaben bestraft werden. Von denen führten übrigens nicht wenige zu einer Reduktion der Ausgaben im Bereich Gesundheit, was gerade in Italien ziemlich sicher zu einer höheren Zahl an Corona-Opfern geführt hat.

Zu der Frage, wie wir aus der schweren Rezession, in der sich die Eurozone und die Weltwirtschaft befinden, wieder herauskommen, folgen im Kapitel 11 noch einige Anmerkungen.

Bankenliquidität: Kann den Banken das Geld ausgehen?

Ebenfalls interessant ist die Frage, ob Banken in der Eurozone unbegrenzt an Liquidität kommen können. Diese Frage wurde u. a. in Irland und Griechenland relevant.[75] *Emergency Liquidity Assistance* (ELA) bezeichnet ein Programm, wodurch die EZB den angeschlossenen nationalen Zentralbanken erlauben kann, gegen von ihr zu definierende Sicherheiten Notkredite an einheimische Banken geben zu können, welche solvent sind, aber unter Liquiditätsproblemen leiden. Normalerweise leihen sich ja Banken bei der nationalen Zentralbank gegen Sicherheiten Zentralbankgeld. Allerdings kann es in einer Krise dazu kommen, dass die Bewertungen der Sicherheiten so niedrig sind, dass diese nicht ausreichen, um den Liquiditätsbedarf der Banken abzudecken.

Die EZB muss über eventuelle ELA-Operationen von den nationalen Zentralbanken informiert werden und kann eine Grenze dieser Operationen festlegen, sofern die ELA-Operationen die Grenze von 2 Mrd. Euro überschreiten. Der Zins kann von der EZB willkürlich festgelegt werden. Die nationalen Zentralbanken stehen für sämtliche Verluste aus ELA-Operationen ein, das Risiko wird also nicht auf die EZB geschoben. Die Gewähr von *Emergency Liquidity Assistance* ist ökonomisch extrem wichtig, da die Banken ohne Zugang zu mehr Zentralbankgeld schließen müssten. Dadurch würde die wirtschaftliche Tätigkeit eines Landes zum Erliegen kommen.

Im November 2014 kam ans Licht, dass der damalige EZB-Präsident Jean-Claude Trichet der irischen Regierung eine Erhöhung der Höchstgrenze für die ELA-Operationen nur zusicherte, wenn diese offiziell Hilfe von der Eurogruppe beantragen würde.[76] Ebenso wurde bekannt, dass die EZB der spanischen Regierung Zapatero einen Brief schickte mit Bedingungen von Strukturreformen.[77] Dies führte dann zu den Austeritätsprogrammen durch die Troika (EU-Kommission, EZB und IWF), welche Arbeitslosigkeit und soziale Härten bedeuteten. Auch die damalige griechische Regierung unter Tsipras wurde so gefügig gemacht und einigte sich 2015 mit der Troika auf eine Weiterführung der Austeritätspolitik. Die ELA-Operationen stellen europäische Daumenschrauben dar, welche ein Land in der Eurozone in die Knie zwingen können.

Inzwischen ist in der Eurozone ein Arrangement eingeführt worden, nach dem es bei Banken mit Liquiditätsproblemen zu einem „bail-in“ kommen soll. Dabei werden die Eigenkapitalbesitzer dazu gezwungen, ihre Anteile in dauerhaftes Eigenkapital umzuwandeln und dabei Verluste hinzunehmen. Auch Sparer könnten betroffen sein. Ein „bail-out“ wird dann nur erlaubt, wenn Verbindlichkeiten um mindestens 8% reduziert worden sind. Dies soll die Steuerzahler entlasten. Allerdings ist es eine seltsame Idee, dass ein Land mit einer Bankenkrise auch noch Verluste der Bank an die Haushalte weitergeben soll, wodurch Bankeinlagen vernichtet werden. Dieser sog. pro-zyklische Mechanismus sorgt dafür, dass in schlechten Zeiten (Bankenkrise) noch mehr Einlagen aus dem Wirtschaftskreislauf verschwinden. Dies ist makroökonomisch gesehen unsinnig und politisch gesehen nur schwer zu verkaufen. Makroökonomik ist keine Moralgeschichte, wird aber hier als solche betrieben. Die nächste Bankenkrise wird zeigen, ob diese Regeln durchzuhalten sind.[78]

Das hier beschriebene monetäre Arrangement ist historisch so gewachsen und weder die einzige Möglichkeit der Finanzierung der Regierungsausgaben noch die optimale. Theoretisch könnte das Finanzministerium auch direkt Geld herausgeben und damit die Zentralbank überflüssig machen, so wie es früher war. Geldpolitik wäre dann, wie Fiskalpolitik, sehr offensichtlich Regierungssache. Ebenfalls denkbar wäre es, die Giralgeldschöpfung der Banken zu verbieten und den privaten Sektor mit Zentralbankkonten auszustatten. Alternativ könnten die Zentralbankmitglieder direkt demokratisch gewählt werden. Auch diese Alternativen können mithilfe von Bilanzen der Akteure erklärt werden, um deren Vorteile und Nachteile zu verstehen.

Die deutsche Schuldenbremse wurde 2009 beschlossen und wird seit 2011 angewendet. Sie hat Verfassungsrang und wurde mit Zweidrittelmehrheit in Bundestag und Bundesrat beschlossen. Die strukturelle Nettokreditaufnahme des Bundes soll 0,35% des BIP nicht übersteigen. Ab 2020 soll die Nettokreditaufnahme der Bundesländer null betragen. Ausnahmen sind konjunkturelle Schwächephasen (Rezessionen) sowie Naturkatastrophen und außergewöhnliche Notsituationen, wozu auch Finanzkrisen zählen. Die Schuldenbremse basiert auf der irrigen Annahme, dass der Staat wie eine schwäbische Hausfrau seine Ausgaben mit Einnahmen finanzieren muss und daher seine Schulden nicht zu hoch sein sollten. Die Einführung von Schuldenbremsen hat in vielen Fällen zu einem Anstieg der Schulden geführt, insofern ist der Name schlichtweg irreführend. Es wäre besser, von Schuldenobergrenzen zu sprechen.

Allerdings kollidieren diese immer mit unseren Vorstellungen von Demokratie und Souveränität. Die demokratisch legitimierte Regierung muss auch die Ausgaben tätigen können, welche sie im Haushalt mit einer Mehrheit im Parlament verabschiedet hat. Ansonsten gerät die Demokratie zur Farce. Bei Schuldenobergrenzen werden Ausgaben verhindert, welchen die Mehrheit der demokratisch legitimierten Repräsentanten der Bürger zugestimmt hat. Damit ist der Staat mit seiner Souveränität empfindlich eingeschränkt. Dies ist insbesondere dann ein Problem, wenn der Nationalstaat den Bürgern Rechte zuspricht, die nur auf nationaler Ebene einklagbar sind, auf europäischer Ebene aber nicht. Die Beschränkung von Staatsausgaben in eigener Währung ist dabei immer politischer, nie technischer Natur. Der Staat als Schöpfer des Geldes kann sich niemals darauf berufen, Ausgaben nicht tätigen zu können, weil „kein Geld da“ wäre. Lediglich das Nichtvorhandensein von Ressourcen ist eine legitime Begründung für das Ausbleiben staatlichen Handelns.

Staatsanleihen in Deutschland

In Deutschland wird das Zentralkonto des Bundes, also des Staates, vertreten durch die Bundesregierung, von der Bundesbank im Auftrag des Finanzministeriums von der Zentralkasse geführt.[79] Alle Zahlungen des Bundes laufen über dieses Konto. Die Steuereinnahmen und die Erlöse von Verkäufen von Staatsanleihen landen auf dem Konto und erhöhen es entsprechend. Führt die Bundesbank Zahlungen für den Bund durch, wird das Konto in Höhe der Zahlungen reduziert. Alle Zahlungen laufen dabei über das Zentralkonto des Bundes.[80] Da zudem die Zentralbank deutsche Staatsanleihen nur auf dem Sekundärmarkt kaufen darf, läuft der Prozess der Erhöhung der Staatsausgaben etwas anders ab, als oben dargestellt. Wenn dem Finanzministerium die Steuereinnahmen auszugehen drohen, dann weist es etwas naiv formuliert die Deutsche Finanzagentur GmbH in Frankfurt am Main an, neue Staatsanleihen zu begeben.[81] Diese werden am sog. Primärmarkt zum ersten Mal verkauft.[82]

Am Primärmarkt treten auf der Nachfrageseite die Mitglieder der Bietergruppe Bundesemissionen auf.[83] Dies sind aktuell (Stand 7. Mai 2019) 36 Banken bzw. deren europäische Ableger aus der EU, den USA, Großbritannien und Japan. Diese Banken kaufen also die Staatsanleihen direkt von der Deutschen Finanzagentur. In den Bilanzen sieht es dann meist so aus, dass die Banken der Regierung die Staatsanleihen abkaufen, was deren Reservenbestand bei der Bundesbank erhöht. Woher aber haben die Banken die Reserven, um der Regierung die Staatsanleihen abzukaufen?

In einem Finanzsystem, in welchem die Regierung von der Zentralbank Reserven bekommt, gibt die Regierung zuerst zusätzliche Reserven aus. Diese fließen ins Bankensystem und erhöhen damit den Bestand der Banken an Zentralbankgeld. Die Banken suchen nach einer verzinsten Anlage und kaufen der Zentralbank die Staatsanleihen ab. In der Eurozone allerdings müssen die Banken quasi in Vorleistung gehen.

Im europäischen Finanzsystem sind die Banken der Eurozone strukturell bei der EZB verschuldet. Sie leihen sich also gegen Sicherheiten Reserven, mit denen sie dann die Staatsanleihen kaufen können. In den

Bilanzen beginnen wir also mit einem Kredit der Zentralbank an die Bank. Maßgeblich ist wahrscheinlich der Leitzins plus einem Aufschlag je nach Laufzeit der Staatsanleihen, da die Banken sich die Reserven nicht über Nacht leihen, sondern etwas länger, im Idealfall bis zur Fälligkeit der Staatsanleihe.

Zentralbank			
Kredit	100	Reserven	100

Regierung			
Reserven	0	Staatsanleihen	0
		Nettoverm.	0

Geschäftsbank			
Staatsanleihen	0	Einlagen	0
Reserven	100	Kredit	100

Haushalt			
Einlagen	0	Nettoverm.	0

Nun sind die Banken in der Lage, der Regierung Staatsanleihen abzukaufen. Die Reserven der Banken werden dazu auf das Zentralkonto des Bundes überwiesen, die Staatsanleihen werden den Banken überschrieben.

Zentralbank			
Reserven	100	Reserven	100

Regierung			
Reserven	100	Staatsanleihen	100
		Nettoverm.	0

Geschäftsbank			
Staatsanleihen	100	Einlagen	0
Reserven	0	Kredit	100

Haushalt			
Einlagen	0	Nettoverm.	0

Die Banken kaufen der Regierung am Primärmarkt die Staatsanleihen ab. Die Zentralbank ist nicht vertreten. Es kann also dazu kommen, dass es keine ausreichende Nachfrage nach Staatsanleihen gibt, wenn die Banken sie nicht wollen. Der Grund für mangelnde Nachfrage kann darin begründet liegen, dass die Staatsanleihen einer europäischen Regierung de jure nicht risikolos sind. Die *no bail-out clause* (Nichtbeistandsklausel) aus dem Vertrag von Lissabon verbietet es den Mitgliedern der Eurozone, die Schulden eines anderen Mitglieds zu übernehmen. Da auch die EZB die Regierung nicht direkt finanzieren darf, Staatsanleihen also nicht auf dem Primärmarkt kaufen kann, ist es möglich, dass es keine Nachfrage nach Staatsanleihen gibt und die Ausgabe scheitert.

Auktion gescheitert: Staatsanleihen im November 2011

Im November 2011 sollten 10jährige deutsche Staatsanleihen am Primärmarkt verkauft werden. Allerdings waren die Gebote sehr niedrig, die Banken nahmen nur 3.644 Mrd. Euro an Anleihen ab. Die Bundesbank nahm die restlichen Anleihen im Wert von 2.345 Mrd. Euro in die Bücher mit dem Ziel, sie später in den Markt zu verkaufen. Trotz der damaligen Berichterstattung – Bloomberg titelte German Auction ‚Disaster' Stirs Crisis Concern – *wurden deutsche Staatsanleihen in den darauffolgenden Monaten als sehr attraktiv wahrgenommen und stiegen deutlich im Preis.*

Gelingt die Ausgabe hingegen, dann fließen die Reserven von der Regierung wieder zurück zu den Banken. Die Regierung bezahlt den privaten Sektor – Haushalte und Unternehmen – für Arbeitsleistungen sowie Güter und Dienstleistungen. Es ist dabei für die Analyse der Bilanzen unerheblich, ob die Regierung die Guthaben über Löhne an staatliche Bedienstete oder private Firmen auszahlt. Die Regierung tätigt also beispielsweise eine Überweisung an einen Haushalt. Dabei bekommt der Haushalt Einlagen bei seiner Bank gutgeschrieben, die wiederum im Zahlungsausgleich Reserven von der Regierung bekommt. Letztere belastet ihr Konto bei der Bundesbank.

Zentralbank

Kredit	100	Reserven	100

Regierung

Reserven	0	Staatsanleihen	100
		Nettoverm.	−100

Geschäftsbank

Staatsanleihen	100	Einlagen	100
Reserven	100	Kredit	100

Haushalt

Einlagen	100	Nettoverm.	100

Die Banken haben nun also die Reserven zurückbekommen, die sie der Regierung beim Kauf der Staatsanleihen ursprünglich überwiesen hatten. Sie können die Reserven u. a. zur Tilgung der Kredite von der Zentralbank benutzen. Bei der EZB bzw. den ausführenden nationalen Zentralbanken werden Kredit und Reserven wieder gestrichen.

Zentralbank			
Kredit	0	Reserven	0

Regierung			
Reserven	0	Staatsanleihen	100
		Nettoverm.	−100

Geschäftsbank			
Staatsanleihen	100	Einlagen	100
Reserven	0	Kredit	0

Haushalt			
Einlagen	100	Nettoverm.	100

Ähnlich wie in einem Finanzsystem, in dem die Zentralbank am Primärmarkt Staatsanleihen kaufen darf, wird die Zahl der Reserven hier nicht direkt erhöht, wenn der Staat seine Ausgaben, finanziert durch Staatsanleihen, erhöht. Dies wäre nur dann der Fall, wenn die Haushalte aufgrund der gestiegenen Einkommen eine höhere Nachfrage nach Bargeld entwickeln sollten. Die höhere Geldnachfrage liegt dann aber nicht in höheren Staatsausgaben per se begründet, sondern in höheren Einkommen. Auch durch Kredite finanzierte höhere Investitionen würden Einkommen und damit die Nachfrage nach Bargeld erhöhen.

Auch in der Eurozone gilt, dass eine Erhöhung der Staatsverschuldung eines Landes das Vermögen des privaten Sektors entsprechend erhöht. Nach den zusätzlichen Staatsausgaben halten die Haushalte dann zusätzliche Einlagen und die Banken zusätzliche Staatsanleihen. Dem stehen keine erhöhten Verbindlichkeiten der Unternehmen und der Haushalte gegenüber. Die zusätzlichen Einkommen werden wohl zu weiteren Ausgaben für Konsum oder auch Investitionen führen, da dem Kreislauf neue Einlagen zugeführt worden sind.

Staatsanleihen in Österreich

In Österreich spielt die Österreichische Bundesfinanzierungsagentur (OeBFA) eine zentrale Rolle. Sie handelt im Namen und auf Rechnung der Republik Österreich und ist für die Aufnahme von Schulden, für das Schuldenportfoliomanagement und für die Kassenverwaltung des Bundes zuständig. Die OeBFA ist im Besitz des Bundesministeriums der Finanzen. Die Geschäftsstelle für die Begebung von Bundesanleihen ist bei der OeKB-Gruppe angesiedelt. Sie wickelt sämtliche Bundesanleihe-Auktionen ab. Die Laufzeit beträgt dabei bis zu einhundert Jahren. Es gibt 21 Primärhändler für österreichische Bundesanleihen, die an Bundesanleihen-Auktionen teilnehmen (Stand 31.12.2019).

Daneben gibt es seit 1999 noch das ATB-Programm (Austrian Treasury Bills), welches betragsmäßig unlimitiert ist. Dabei ist eine Begebung in verschiedenen Währungen möglich mit einer maximalen Laufzeit von 364 Tagen. 2019 wurden laut Jahresrückblick 2019 keine ATB-Auktionen durchgeführt. Laut dieser Publikation kommen als weitere Finanzierungsinstrumente u. a. ein Euro Medium Term Note-Programm (EMTN), ein Australian Dollar MTN-Programm sowie Transaktionen im Darlehens- oder Schuldscheinformat zum Einsatz. Österreich hat im Oktober 2019 von den chinesischen Behörden die Zulassung hinsichtlich eines Panda Bond Programmes erhalten, in dessen Rahmen Anleihen nach chinesischem Recht begeben werden können.

Hausbank der österreichischen Regierung ist die BAWAG P.S.K. Bank für Arbeit und Wirtschaft und Österreichische Postsparkasse Aktiengesellschaft, da sie Rechtsnachfolgerin der Postbank ist. §111 des Bundeshaushaltsgesetz besagt: „Der bargeldlose Zahlungsverkehr ist nach Tunlichkeit im Wege der Österreichischen Postsparkasse zu besorgen. [...] Die Abwicklung des Zahlungsverkehrs obliegt den ausführenden Organen“. Zentral ist dabei das Hauptkonto des Bundes, welches interessanterweise nicht bei der OeNB (Österreichische Nationalbank), sondern bei dieser privaten Bank geführt wird.

Staatsanleihen in der Schweiz

Die Schweiz ist bekanntlich nicht der Teil der Eurozone. Sie nutzt mit dem Schweizer Franken (CHF) eine eigene Währung. Die Schweizer Nationalbank (SNB; französisch Banque nationale suisse, BNS; italienisch Banca nazionale svizzera, BNS; rätoromanisch Banca Naziunala Svizra, BNS) befindet sich in unmittelbarer Nachbarschaft des Bundeshauses, dem Sitz der Schweizer Regierung und des Schweizer Parlaments in Bern sowie in Zürich. Dazu gibt es Vertretungen in Basel, Genf, Lausanne, Lugano, Luzern und St. Gallen. Gemäß Bundesverfassung steht das Recht zur Ausgabe von Schweizer Geldnoten allein dem Bund zu. Dieser hat das Recht zur Ausgabe der schweizerischen Banknoten der Schweizerischen Nationalbank übertragen, die damit das Notenmonopol innehat. Das Nationalbankgesetz regelt in Art. 11, dass die direkte Kreditgewährung an den Bund verboten ist. Allerdings ist es der SNB erlaubt, Schweizer Schuldtitel am Sekundärmarkt zu erwerben. Zudem schreibt die SNB auf ihrer Internetseite:[84]

> „Das NBG legt fest, dass die Nationalbank dem Bund Bankdienstleistungen erbringen kann. Sie wird deswegen auch als Bankier oder Bank des Bundes bezeichnet. So nimmt die Nationalbank zum Beispiel für den Bund Zahlungen vor. Dieser Zahlungsverkehr des Bundes mit dem In- und Ausland wird über die Sichtkonten in Franken und Fremdwährungen abgewickelt, welche die Nationalbank für den Bund führt. Die Nationalbank erbringt diese Bankdienstleistungen gegen ein angemessenes Entgelt, jedoch unentgeltlich, wenn sie die Durchführung der Geld- und Währungspolitik erleichtern."

Zudem emittiert sie im Auftrag und auf Rechnung des Bundes dessen Geldmarktbuchforderungen und Anleihen. Die SNB wirkt als Zahlstelle für Coupons und Rückzahlungen von Bundesanleihen und Geldmarktbuchforderungen. Zudem führt sie für den Bund Wertschriftendepots und schließt in dessen Auftrag Geldmarkt- und Devisengeschäfte ab. Der Bankrat beaufsichtigt und kontrolliert die Geschäftsführung der Nationalbank und besteht aus Persönlichkeiten aus der Wirtschaft, der Wissenschaft und der Politik, welche zu je etwa einem Drittel im Bankrat vertreten sein sollen. Das Direktorium ist das oberste geschäftsleitende und ausführende Organ. Die SNB ist dabei auch für die Bankenregulierung zuständig.

Ähnlich wie in den USA kann die SNB durch die Ankäufe von Staatsanleihen auf dem Sekundärmarkt sicherstellen, dass die eigene Regierung nie zahlungsunfähig werden kann. Da sie bis auf 2011-2015 keinen festen Wechselkurs zum Euro oder zu anderen Währungen verfolgt und keine nennenswerte Staatsverschuldung in Auslandswährung hat, ist die monetäre Souveränität des Landes maximal.

TARGET2 – das Zahlungssystem der Eurozone

Die Eurozone hat ein Zahlungssystem, über das die angeschlossenen Banken ihre Transaktionen abwickeln. Es werden dabei Zentralbankgelder, also Reserven, hin- und hertransferiert. Das Zahlungssystem heißt TARGET2, weil es sich um die zweite Version des ***T**rans-European **A**utomated **R**eal-time **G**ross settlement **E**xpress **T**ransfer system* handelt. Dieses Zahlungssystem benutzen u. a. die Banken für den Zahlungsausgleich (*settlement*) und die Zentralbank für den Einsatz ihrer Instrumente. Sie haben sog. RTGS-Konten (*Real Time Gross Settlement*) bei der jeweiligen angeschlossenen nationalen Zentralbank, die durch den BIC-Code (*Business Identifier Code*; eine international gültige Bankleitzahl) einer Bank zugeordnet werden.[85] Der Code wird von der SWIFT (*Society for Worldwide Interbank Financial Telecommunication*) herausgegeben und daher auch als SWIFT-Code bezeichnet. Da die sog. TARGET2-Ungleichgewichte häufig beschrieben worden sind, schauen wir uns deren Entstehen genauer an. Dazu erscheint es sinnvoll, erst das System zu beschreiben.

Wie bereits gesagt, handelt es sich bei TARGET2 um ein System, mit welchem die Banken den Zahlungsausgleich durchführen. Der Zahlungsausgleich wird nötig, wenn beispielsweise Kunden einer Bank Einlagen an Kunden einer anderen Bank transferieren. Dabei müssen beide beteiligten Banken in den Zahlungsausgleich. Wenn die beiden beteiligten Banken im gleichen Land sitzen, dann werden TARGET2-Salden von ihrem Zahlungsausgleich nicht berührt. Es wird im folgenden Beispiel angenommen, dass eine Bank in Spanien sitzt (Banco) und die andere in Deutschland (Bank).

Die spanische Bank hält ihre Reserven bei der *Banco de España*, die deutsche bei der Bundesbank. Angenommen, spanische Kunden transferieren mehr Einlagen nach Deutschland als andersherum, weil Spanier mehr deutsche Waren kaufen als Deutsche spanische. Es könnte auch daran liegen, dass ein spanischer Haushalt Geld aus dem spanischen Bankensystem ins deutsche schaffen möchte. Der Grund könnte ein Misstrauen in die spanischen Banken sein, konkret die Furcht vor deren Insolvenz. Die Bilanzen sehen vor der Transaktion wie folgt aus.

EZB

	0		0

Banco de España				Bundesbank			
Kredite	200	Reserven	200	Kredite	200	Reserven	200

Banco				Bank			
Reserven	200	Einlagen	200	Reserven	200	Einlagen	200

Haushalt				Haushalt			
Einlagen	100	Nettoverm.	100	Einlagen	100	Nettoverm.	100

Wir gehen erst mal davon aus, dass Banco genügend Reserven hat, um die Transaktion durchführen zu können. Banco reduziert also die Einlagen des spanischen Haushalts um 100 Euro, da es die Transaktion an den deutschen Haushalt durchführt. Dazu überweist es über TARGET2 100 Euro an Reserven an Bank. Diese Transaktion – Reserven von Banco zu Bank – ist alles, was real stattfindet. Die Veränderungen in der Bilanz der Europäischen Zentralbank und der beiden beteiligten nationalen Zentralbanken sind rein passive Buchungen. Dabei wird die Anzahl der Reserven in der *Banco de España* reduziert und die der Bundesbank entsprechend erhöht. Dies geschieht über die Konstruktion eines Zahlungsausgleichs der Zentralbanken bei der EZB.

EZB			
T2 BdE	100	T2 BuBa	100

Banco de España			
Kredite	200	Reserven	100
		T2 Schulden	100

Bundesbank			
Kredite	200	Reserven	300
T2 Guthaben	100		

Banco			
Reserven	100	Einlagen	100

Bank			
Reserven	300	Einlagen	300

Haushalt			
Einlagen	0	Nettoverm.	0

Haushalt			
Einlagen	200	Nettoverm.	200

Hierbei handelt es sich um eine Fiktion, da die Guthaben der nationalen Zentralbanken bei der EZB unbegrenzt sind. Sie können sich also quasi als Kredit so viele Reserven „leihen", wie nötig. Dies ist notwendig, da wir in der Eurozone freien Kapitalverkehr haben. Jeder darf sein Geld von A nach B transferieren, ohne dass es Grenzen gibt. Wenn die spanische Zentralbank keine Reserven mehr bekommt, dann können keine Einlagen mehr von spanischen an deutsche Banken überwiesen werden. Damit wäre dann aber auch der freie Kapitalverkehr hinfällig.

Die EZB würde nun also TARGET2-Salden ausweisen, die positiv für die Bundesbank und negativ für die *Banco de España* sind. Welche Folgen hat das für die beiden nationalen Zentralbanken? Keine. Sie müssen nicht tätig werden, da es sich bei den TARGET2-Salden um statistische

Zahlen handelt. Lediglich bei einem Auseinanderbrechen des Euro wären sie von höherem Informationswert, allerdings ließen sich die gleichen Zahlen auch direkt aus den Bilanzen der Banken der Eurozone gewinnen.

Während die Banken die TARGET2-Salden verursachen (können), können die nationalen Zentralbanken das nicht. Es gibt also in der Pyramide der Verschuldung oberhalb der Zentralbankguthaben keinen dritten Kreislauf. Die TARGET2-Salden sind übrigens mit einem Zins versehen, so dass die Zentralbanken der Länder mit Netto-Verbindlichkeiten denen aus Ländern mit Netto-Forderungen eine Ausgleichszahlung in Höhe der Nettoverbindlichkeit multipliziert mit dem Leitzins überweisen.[86]

Die Transaktion des spanischen Haushalts ist jetzt beendet, allerdings bedeutet dies nicht, dass wir am Ziel sind. Die deutschen Transaktionen sind spiegelbildlich zu den spanischen und enden mit einer Gutschrift von zusätzlichen Einlagen bei Bundesbank, Bank und Haushalt. In den Bilanzen oben ist zu erkennen, dass die Bank zusätzliche Reserven hat. Diese bringen keinen Zins, während sie aber auf die zusätzlichen Einlagen ihres Kunden wohl einen kleinen Zins gewährt. Es wäre also sinnvoll, wenn Bank die zusätzlichen Reserven verleihen würde. Da Banco jetzt weniger Reserven hat als vorher, wäre Banco durchaus interessiert an einem Kredit am Interbankenmarkt. Sie würde über das TARGET2-System die Reserven von Bank leihen zum Interbankenmarktzins. Damit sähen die Bilanzen folgendermaßen aus:

EZB

	0		0

Banco de España

Kredite	200	Reserven	100

Bundesbank

Kredite	200	Reserven	200

Banco

Reserven	200	Einlagen	100
		Kredit (Bank)	100

Bank

Reserven	200	Einlagen	300
Kredit (Banco)	100		

Haushalt

Einlagen	0	Nettoverm.	0

Haushalt

Einlagen	200	Nettoverm.	200

Banco hat also einen Kredit von Bank bekommen und dadurch die Reserven auf das vorherige Niveau gebracht. Der Gewinn von Banco wird dadurch niedriger ausfallen, der von Bank höher. Die TARGET2-Salden sind wie vorher durch die Transaktion nicht verändert. Wie kommen dann dauerhafte TARGET2-Salden zustande?

Im vorherigen Schritt hatten wir TARGET2-Salden, die über oder unter null lagen, bevor Bank über den Interbankenmarkt die zugeflossenen Reserven an Banco verliehen hatte. Wenn also Bank entscheidet, diese Reserven nicht an Banco zu verleihen, sondern beispielsweise in der Einlagefazilität der EZB zu parken, dann wären die positiven und negativen TARGET2-Salden dauerhaft. Banken verleihen keine Reserven an andere Banken, wenn sie die Insolvenz ihres Geschäftspartners befürchten. In diesem Falle würden sie ihre verliehenen Reserven nicht oder nicht vollständig zurückbekommen, was durch keinen Zins zu kompensieren ist.

In einem weiteren Schritt schauen wir, was passiert, wenn Banco keine ausreichenden Reserven mehr besitzt. Jetzt leiht sich Banco die Reserven direkt von der zuständigen nationalen Zentralbank, der *Banco de España*. Es muss davon ausgegangen werden, dass Banco über ausreichende Sicherheiten verfügt, um an die entsprechende Liquidität zu kommen. Nach dem Transfer der Reserven an Bank bleiben nun TARGET2-„Ungleichgewichte“ bestehen. Die Fiktion in den Buchungssätzen sieht vor, dass Bank die Reserven nicht als Guthaben in der *Banco de España* hält, sondern in der Bundesbank. (In der Realität sind Reserven letztlich Guthaben im sog. Eurosystem, dem EZB und nationale Zentralbanken angehören.)

Also werden 100 Reserven bei *Banco de España* ersetzt durch sog. Verbindlichkeiten im TARGET2-System, während der Bundesbank sog. Forderungen im TARGET2-System eingeräumt werden. Es ist dabei festzuhalten, dass die „Forderungen“ keine Fälligkeit haben und es sich dabei um rein bilanzielle Konstrukte handelt, die lediglich zum Ausgleich der nationalen Zentralbankbilanzen erzeugt werden. Es handelt sich also gar nicht um Forderungen und Verbindlichkeiten, auch wenn diese so genannt werden! Eine nationale Zentralbank kann daher nicht in eine Situation geraten, in der sie keinen „TARGET2-Kredit“ mehr bekommt, denn diese werden nicht bilateral vergeben, ja es gibt sie eigentlich gar nicht. Die nationalen Zentralbanken im Europäischen System der Zentralbanken (ESZB) vergeben untereinander keine Kredite. TARGET2-Forderungen und Verbindlichkeiten sind ein statistisches Konstrukt, um eine ausgeglichene Bilanz bei den nationalen Zentralbanken der Eurozone zu erzeugen. Dabei handelt es sich um einen kosmetischen Eingriff und keine Verschuldung.

EZB

T2 BdE	100	T2 BuBa	100

Banco de España

Kredite	200	Reserven	100
		T2 Schulden	100

Bundesbank

Kredite	200	Reserven	300
T2 Guthaben	100		

Banco

Reserven	200	Einlagen	100
		Kredit BdE	100

Bank

Reserven	300	Einlagen	300

Haushalt

Einlagen	0	Nettoverm.	0

Haushalt

Einlagen	200	Nettoverm.	200

TARGET2-Salden entstehen also dann, wenn im Zahlungsverkehr die Banken mit den überschüssigen Reserven diese nicht an defizitäre Banken verleihen, eventuell aufgrund von Problemen in der Bilanz dieser Banken. TARGET2-Salden sind ein statistisches Abbild von erfolgten Zahlungen im Bankensystem der Eurozone. Bei einem Zusammenbruch des Euro wären also keine offenen Schulden zurückzuzahlen. Trotz der häufig geäußerten Bedenken stellen die TARGET2-Salden kein Problem für das Fortbestehen des Euro dar.[87] Auch bei einer eventuellen Auflösung der Währung würden keine Forderungen und Verbindlichkeiten der beteiligten nationalen Zentralbanken entstehen.

Der European Stability Mechanism (ESM)

Allerdings ist eine Auflösung der Währung sehr unwahrscheinlich, seit der damalige EZB-Präsident Mario Draghi sein *whatever it takes* sprach und damit ausdrückte, dass er nichts unversucht lassen würde, um den Euro zu retten.[88] Dieser Ausspruch vom Juli 2012 zog die Schaffung des *European Stability Mechanism* (ESM) nach sich, der im Notfall die Staatsanleihen von teilnehmenden Ländern zum Nennwert aufkaufen kann. Durch die Inanspruchnahme würde für die Investoren jegliches Ausfallrisiko entfallen. Seit 2012 haben wir also quasi den Euro 2.0, und die fundamentale Neuerung des ursprünglichen Eurosystems – Staaten leihen sich Reserven bei Banken und unterliegen einem Ausfallrisiko – ist damit wohl bereits Geschichte. Die Eurozone ist nun, nach Einführung des ESM, den anderen modernen Geldsystemen wieder sehr ähnlich. Wie funktioniert der Europäische Stabilitätsmechanismus?

Der ESM ist ein Finanzvehikel mit einer Bilanz wie die von anderen Institutionen auch. Der ESM finanziert sich am Geldmarkt durch die Ausgabe von verzinsten Anleihen. Mit den dadurch geliehenen Reserven kauft er am Sekundärmarkt Staatsanleihen der teilnehmenden Länder auf. Da die Zinsen auf dem Geldmarkt normalerweise ziemlich identisch sind mit der Verzinsung der Staatsanleihen und in der Krise sogar niedriger, sind hohe Verluste so gut wie ausgeschlossen. Der ESM verfügt über ein Eigenkapital von 80 Milliarden Euro. Seine Bilanz sieht wie folgt aus:

ESM

Staatsanleihen	100	Anleihen	100
Reserven	80	Eigenkapital	80

Solange der ESM Staatsanleihen unbegrenzt zum Nennwert oder auch knapp darunter ankauft, gibt es kein Ausfallrisiko für Staatsanleihen der Regierungen der Eurozone. Dies bedeutet nicht, dass die Regierungen ihre Staatsverschuldung beliebig erhöhen können, es gibt schließlich u. a. noch die jeweiligen nationalen Schuldenbremsen oder auch den Europäischen Fiskalpakt. Da aber eine Regierung keine direkte Kontrolle über das Defizit hat, wird die Sinnhaftigkeit dieser Art von Regelungen allgemein angezweifelt. Schließlich können Steuerschätzungen nicht mit der nötigen Präzision durchgeführt werden, da sie von der schwer einzuschätzenden Konjunktur abhängen. Das Gleiche gilt für die Staatsausgaben, welche ebenfalls in großen Teilen konjunkturabhängig sind.

Vorgänger des ESM ist übrigens die Europäische Finanzstabilisierungsfazilität (EFSF), im Englischen als *European Financial Stability Facility* bekannt. 2010 in Luxemburg gegründet, war die EFSF ebenfalls dazu gedacht, dass sich Regierungen der Eurozone gegen Bedingungen Geld beschaffen konnten, ohne auf die Finanzmärkte angewiesen zu sein. Als

Dienstleister trat die bereits erwähnte Deutsche Finanzagentur GmbH auf. Kredite wurden an Griechenland, Irland und Portugal vergeben.

Zusammenfassung

In einem souveränen Geldsystem, in dem die Regierung keine Staatsschulden in ausländischer Währung hat und keinen Wechselkurs ihrer Währung zu anderen Währungen oder zu Edelmetallen verspricht, kann der Staat nicht aus technischen Gründen zahlungsunfähig werden. Natürlich kann er immer noch aus politischen Gründen seine Zahlungsunfähigkeit erklären, so wie Russland im Jahr 1998 in Bezug auf seine Staatsanleihen in Rubel. Es handelt sich dabei allerdings um bewusste politische Entscheidungen und nicht um wie auch immer geartete Grenzen des Geldsystems.

Alan Greenspan in Leuven, 14. Januar 1997

„Central banks can issue currency, a non-interest-bearing claim on the government, effectively without limit. They can discount loans and other assets of banks or other private depository institutions, thereby converting potentially illiquid private assets into riskless claims on the government in the form of deposits at the central bank. That all of these claims on government are readily accepted reflects the fact that a government cannot become insolvent with respect to obligations in its own currency. A fiat money system, like the ones we have today, can produce such claims without limit."

https://www.federalreserve.gov/boarddocs/speeches/1997/19970114.htm

Der souveräne Staat ist nach den Wort von Georg Friedrich Knapp, dem Begründer des Chartalismus, der Schöpfer der Währung.[89] Über seine Geldverfassung – auch Charta genannt – kann der Staat bestimmen, in welcher Währung Zahlungen an ihn selbst getätigt werden können. Eine daraus folgende, aber nicht allgemeingültige Definition von Geld ist daher die Definition von Geld als das, was der Staat für Zahlungen an sich selbst akzeptiert. Nach dieser Auffassung handelt es sich bei modernem

Geld um Steuergutschriften. Der Staat tätigt also Ausgaben, indem er die Bürgerinnen und Bürger mit Steuergutschriften bezahlt.

Fritz Helmedag formulierte es so: „Geld wird nicht angenommen, weil es Wert hat, sondern es hat Wert, weil es angenommen wird".[90] Diese Einsicht stellt den allgemein angenommenen Prozess der „Finanzierung" von Staatsausgaben auf den Kopf. In den meisten Lehrbüchern gibt es drei Arten der Staatsfinanzierung:

1. Eintreiben von Steuern,
2. Ausgabe von Staatsanleihen,
3. Nutzung der „Druckerpresse", also der Zentralbank.

Wie wir gesehen haben, ist diese Vorstellung falsch. Haushalte und Unternehmen, welche Steuern zahlen müssen, brauchen *vorher* Geld: staatliches Geld, denn nur das akzeptiert der Staat für Zahlungen an sich selbst. Der private Sektor muss, wie auch die schwäbische Hausfrau, seine Ausgaben durch Einnahmen finanzieren, da das Geldmonopol beim Staat liegt. Nur der Staat kann es sich erlauben, einfach Geld auszugeben. Früher druckte er Geld, welches er danach über Steuereinnahmen oder den Verkauf von Staatsanleihen wieder einsammelte. Heute erzeugt er Geld mit der Tastatur auf dem Computer, was er ebenfalls über Steuern und Staatsanleihen wieder aus dem Verkehr zieht.

Wir müssen also erkennen, dass der Staat nur dann Ausgaben tätigen kann, wenn er Option 3 wählt. Option 1 und 2 funktionieren nicht, da sie lediglich Rückflüsse von bereits ausgegebenem Geld an den Staat auslösen. Sie können daher Staatsausgaben einer Bundesregierung gar nicht finanzieren, denn diese werden dadurch bezahlt, dass die Zentralbank der empfangenden Bank (und diese dann dem empfangenden Kunden) zusätzliche Einlagen gutschreibt, die sie selbst schöpft. Der Staat hat also keine Budgetrestriktion, so wie das bei Haushalten und Unternehmen der Fall ist.

Damit wird auch deutlich, dass der Begriff der Staatsverschuldung sehr unscharf ist. Der Staat muss ja seine „Verschuldung" nicht zurückzahlen, sondern nur ausstehende verzinste Steuergutschriften (Staatsanleihen genannt) bei Fälligkeit durch neue verzinste (oder unverzinste) Steuergutschriften ersetzen. Als Monopolist der Währung dürfte ihm das nicht schwerfallen.

7. Die Nachhaltigkeit des Finanzsystems

In letzter Zeit ist der Begriff „Nachhaltigkeit“ häufig in Verbindung mit dem Finanzmarkt, Banken oder Staatsverschuldung gebraucht worden. Zins und Zinseszins, so warnen einige, führten zu Schuldenlasten, die nicht nachhaltig wären. Der Duden kennt den Begriff Nachhaltigkeit aus der Forstwirtschaft (sinngemäß: beim Holzfällen auf das Nachwachsen der Bäume achten) und, etwas allgemeiner gefasst, der Ökologie: „Prinzip, nach dem nicht mehr verbraucht werden darf, als jeweils nachwachsen, sich regenerieren, künftig wieder bereitgestellt werden kann“. Nach den bisherigen Ausführungen ist eine Übertragung des Begriffs der Nachhaltigkeit in den Bereich von Geld und Kredit, Verschuldung und Finanzmärkten problematisch. Warum?

Nachhaltigkeit impliziert die Begrenztheit von Rohstoffen bzw. Gütern und daraus abgeleitet die moralische Verpflichtung, den Bestand an Rohstoffen entweder nicht zu schnell zu reduzieren oder bei nachwachsenden Rohstoffen den Bestand zu stabilisieren. Geld in der Form von Zentralbankgeld, Bargeld oder Giralgeld ist jedoch grundsätzlich unbegrenzt vorhanden. Einlagen in jeglicher Form entstehen durch die Eingabe von Zahlen in einen Computer. Von Nachhaltigkeit kann dabei keine Rede sein, weil Geld, das von einem Wirtschaftssubjekt ausgegeben wird, nicht „verbraucht“ wird und ferner die Eingabe einer Zahl die Eingabe der nächsten Zahl nicht begrenzt. Der „Zahlenverbrauch“ in den Bilanzen hat also keine negativen Folgen aus Gründen der Knappheit, und damit entfällt auch die Notwendigkeit, die Nutzung dieser Zahlen (mehr oder weniger) freiwillig einzuschränken.

Ein weiteres Problem der Anwendung des Begriffes Nachhaltigkeit auf Verschuldung ist die Tatsache, dass Verschuldung oft zeitlich begrenzt ist. Ein Kredit ist nicht auf Nachhaltigkeit angelegt, ganz im Gegenteil: der Kredit wird in Raten getilgt und am Ende ist der Kredit „verschwunden“. Dies ist auch so beabsichtigt, denn niemand möchte einen Kredit ewig tilgen!

Wie kann der Begriff „Nachhaltigkeit“ in seiner Anwendung auf Finanzmärkte mit Inhalt gefüllt werden? Einige Ökonomen sehen das Problem in den Zahlungen von Zins und Zinseszins, die unweigerlich zu einem Zusammenbruch des Kreditsystems führen würden. Wie wir oben gesehen haben, kann dies staatliche Akteure in modernen Währungssystemen mit souveräner Währung nicht betreffen. Allerdings könnten private Akteure – Haushalte und Unternehmen – unter steigenden Zinsen leiden. Entscheidend ist hier die Verteilung der Einkommens- bzw. Einnahmenüberschüsse. Solange Schulden getilgt werden können, sind sie „nachhaltig".

Kreditzinsen für private Akteure enthalten immer eine Risikoprämie, weil der Kreditnehmer insolvent oder illiquide werden könnte. Der Kredit könnte also ausfallen und die Bank müsste den Kredit in Teilen abschreiben. Würde beispielsweise ein Haushalt eine Hypothek nicht zurückzahlen können, vielleicht aufgrund von durch Arbeitslosigkeit ausgelöste Einkommenseinbußen, dann wäre eine Wertberichtigung durchzuführen. Wie das genau verbucht wird, hängt von den jeweiligen nationalen Regelungen ab. Hier wird angenommen, dass die Bank die Hypothek um die Hälfte reduziert, um so dem Haushalt auch bei niedrigem Einkommen eine Tilgung zu ermöglichen. Im Vergleich zu vorher ist hier der Preis der Häuser von 200 auf 100 gefallen und die Einlagen wurden verausgabt. Die Bank wurde mit Eigenkapital ausgestattet, welches mit dem Überschuss der Forderungen über die Verbindlichkeiten korreliert.

Geschäftsbank				Haushalt			
Staatsanleihen	200	Einlagen	200	Einlagen	0	Hypothek	100
Hypotheken	100	Eigenkapital	100	Häuser	100	Nettoverm.	0

Der Preis der Häuser, die sich im Besitz des Haushalts befinden, ist mit 100 angesetzt. Er könnte in der Realität höher oder niedriger sein. In dieser Situation führt eine Abschreibung zu folgenden Bilanzen:

Geschäftsbank				Haushalt			
Staatsanleihen	200	Einlagen	200	Einlagen	0	Hypothek	50
Hypotheken	50	Eigenkapital	50	Häuser	100	Nettoverm.	50

Die Bank hat auf Seite der Forderungen die Hypotheken im Wert um 50 abgebaut. Eventuell hat es eine Umschuldung gegeben und der alte Hypothekenvertrag wurde zugunsten eines neuen aufgelöst. Auf der Seite der Verbindlichkeiten sinkt das Eigenkapital um ebenfalls 50. Es ist zu beachten, dass die Anzahl der Einlagen nicht angepasst wird. Durch die Hypothek wurden also ursprünglich Einlagen im Wert von 100 erzeugt und diese Einlagen existieren auch nach der Umschuldung weiter, obwohl die Hypothek nur zur Hälfte getilgt werden wird.

Auf der anderen Seite ist der Haushalt bessergestellt, zumindest auf dem Papier. Der Wert der Hypothek wurde um 50 gesenkt, und aus buchhaltungstechnischen Gründen muss dies zu einer Veränderung des Nettovermögens in gleicher Höhe mit umgekehrtem Vorzeichen führen. Also hat der Haushalt nun wieder ein positives Nettovermögen, da der Wert seiner Forderungen den Wert der Verbindlichkeiten übersteigt. Ein Problem der Verschuldung ist, dass nicht jede Verschuldung vertragsgemäß wieder zurückgeführt wird.

Weder steigende Verschuldung noch steigende Zinsen sind ein fundamentales Problem. Das fundamentale Problem ist die Unfähigkeit, Schulden zu begleichen. Solange beispielsweise die Einkommens- und Einnahmenüberschüsse schneller wachsen als die Rückzahlungen der Schulden, ist die absolute Zunahme der Letzteren aufgrund steigender Zinsen kein Problem. Allerdings ist auch die Verteilung wichtig, denn weder Einkommen noch Einnahmen wachsen gleichmäßig.

Der Staat als „Entschulder" des privaten Sektors

Der Staat spielt bei der Frage der Tragbarkeit von Verschuldung im privaten Sektor eine entscheidende Rolle. Er kann durch mehr Staatsausgaben zusätzliche Einlagen für den privaten Sektor schaffen. Dies wird aus den Bilanzen deutlich. Diesen staatlich erzeugten Einlagen stehen keine privaten Schulden gegenüber. Fangen wir mit folgenden Bilanzen für öffentlichen Sektor (Zentralbank und Regierung), Geschäftsbank sowie privaten Sektor (Haushalte und Unternehmen) an:

Zentralbank			
Reserven	100	Reserven	100

Regierung			
Reserven	0	Staatsanleihen	100
		Nettoverm.	−100

Geschäftsbank			
Staatsanleihen	100	Einlagen	200
Kredit	100		

privater Sektor			
Einlagen	200	Kredit	100
Haus	50	Nettoverm.	150

Die Regierung hat durch die Ausgabe von Staatsanleihen zusätzliche Reserven erzeugt, die dann zum Kauf von Arbeitskraft, Gütern oder Dienstleistungen des privaten Sektors eingesetzt wurden. So erzeugt die Regierung über die Banken zusätzliche Einlagen für die Haushalte und Unternehmen. Sollte die Verschuldung des privaten Sektors ein Problem darstellen, so ist dieses Problem jetzt leichter anzugehen. Der private Sektor kann nun die zusätzlichen Einlagen nutzen, um seine Verbindlichkeiten abzubauen. Im Folgenden wird angenommen, dass der Haushalt den Kredit zur Hälfte tilgt. Dies schlägt sich in den Bilanzen wie folgt nieder.

Zentralbank			
Reserven	100	Reserven	100

Regierung			
Reserven	0	Staatsanleihen	100
		Nettoverm.	−100

Geschäftsbank			
Staatsanleihen	100	Einlagen	150
Kredit	50		

privater Sektor			
Einlagen	150	Kredit	50
Haus	50	Nettoverm.	150

Die zusätzliche Verschuldung des Staates erlaubt es also dem privaten Sektor, die eigene Verschuldung schneller zu reduzieren. Die zusätzlichen Einlagen können zur Tilgung von Krediten eingesetzt werden und damit sinkt das Risiko im Bankensystem. Es stehen weniger Kredite aus, und da jeder Kredit ein Risiko ist, ist nun das Kreditausfallrisiko niedriger als vorher.

Dies ist natürlich nur die finanzielle Seite der zusätzlichen Staatsausgaben. Ebenso würde übrigens eine Senkung der Steuern wirken, wobei die Verteilungswirkung eine andere wäre. Hier würden auch Kredite zurückgezahlt werden können, allerdings entstehen dabei keine Arbeitsplätze. Der private Sektor hätte sich die Einlagen ja nicht durch Arbeit verdient, stattdessen wären sie ein Steuergeschenk gewesen.

Wenn der Staat sinnvolle Investitionen tätigt, so kann dies mittel- bis langfristig zu einer höheren Produktion führen. Dies ist das angebotsseitige Ergebnis von besserer Infrastruktur oder ähnlichen Ergebnissen, während das nachfrageseitige Ergebnis die Schaffung von zusätzlichen Einlagen in den Bilanzen des privaten Sektors ist. Letzteres hat etwas mit Verschuldung zu tun, während die Veränderung in der Realwirtschaft durch das staatliche Handeln unter den Auswirkungen auf die Leistungsfähigkeit der Wirtschaft betrachtet wird. Diese beiden Punkte sind auseinanderzuhalten. Probleme mit der Leistungsfähigkeit der Wirtschaft sollten aus angebotsseitiger Sicht behandelt werden, Probleme mit der Nachfrage nach Gütern und Dienstleistungen aus nachfrageseitiger Sicht.

Das Mosler'sche Gesetz

Der US-amerikanische Investor und Autokonstrukteur Warren Mosler wird mit den Worten zitiert: „no financial crisis is so deep that a sufficiently large increase in public spending cannot deal with it". *Es gäbe also keine Finanzkrise, die so tief ist, dass eine ausreichende Steigerung der Staatsausgaben nicht damit klarkommen würde. Sowohl die Einkommen wie auch die Vermögen im privaten Sektor würden positiv auf eine Erhöhung der Staatsausgaben reagieren. Warren Mosler ist übrigens der Schöpfer der* Modern Monetary Theory, *deren wesentlichen Teile auch in diesem Buch vertreten werden.*

Bankenregulierung: Reservehaltung

Geld und Kredit sind soziale Konstruktionen, die ohne Regulierung nicht denkbar wären. Ohne Eigentumsrechte und Verträge, deren Ansprüche vor Gericht eingeklagt bzw. durchgesetzt werden können, gäbe es weder Geld noch Kredit in dem heutigen Ausmaß. Ohne Zentralbank gäbe es keine Ausgabe von staatlichem Geld (Bargeld und Reserven), ohne Steuern keine Vernichtung von staatlichem Geld. Die Konstruktion, dass die Zentralbank gegen Sicherheiten Reserven verleiht, erlaubt es den Banken überhaupt erst, durch die Kreditvergabe eine umfangreiche Geschäftstätigkeit zu entwickeln. Wie bereits erläutert, gibt es einige systemische Bremsen für die Kreditvergabe

1. Der Zins begrenzt die Kreditnachfrage.
2. Je mehr Kredite vergeben werden, desto höher ist das Risiko, dass Kreditnehmer nicht zurückzahlen können.

3. Wenn eine Bank mehr Kredite vergibt als andere Banken, muss sie aufgrund der abfließenden Reserven höhere Zinskosten tragen, was den Gewinn schmälert.
4. Wenn eine Bank mehr Kredite vergibt als andere Banken, ist sie von Interbankenkrediten oder der Zentralbank abhängig, was ein Risiko ist.

Neben diesen systemischen Bremsen gibt es noch weitere. Wesentliche Punkte der Regulierung in den letzten Jahrzehnten waren die Reservehaltung und Kapitalvorschriften.[91] Beide sind wahrscheinlich sehr wenig oder sogar gar nicht wirksam bei der Begrenzung der Kreditvergabe. Die Reservehaltung betrifft die Verbindlichkeiten einer Bank, während Kapitalvorschriften die Forderungen betreffen. Beide werden im Folgenden erläutert.

Tabelle 7.1: Reservehaltung und Kapitalvorschriften

	Reservehaltung	**Kapitalvorschriften**
Regelwerk	national (Zentralbank)	international (Basel III)
Geltung	Menge an Einlagen (Verbindlichkeiten)	Menge und Qualität der Forderungen
Puffer	Reserven (Forderungen)	Eigenkapital (Verbindlichkeiten)
Höhe	EZB: 1%	abhängig vom Risiko

Die Reservehaltung bezieht sich auf die Einlagen einer Bank. Es hängt von der nationalen Regulierung ab, ob nur Sichteinlagen oder auch Spar- oder Termin- oder sonstige Einlagen betroffen sind. Es muss für je 100 Euro an Einlagen genau x Euro an Reserven vorgehalten werden. In der Eurozone lag dieser Wert, der sog. Reservesatz, bei 2%, bis er am 18. Januar 2012 auf 1% abgesenkt wurde. Die Einlagen multipliziert mit dem Reservesatz ergeben die sog. Mindestreserve. Angenommen, eine Bank hat folgende Bilanz:

Geschäftsbank			
Staatsanleihen	100	Einlagen	700
Kredit	800	Eigenkapital	200
Reserven	100	Kredit (IB)	100

Der Wert der Mindestreserve berechnet sich aus der Summe der Einlagen multipliziert mit dem Reservesatz. In diesem Fall wären das 700 Euro multipliziert mit 1%, also 7 Euro. Die Bank müsste also auf ihrem Konto bei der jeweiligen nationalen Zentralbank mindestens 7 Euro halten, und zwar im Durchschnitt der sog. Mindestreserveperiode. Diese dauert sechs Wochen. Grundlage für die Berechnung der Mindestreserve ist die Bilanz der Bank bei Beginn der Mindestreserveperiode. Im Beispiel oben wäre die Mindestreserve erfüllt, da nach der Bilanz oben die Bank 100 Euro an Reserven hält. Davon wären 7 Euro Mindestreserven und der Rest Überschussreserven (*excess reserves*) für den Fall, dass Kunden zusätzliches Bargeld halten oder ihre Einlagen zu einer anderen Bank transferieren wollen. Die Mindestreserven können nicht mehr verliehen werden. Sie werden aber von der EZB zum Leitzins verzinst.[92]

Allerdings gibt es noch einen Freibetrag von 100.000 Euro bei der Mindestreserve, um die Verwaltungskosten bei einem sehr geringen Soll an Mindestreserven zu reduzieren.[93] Im obigen Beispiel müsste die Bank also keine Mindestreserven halten. Ist die Mindestreservepflicht hingegen nicht erfüllt, dann verhängt die EZB einen Strafzins. Dieser wird berechnet in Höhe von 2,5 Prozentpunkten über dem durchschnittlichen Spitzenrefinanzierungssatz während der Mindestreserveperiode, bezogen auf den tagesdurchschnittlichen Betrag der Mindestreserveunterschreitung der jeweiligen Bank.[94] Einige Zentralbanken verzinsen die Mindestreserven nicht, andere haben keine Mindestreserveanforderungen (u. a. Australien, Kanada, Großbritannien und Schweden).

Mindestreserveanforderungen in China und Brasilien

Bis heute werden Mindestreserveanforderungen in einigen Ländern genutzt. In Brasilien werden unterschiedliche Sätze auf unterschiedliche Einlagen gesetzt, und in China lagen die Sätze zeitweise bei über 20%. Allerdings hat 2009 ein schrittweises Erhöhen des Reservesatzes die Ausweitung der Kreditmenge in China nicht abgebremst. Dies ist aufgrund der Wirkung von Mindestreserveanforderungen auf die Bilanzen der Geschäftsbanken nicht weiter verwunderlich. Erst 2010 kam es zu einem Rückgang der Kreditvergabe, da die Kreditnachfrage einbrach.

Was sind die Auswirkungen von Mindestreserveanforderungen? Schauen wir uns die Bilanz einer Bank an, die gerade einen Kredit in Höhe von 100 Euro vergeben hat. Außer den Einlagen in Höhe von 100 Euro und dem Kredit in gleicher Höhe ist die Bilanz leer. Die Bank muss aber nun 1 Euro an Reserven bekommen, damit sie die gesetzlichen Anforderungen erfüllt. Woher bekommt sie diesen Euro?

Geschäftsbank

Kredit	100	Einlagen	100

Die Bank kann gegen Sicherheiten Reserven von der Zentralbank oder von anderen Banken ausleihen. Dabei ist die Bewertung der Sicherheit entscheidend. Die Bank könnte als Sicherheit die erste Rate des Kredits nehmen und sie von einer Rating-Agentur bewerten lassen. Angenommen, der Kredit wird in 100 Raten à 1 Euro getilgt, so ist die Ausfallwahrscheinlichkeit der ersten Rate extrem gering. Es wird wohl eine Rating-Agentur die bestmögliche Note für diese Sicherheit vergeben. Andere Banken würde diese Sicherheit dann akzeptieren, die EZB wohl allerdings nicht, da sie keine Kredite als Sicherheiten akzeptiert. Die Bank würde sich also am Interbankenmarkt einen Euro an Reserven von einer anderen Bank leihen:

Geschäftsbank

Kredit	100	Einlagen	100
Reserven	1	Kredit (IB)	1

Alternativ kann natürlich die Bank auch andere Forderungen als Sicherheit verwenden. Es ist also festzustellen, dass Mindestreserveanforderungen die Kreditvergabe nicht beschränken. Banken können sich Reserven im Nachhinein – also erst zum Zeitpunkt der Erfüllung der Reservepflicht – leihen und müssen nicht darauf warten, dass sie genügend Reserven (und damit Bargeld) haben, bevor sie einen Kredit vergeben. Dies ist auch der Grund, warum viele Zentralbanken Mindestreserveanforderungen abgeschafft oder auf sehr niedrige Sätze reduziert haben.

Bevor Zentralbanken anfingen, auf die Mindestreserven einen Zins zu zahlen, wirkten Mindestreserven wie eine Steuer auf Banken. Mindestreserven konnten nicht verliehen werden, also gab es darauf keinen Zins, was den Gewinn schmälerte. Allerdings hatte dies keine wesentlichen Auswirkungen auf die Kreditvergabe.

Eine Erhöhung des Mindestreservesatzes ist bei einer Zentralbank mit Zinsinstrument nicht ohne Folgen. Nehmen wir an, dass die Zentralbank den Mindestreservesatz erhöht. Alle Banken werden dann mehr Reserven auf dem Interbankenmarkt nachfragen. Dies treibt den kurzfristigen Zins nach oben, bis der Zins für Tagesgeld erreicht ist. Da die Banken sich gegen Sicherheiten Reserven bei der Zentralbank leihen können, werden sie daher den Zins auf dem Interbankenmarkt nicht hochbieten, bis er über dem Zins für Tagesgeld liegt.

Würden sie es doch tun, dann wäre die Zentralbank zum Eingreifen verpflichtet, da sie ja den Interbankenmarktzins als Instrument benutzt. Sie kann durch Offenmarktgeschäfte aktiv einschreiten und dadurch die Menge an Reserven bei den Banken so erhöhen, dass der (kurzfristige) Zins auf dem Interbankenmarkt wieder auf das gewünschte Niveau fällt. Da Zentralbanken den Übernachtzins nicht genau auf ein Niveau festsetzen wollen und kleinere Fluktuationen tolerieren, ist es schwer, eine Vorhersage zu treffen, wann die Zentralbank tatsächlich eingreifen wird.

Der Geldmultiplikator in Makroökonomie-Lehrbüchern

Erstaunlicherweise wird in den meisten deutschsprachigen Lehrbüchern zur Makroökonomie immer noch die Vorstellung vertreten, dass eine Zentralbank Reserven an die Geschäftsbanken verleiht und diese dann die Reserven an den privaten Sektor weiterverleihen. Die Menge an Krediten der Geschäftsbanken geteilt durch die Menge der Reserven ergibt dann den Geldmultiplikator. Da weder Unternehmen noch Haushalte Konten bei der Zentralbank haben und Kredite nicht in bar vergeben werden, entbehrt diese Vorstellung allerdings jeglicher Grundlage. Es gibt keine Schnittstelle zwischen Konten bei der Zentralbank und Konten bei den Banken, daher können Banken ihre Einlagen in der Zentralbank nicht an Haushalte und Unternehmen transferieren.

Ursprünglich sollten Mindestreserven einen gewissen Bestand an Liquidität in den angeschlossenen Banken sichern. Dies bedeutet, dass Barauszahlungen oder Überweisungen an andere Banken gesichert sind, da für beide Reserven benötigt werden. Je höher die Menge an Reserven, so die

Logik, desto höher die Sicherheit im Bankensystem und desto höher die Menge an Krediten, die die Banken vergeben können. Mindestreserven müssen im Nachhinein erfüllt werden, also nicht schon bei Kreditvergabe. So wie das Bankensystem heute aufgebaut ist, ist diese Logik allerdings hinfällig. Wenn Kredite teilweise als Sicherheit für Kredite auf dem Interbankenmarkt genutzt werden können, dann ist eine Bank bei der Kreditvergabe keineswegs durch die Menge an Reserven eingeschränkt.

Bankenregulierung: Kapitalvorschriften

Kapitalvorschriften setzen auf der anderen Seite einer Bankbilanz an. Hier wird die Bank gezwungen, ihre risikoreicheren Forderungen gegebenenfalls mit Eigenkapital zu unterlegen. Dies soll dafür sorgen, dass die Bank mehr Verluste verkraften kann. Je mehr Risiko in der Bilanz steckt, desto mehr Eigenkapital muss vorgehalten werden.[95]

Kapitalvorschriften werden international über die sog. Basel-Regeln entwickelt und dann in nationales Recht überführt. Die Übernahme der Regeln – inzwischen sind wir bei Basel III – ist nicht verpflichtend. In der Europäischen Union wird Basel III jedoch über die Neufassung der Eigenkapitalrichtlinie in nationales Recht umgesetzt. In Deutschland wird dies über Kreditwesengesetzes (KWG) sowie das CRD IV-Umsetzungsgesetz und die Solvabilitätsverordnung (SolvV – Verordnung über die angemessene Eigenmittelausstattung von Instituten, Institutsgruppen und Finanzholding-Gruppen) geregelt. Dies ist eine Rechtsverordnung im Rahmen des Bankenaufsichtsrechts. Es wird im Folgenden angenommen, dass Kredite einer Bank generell mit 10% Eigenkapital hinterlegt werden. Die Bilanz einer Bank könnte wie folgt aussehen.

Geschäftsbank

Staatsanleihen	100	Einlagen	700
Kredit	800	Eigenkapital	200
Reserven	100	Kredit (IB)	100

Die Bank muss also 80 Euro an Eigenkapital bereithalten, da sie 800 Euro an Kredit an den privaten Sektor vergeben hat. Das Halten von Staatsanleihen oder Reserven verpflichtet nicht zum Vorhalten von Eigenkapital, da diese normalerweise risikofrei sind. Die Eurozone ist das einzige bedeutsame Beispiel für eine Währung ohne risikofreie Staatsanleihen. Allerdings scheint die aktuelle Lage so zu sein, dass auch Staatsanleihen aus der Eurozone als risikofrei angesehen werden. Eigenkapital kann durch Einzahlungen von Investoren gebildet werden oder später auch durch das Einbehalten von Gewinnen. Möchte die Bank mehr Kredite vergeben, so müsste sie mehr Eigenkapital vorweisen. Eine Einzahlung von Eigenkapital ist beispielsweise durch die Ausgabe von Aktien möglich. Die Bank des Aktienkäufers überweist dazu der Bank zusätzliche Reserven, wofür sie die Aktien bekommt.

Geschäftsbank			
Staatsanleihen	100	Einlagen	700
Kredit	800	Eigenkapital	300
Reserven	200	Kredit (IB)	100

Geschäftsbank 2			
Kredite	500	Einlagen	550
Reserven	50	Eigenkapital	100
Aktien	100		

Bei der ausgebenden Bank erhöhen sich Eigenkapital und Reserven jeweils um 100 Euro, bei der anderen Bank nehmen die Reserven um 100 Euro ab und dafür werden den Forderungen die Aktien in Höhe von 100 Euro hinzugefügt. Die Bank kann die Reserven jetzt nutzen, wie sie das für richtig hält. Durch das höhere Eigenkapital kann sie nun einen größeren Verlust verkraften als vorher. Nehmen wir an, das Kreditportfolio muss neu bewertet werden. Der neue Wert wird mit 150 Euro geringer angesetzt.

Geschäftsbank			
Staatsanleihen	100	Einlagen	800
Kredit	650	Eigenkapital	50
Reserven	200	Kredit (IB)	100

Die Seite der Forderungen verringert sich auf 950 Euro, entsprechend muss auch die Seite der Verbindlichkeiten angepasst werden. Sie betrug vorher 1.100 Euro. Da sich das Eigenkapital aus der Differenz zwischen Forderungen und sonstigen Verbindlichkeiten ergibt, muss es entsprechend ebenfalls um 150 Euro reduziert werden. Damit bliebe noch ein Eigenkapital von 50 Euro. Hätte das Eigenkapital ursprünglich 100 Euro betragen, so wäre die Bank nun mit einem negativen Eigenkapital insolvent.

Eigenkapital schützt also die Banken stärker vor Insolvenz. Allerdings sind Eigenkapitalerhöhungen nicht unbedingt positiv. Banken können höhere Eigenkapitalquoten auch erfüllen, indem sie Teile ihrer eigenkapitalpflichtigen Forderungen verkaufen. Dadurch benötigen sie weniger Eigenkapital. Wenn allerdings mehrere Banken diese Strategie verfolgen, dann könnte dies zu einem Fall der Vermögenspreise führen, der stärker ist als die relative Erhöhung des Eigenkapitals.

Die Basel-III-Vorschriften sind eines der Hauptregulierungsinstrumente, welche momentan die Bankenregulierung festschreiben. Sie werden vom Basler Ausschuss der Bank für internationalen Zahlungsausgleich (BIZ) entwickelt, deren Standort den Namen des Ausschusses prägt. Die BIZ ist eine Art Beratungsinstitution für Zentralbanken und wird auch als Zentralbank der Zentralbanken bezeichnet.

Sie ist also keine private Bank, sondern eine internationale Organisation. Mitglieder sind Zentralbanken und vergleichbare Institutionen. Aktuell hat die BIZ 60 Mitglieder, darunter befinden sich u. a. auch die Bundesbank und die Europäische Zentralbank. Die BIZ verwaltet zudem die Währungsreserven von einigen Zentralbanken. Ursprünglich wurde sie 1930 gegründet, um die deutschen Reparationszahlungen zu überwachen.

8. Inflation und Deflation

Inflation und Deflation sind Veränderungen des Preisniveaus, welche Auswirkungen auf die Wirtschaftstätigkeit haben. Sie verändern die Verteilung von Einkommen und Vermögen ebenso wie die Kaufkraft von Einlagen und Bargeld. Die meisten Zentralbanken haben ein Inflationsziel von deutlich über 0%, um negative Inflationsraten – also Deflation – zu verhindern. Was sind die Auswirkungen von Inflation und Deflation auf die Bilanzen der Wirtschaftsteilnehmer?

Tabelle 8.1: Inflationsrate in der Eurozone und ihre Komponenten

	Gewicht in ‰	April 2020
HKPI – alle Güter	1.000	0,3
Alle Güter außer:		
Energie	901,5	1,4
Energie, unbehandelte Lebensmittel	857,1	1,1
Energie, Lebensmittel, Alkohol, Tabak	710,8	0,9
Lebensmittel, Alkohol, Tabak	190,7	3,6
Behandelte Lebensmittel, Alkohol, Tabak	146,3	2,3
Unbehandelte Lebensmittel	44,5	7,6
Energie	98,5	−9,7
Industriegüter (ohne Energie)	262,1	0,3
Dienstleistungen	448,7	1,2

Quelle: Daten der EZB[96]

Die Definition von Inflation ist die Erhöhung des Preises eines Warenkorbs über einen bestimmten Zeitraum. Dieser Warenkorb enthält je nach Definition Güter und Dienstleistungen. Beim Konsumentenpreisindex enthält er hauptsächlich Konsumgüter, die je nach Anteil am Gesamtkonsum gewichtet werden. Man kann sich das wie einen Einkaufswagen vorstellen, der typische Konsumgüter, aber auch Dienstleistungen wie etwa Haarschnitt oder Zahnarztbesuch enthält.

Der Wert dieser Güter und Dienstleistungen wird gewichtet nach dem Anteil an den Konsumausgaben zusammengerechnet. Dies ergibt den Preis des Warenkorbs. Ist der Warenkorb nach 30 Tagen teurer geworden, so spricht man von Inflation, ist er billiger geworden, von Deflation.

Die EZB hat sehr genaue Statistiken zur Inflationsrate und ihren Komponenten. Tabelle 8.1 gibt wieder, wie stark sich die Preise der einzelnen Komponenten im Juli 2019 geändert haben. Von Interesse ist hier besonders der Einfluss der Energiepreise. Diese entstehen auf internationalen Märkten und können sich auch durch Veränderungen des Wechselkurses des Euro zu anderen Währungen, insbesondere zum US-Dollar, ergeben. Durch steigende Energiepreise ausgelöste Inflationssteigerungen – wobei ein steigender Energiepreis keine steigende Inflation auslösen muss – können nur schwerlich durch Geldpolitik bekämpft werden.

Die etwas dunklere Zeile der Tabelle 8.1 (Alle Güter außer: *Energie, unbehandelte Lebensmittel*) zeigt die sog. „Kerninflation" an, nämlich die Preissteigerung ohne Lebensmittel und Energie. Da Energiepreise von internationalen Preisbewegungen abhängen und Lebensmittelpreise u. a. von der Güte der jährlichen Ernte, werden in der Kerninflation nur die Preise abgebildet, die sich im Einflussbereich der Geldpolitik befinden.

Theorien der Inflation

Während die meisten Menschen glauben, dass Inflation durch eine Erhöhung der Geldmenge erzeugt wird, ist die Realität komplizierter. Wie wir bereits gesehen haben, ist die Korrelation zwischen Inflationsrate und Geldmengenwachstum sehr schwach. Während eine Erhöhung der Bankeinlagen durch Kreditaufnahme des privaten Sektors theoretisch zu einer höheren Inflationsrate führen kann, gibt es doch einige Stellen, an welchen dieser Zusammenhang aufgeweicht werden kann.

Eine Erhöhung der Einlagen des privaten Sektors kann zu einer höheren Inflationsrate führen, sofern dadurch ausgelöste zusätzliche Ausgaben zu einer Erhöhung der Löhne oder direkt der Preise führen.[97] Das Erste wird auch als nachfrageinduzierte Inflation bezeichnet, das Letztere als Kostendruckinflation.

Stellen wir uns einen Sonderfall vor: der Anstieg des Erdölpreises. Dies allein verändert noch nicht die Inflationsrate, da es sich nur um einen Preis von vielen handelt, welcher in den Konsumentenpreisindex Eingang finden. Wenn jedoch die Unternehmen auf eine Erhöhung ihrer Produktionskosten – schließlich ist der Ölpreis ja gestiegen – ihrerseits mit einer Preiserhöhung reagieren, dann verteuern sich die Konsumgüter und die Inflationsrate steigt an. Dies ist umso wahrscheinlicher, je näher die Unternehmen an der Auslastungsgrenze produzieren.

Ebenso können Erhöhungen der Löhne zu höherer Inflation führen, wenn dies die Unternehmen zu einer Preiserhöhung veranlasst. In einer Wettbewerbssituation ist jedoch eine Preiserhöhung nicht so einfach durchzusetzen, da der Marktanteil in Gefahr ist, sofern die Konkurrenten nicht nachziehen. Sofern aber eine Lohnerhöhung zu einer Preissteigerung führt, wird dies als nachfrageinduzierte Inflation bezeichnet. Im Hintergrund zeichnet sich deutlich der Verteilungskampf zwischen Arbeitnehmern und Arbeitgebern ab.

Sind die Gewerkschaften schwach oder ist die Arbeitslosigkeit hoch, dann werden die Löhne wohl nur relativ gering steigen. Es kann auch dazu kommen, dass die Löhne geringer wachsen als die Produktivität. Dies wird die Preise tendenziell nach unten treiben, aber ebenso die Kaufkraft und damit die Nachfrage in der Ökonomie, da die Lohneinkommen der Arbeitnehmer die Hauptquelle der Konsumnachfrage sind.

Nachfrageinduzierte Inflation entsteht meist dann, wenn die aggregierte Nachfrage schneller wächst als die aggregierte Produktion. Anders ausgedrückt: Die Kaufkraft der Konsumenten steigt schneller als das Angebot der Unternehmen. Die zusätzliche Nachfrage kann durch erhöhte Ausgaben und Nettoverschuldung von privatem, staatlichem oder externem Sektor finanziert sein. Alle diese Sektoren können durch Ausgabensteigerungen zusätzliche Bankeinlagen schaffen. Dabei gibt es keine magische Kraft von Bankeinlagen, welche durch einen Anstieg der Staatsausgaben geschaffen wurden, die zu einer höheren Inflationsrate führen kann. Ebenso wenig sind durch private Schulden erzeugte Erhöhungen der Menge an Bankeinlagen unbedenklich in Bezug auf eine höhere Inflation. Das Gleiche gilt auch für Exporte. Sofern der Rest der Welt schneller wächst als die einheimische Ökonomie und entsprechend mehr Güter und Dienstleistungen nachfragt, wird auch die Inflationsrate sich erhöhen.

Eine alternative Sichtweise der nachfrageinduzierten Inflation konzentriert sich auf die Lohnstückkosten. Dies sind die Lohnkosten pro Stück in der Produktion. Da der Konsum in den entwickelten Volkswirtschaften die wesentliche Nachfragekomponente ist und dieser weitestgehend von der Mittelklasse bestritten wird, die wiederum den Großteil ihres Einkommens aus Löhnen bezieht, kann ein direkter Zusammenhang zwischen Veränderung der Lohnstückkosten und Inflationsrate hergestellt werden.

Verändern sich die Lohnstückkosten nicht, so können die Arbeitnehmer mit ihren Löhnen die Produktion mehr oder weniger ganz kaufen. Sinken jedoch die Lohnstückkosten, so wird die Menge an Kaufkraft nicht ausreichen, um die Produktion komplett nachzufragen. Die Unternehmen müssen nun ins Ausland verkaufen, auf kreditfinanzierte Nachfrage bauen, ihre Produktion einschränken – oder ihre Verkaufspreise senken, was zu einer geringeren Inflationsrate führt. Die Inflationsrate ergibt sich dann über die Veränderung der Lohnstückkosten. Abbildungen 10.11 und 10.12 in Kapitel 10 zeigen, dass die Veränderung der Lohnstückkosten und die Inflationsrate sehr stark korrelieren.

Auch angebotsseitige Faktoren können eine starke Rolle spielen. Wenn die Nachfrage für ein bestimmtes Produkt steigt, dann werden die Unternehmen in eine Erweiterung der Produktionskapazitäten investieren. Die Erhöhung der Produktionsgröße wird die Durchschnittskosten reduzieren. In einem Wettbewerbsmarkt kann dies zu einem Preisdruck nach unten führen. Über einen längeren Zeitraum kann also eine Erhöhung der Nachfrage die Preise nach unten statt nach oben treiben!

Ein weiterer Faktor für die Bestimmung der Inflationsrate ist die Auf- oder Abwertung einer Währung. Eine Abwertung führt zu höheren Preisen für die Importgüter, sofern die Hersteller die Preise zeitnah anpassen. Dies kann die Inflationsrate nach oben treiben, wenn einheimische Firmen den ausländischen in der Preissetzung folgen und nicht bei gleichbleibenden Preisen auf steigende Marktanteile setzen. Ersteres führt zu erhöhten Profiten der Unternehmen und damit zu einer Umverteilung von Einkommen zwischen Arbeit und Kapitalbesitzern.

Starke Schwankungen des Wechselkurses können schwerwiegende Folgen haben, gerade für kleine und offene Volkswirtschaften. Ein heftiger Anstieg der Inflationsrate könnte Haushalte dazu veranlassen, nur noch in ausländischer Währung zu sparen. Sie verkaufen ihre Bestände an Finanzanlagen in einheimischer Währung und drücken so den Wechselkurs weiter nach unten. Dies ist eine sich selbst erfüllende Prophezeiung, da das Absinken des Wechselkurses den Wert der ausländischen Finanzanlagen nach oben treibt. Zudem erodiert das durch die Abwertung gestiegene höhere Preisniveau die Kaufkraft der Konsumenten.

Sofern diese mit der Forderung nach höheren Löhnen reagieren können, wird eine stetig steigende Inflation resultieren. Die Lohnindexierung, bei der das Lohnwachstum an die Inflationsraten der Vergangenheit automatisch angepasst wird, ist sicherlich einer der Hauptgründe für die sehr hohen Inflationsraten der 1970er und sollte daher vermieden werden. Auf der anderen Seite ist ein sinkender Wechselkurs ein automatischer Stabilisator, solange keine Verschuldung in Fremdwährung existiert. Denn einheimische Produkte werden im Rest der Welt so billiger, während alle Importe aus dem Rest der Welt für die einheimischen Konsumenten teurer werden.

Inflation und Verteilung

Angenommen, wir hatten bisher immer eine Inflationsrate von 0%. Nun allerdings steigt sie auf 10%. Wie wirkt sich das auf die Profite eines Unternehmens aus, welches sich über Bankkredite finanziert? Und wie wirkt sich das auf die Profite der Bank aus?

Geschäftsbank			
Kredite	100	Einlagen	100

Unternehmen			
Einlagen	100	Kredite	100

Ein Unternehmen hat sich bisher immer über einen Kredit bei seiner Hausbank finanziert. Mit den Einlagen in der Bank hat das Unternehmen dann Rohstoffe und Arbeit gekauft.

Geschäftsbank			
Kredite	100	Einlagen	100

Unternehmen			
Rohstoffe	50	Kredite	100
Arbeit	50		

Nach dem Durchlauf des Produktionsprozesses, der genau ein Jahr dauert, ergab sich eine Produktion im Wert von 110 Euro. Dieser wird durch das Unternehmen selbst bestimmt, da es in guten Zeiten die Preise über den Kosten ansetzt. Letztere werden wohl hauptsächlich durch die Löhne, die Preise der Zwischengüter und Rohstoffe und Einkommen der jüngeren Vergangenheit bestimmt. Wir setzen optimistisch den Wert der Produktion mit 110 Euro an und haben damit 10 Euro an Eigenkapital erzeugt.

Geschäftsbank			
Kredite	100	Einlagen	100

Unternehmen			
Produktion	110	Kredite	100
		Eigenkapital	10

Die Produktion wird dann verkauft und die Einlagen zur Tilgung des Kredits genutzt. Nehmen wir an, dass der Zins bei 5% liegt. So bleibt dem Unternehmen ein Gewinn von 5 Euro, welcher das Eigenkapital erhöht oder an die Eigentümer ausgeschüttet wird.[98] Die Bank erzielt auch einen Gewinn von 5 Euro, da sie ja einen Zins von 5% auf den Kredit von 100 Euro bekommt. Nach der Tilgung des Kredits sehen die Bilanzen so aus:

Geschäftsbank			
~~Kredite~~	~~100~~	~~Einlagen~~	~~100~~
Reserven	10	Einlagen	5
		Eigenkapital	5

Unternehmen			
~~Einlagen~~	~~110~~	~~Kredite~~	~~100~~
Einlagen	5	Eigenkapital	5

Der Bank sind 10 Euro an Reserven zugeflossen. Da das Unternehmen von den 10 Euro an Einlagen nach Zahlung des Zinses nur noch 5 Euro hat, werden die anderen 5 Euro der Reserven dem Eigenkapital der Bank zugerechnet. Das Unternehmen hat auf dem Bankkonto noch 5 Euro, welchen keine Verbindlichkeiten gegenüberstehen. Diese 5 Euro werden ebenfalls als Eigenkapital verbucht. Der ursprüngliche Kredit und die damit zusammenhängenden Einlagen sind aus den Bilanzen gestrichen worden, da das Unternehmen den Kredit durch die Überlassung seiner Einlagen an die Bank getilgt hat.

Was würde nun passieren, wenn plötzlich und unerwartet die Inflation auf 10% steigt? Wir nehmen an, dass Rohstoffe und Arbeit vor der Inflationierung eingekauft wurden. Dadurch entstehen dem Unternehmen weiterhin Kosten von 100 Euro. Der Kredit reicht also weiterhin aus, um die Produktion zu finanzieren.

Geschäftsbank			
Kredite	100	Einlagen	100

Unternehmen			
Produktion	121	Kredite	100
		Eigenkapital	21

Allerdings ist der Wert der Produktion, die annahmegemäß am Jahresende abgesetzt wird, jetzt um 10% auf 121 Euro gestiegen, da ihr Wert mit der

Inflationsrate ansteigt. Dies führt zu einer etwas anderen Gewinnverteilung, insbesondere wenn man die Kaufkraft berücksichtigt. Das Unternehmen behält nach Tilgung des Kredits nun 16 Euro als Gewinn zurück, während der Gewinn der Bank unverändert ist. Allerdings hat die Kaufkraft des Gewinns der Bank abgenommen, da die 5 Euro im Vergleich zu vorher jetzt nur noch 90,9% der Kaufkraft haben, da ja die Konsumentenpreise im Schnitt um 10% angestiegen sind. Dieser Effekt betrifft auch das Unternehmen. Allerdings ist die Kaufkraft von 16 Euro bei einer Inflation von 10% immer noch höher als die von 5 Euro bei einer Inflationsrate von null.

Geschäftsbank			
~~Kredite~~	~~100~~	~~Einlagen~~	~~100~~
Reserven	21	Einlagen	16
		Eigenkapital	5

Unternehmen			
~~Einlagen~~	~~110~~	~~Kredite~~	~~100~~
Einlagen	16	Eigenkapital	16

Wir sehen also, dass es hier zu ungeplanten Gewinnen auf Seiten der Unternehmer kommt. Gleichzeitig entwertet sich die Kaufkraft des Geldes, und dies stellt die Bank schlechter. Ebenfalls zu beachten ist, dass die Haushalte durch das Zahlen von höheren Preisen ebenfalls schlechtergestellt werden. Statt 110 Euro kostet die Produktion jetzt 121 Euro, die 11 Euro Differenz haben wohl das Vermögen der Haushalte verringert oder ihre Verschuldung um 11 Euro erhöht, sofern sie die gesamte Produktion nachfragen. In der Folge ergeben sich für Banken, Haushalte und Unternehmen unterschiedliche Auswirkungen.

Die Unternehmer würden gerne die Produktion ausweiten, da sie höhere Gewinne machen und die Preise steigen. Dies könnte dazu führen, dass sie mehr Rohstoffe und mehr Arbeit einkaufen wollen. Ist das Angebot hoch und die Nachfrage noch immer nicht stark, so sind keine Preis- oder Lohnsteigerungen zu erwarten. Wenn allerdings die erwartete Knappheit von Arbeit oder Rohstoffen zum Problem wird, dann kann dies zu einem Anstieg der Preise führen. Die Unternehmer würden dann versuchen, die gestiegenen Kosten über höhere Preise eventuell auf die Konsumenten abzuwälzen. Da die Konsumenten auch die Empfänger von Löhnen sind, kann dieser Plan aufgehen. Die Arbeitnehmer werden aufgrund der steigenden Preise eventuell versucht haben, eine Lohnerhöhung durchzusetzen. Dies steigert kurzfristig ihre Kaufkraft, kann aber mittelfristig durch weitere Preiserhöhungen wieder neutralisiert werden. Im schlimmsten Fall könnte eine Lohn-Preis-Spirale in Gang gesetzt werden.

Die Banken hingegen haben geringere Gewinne als vor dem Anstieg der Inflation, wenn man die Kaufkraft berücksichtigt. Sie könnten ebenfalls ihre Preise erhöhen. Der Preis für den Kredit ist der Zins. Über eine Zinserhöhung würden sie ihre Gewinne erhöhen, zumindest solange der Leitzins sich nicht verändert. Natürlich könnte auch die Zentralbank über eine Leitzinserhöhung eingreifen, was die Banken über eine Verteuerung der Kreditzinsen wohl direkt weitergeben würden.[99] Dadurch steigen die Kosten für die Unternehmen und dies könnte dazu führen, dass sie die Produktion einschränken. Durch die schwächere Nachfrage auf Güter- und Arbeitsmarkt würden die Preise nicht mehr so schnell steigen bzw. wieder etwas fallen.

Neben den Auswirkungen auf die Produktion gibt es durch eine Veränderung der Inflationsrate auch einige Auswirkungen auf die Verschuldung bzw. das Vermögen in einer Volkswirtschaft. Wir betrachten einen Haushalt und eine Bank, die eine Hypothek an den Haushalt vergeben hat. Die Summe der Hypothek beträgt 100 Euro, ebenso der Wert des Hauses, welches der Haushalt mit der Hypothek finanziert hat.

Geschäftsbank			
Hypothek	100	Einlagen	100
Reserven	20	Kredit (IB)	20

Haushalt			
Einnahmen	20	Ausgaben	10
		Ersparnis	10
Haus	100	Hypothek	100
Einlagen	20	Nettoverm.	20
	(+10)		(+10)

Die Rückzahlung dieses unverzinsten Kredits würde 10 Jahre dauern, wenn der Haushalt seine Ersparnis vollständig dazu einsetzen würde. Durch den Anstieg der Inflationsrate, so nehmen wir jetzt an, steigen sowohl die Löhne wie auch die Hauspreise einmalig um 11%. Die Bilanz der Bank wird davon nicht berührt, denn der Haushalt schuldet der Bank immer noch die Rückzahlung der Hypothek über 100 Euro. Allerdings hat sich für den Haushalt einiges verändert. Der Wert des Hauses ist auf 110 Euro gestiegen, der Jahreslohn auf 22 Euro und die Ausgaben auf 11 Euro. Dadurch verändern sich die Ersparnis (+1 €), die Einlagen (+1 €) und das Nettovermögen (+1 €).

Geschäftsbank

Hypothek	100	Einlagen	100
Reserven	20	Kredit (IB)	20

Haushalt

Einnahmen	22	Ausgaben	11
		Ersparnis	11
Haus	110	Hypothek	100
Einlagen	21 (+11)	Nettoverm.	31 (+11)

Die Rückzahlung der Hypothek wird nun bereits in fast 9 Jahren gelingen statt in 10, da der Haushalt eine höhere Ersparnis erzielt. Diese ist nur absolut gesehen gestiegen, weil die Löhne angestiegen sind. Die Sparquote – Ersparnis durch Einnahmen – liegt weiterhin bei 50%, der Haushalt hat also seinen Konsum nicht eingeschränkt. Zudem ist der Haushalt wohlhabender geworden, da das Haus im Preis gestiegen ist. Um das zusätzliche Vermögen für Konsum nutzen zu können, müsste der Haushalt allerdings das Haus verkaufen oder alternativ eine zusätzliche Hypothek aufnehmen, die durch den höheren Wert des Hauses gedeckt sein sollte.

Während der Haushalt relativ typisch für die Mittelklasse steht, würden andere Haushalte andere Wirkungen erfahren. Ein relativ armer Haushalt, welcher zur Miete wohnt, würde eventuell weder besser- noch schlechtergestellt werden. Der Lohn ist zwar gestiegen, die Preise allerdings sind im gleichen Maße angestiegen. Wenn der Haushalt keinerlei Verschuldung oder Vermögen besitzt, dann wird ihn die höhere Inflationsrate nicht weiter betreffen. Empfänger von Rente und Transfers hingegen leiden unter den steigenden Preisen, sofern ihre monetären Einkommen nicht steigen. Anders verhält es sich bei einem relativ wohlhabenden Haushalt. Dieser Haushalt hat ein höheres Einkommen und besitzt Vermögen in Form von einem Haus, Staatsanleihen, Aktien und Einlagen auf der Bank. Sofern die Einnahmen aus Zinsen entstehen, werden sie sich nicht verändern. Da aber die Güterpreise und damit die Ausgaben steigen, geht die Ersparnis auf 39 Euro zurück.

Haushalt

Einnahmen	50	Ausgaben	11
		Ersparnis	39
Haus	110	Nettoverm.	349
Staatsanleihen	100		
Aktien	100		
Einlagen	39		

Da der Haushalt keine Verbindlichkeiten hat, wird er nicht bessergestellt. Eventuell steigt das Nettovermögen durch den Anstieg der Hauspreise an, allerdings könnten Preisveränderungen bei Staatsanleihen oder Aktien das Nettovermögen noch weiter verändern. Die Einlagen, die bei der Bank gehalten werden, verlieren an Kaufkraft.

Oft wird in Deutschland diskutiert, ob die Sparer durch die Geldpolitik Vermögen verlieren. Häufig wird von Enteignung gesprochen, was aber etwas anderes ist, und zwar das Wegnehmen von privatem Besitz durch Anordnung oder Gesetz. Dennoch ist die Frage nicht uninteressant, ob Sparer durch niedrige Zinsen Kaufkraftverluste erleiden. Wenn die Verzinsung unterhalb (über) der Inflationsrate liegt, dann verlieren (gewinnen) die Sparer an Kaufkraft. Allerdings handelt es sich bei jeglichen Zuwächsen um unverdiente Zuwächse. Der Sparer hat schließlich nichts geleistet. Warum sollte in einer Wirtschaft das Nicht-Ausgeben von Geld belohnt werden?

Abbildung 8.1: Realzinsen in Deutschland (Sichteinlagen von Privatkunden mit höherer Verzinsung)

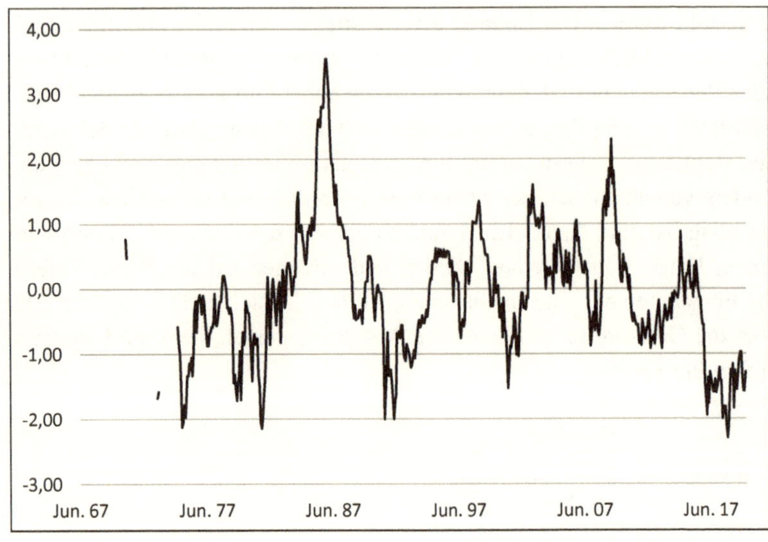

Quelle: https://www.bundesbank.de/resource/blob/615586/0749375f392032d3974dd0d6d9b33b1d/mL/realzinssaetze-auf-bankeinlagen-data.xlsx

Abbildung 8.1 zeigt die Realzinsen, welche aus den Nominalzinsen (in diesem Fall auf Sichteinlagen mit höherer Verzinsung von Privatkunden bei Banken) abzüglich der Inflationsrate bestehen. Ist der Realzins positiv, dann gewinnen die Sparer an Kaufkraft, ist er negativ, so verlieren sie. Entscheidend für die Kaufkraft ist also die Kombination von Zins und Inflationsrate. Der Realzins in Deutschland ist sehr häufig negativ gewesen, u. a. in den 1970er Jahren. Erst Mitte der 1980er war der Realzins über Jahre positiv. Seitdem schwankt der Realzins zwischen positiv und negativ. Der aktuelle Ausreißer nach unten ist im historischen Vergleich keine Besonderheit. Um 1975, 1981, 1991 sowie 1992 waren die Realzinsen ähnlich negativ.

Realzinsen lassen sich immer erst im Nachhinein berechnen, denn die jetzige Inflationsrate ist immer unbekannt. Erst wenn die Statistik die Inflationsrate ausgewiesen hat, lässt sich der Realzins berechnen. Bei hohen Zinsen ist normalerweise auch die Inflation hoch, bei geringen Zinsen ist sie niedrig. Dies könnte an der Geldpolitik liegen, die auf niedrige (hohe) Inflationsraten mit niedrigen (hohen) Zinsen reagiert oder auch andersherum: Niedrige (hohe) Zinsen erzeugen eine niedrige (hohe) Inflationsrate. Dieses Argument werden wir später im Detail diskutieren. Zumindest ist niemand gezwungen, sein Vermögen auf dem Bankkonto zu halten. Immerhin kann der nominale Wert von 100 Euro auf dem Bankkonto sich nicht reduzieren, solange dieser durch die Einlagensicherung geschützt ist. 100 Euro, die in Aktien, Wertpapieren oder Immobilien angelegt sind, können sich hingegen sehr wohl entwerten.

Hohe Inflationsraten können unter gewissen Bedingungen auch zur Zunahme von Spekulation führen. Erwarten beispielsweise die Haushalte Preissteigerungen u. a. auch von Vermögensgütern wie beispielsweise Immobilien, dann werden sie trotz hoher Zinsen gerne Kredite aufnehmen. Auch Unternehmer könnten auf die Idee kommen, mehr Rohstoffe zu kaufen als vorher. Da Rohstoffe oft über die Zeit teurer werden, kann es sinnvoll sein, kreditfinanzierte Lager aufzubauen. Im Prinzip sind beide Fälle der Spekulation identisch. Der Spekulant nimmt einen Kredit auf in der Hoffnung, dass die Preissteigerung seiner Anlage höher ist als der Zins.

Geschäftsbank			
Kredit	100	Einlagen	0
Reserven	0	Kredit (IB)	100

Spekulant			
Anlage	100	Kredit	100

Der Spekulant überweist also die Einlagen an den Verkäufer. Hat dieser sein Konto nicht bei der gleichen Bank, so wird die Bank in gleicher Höhe Reserven leihen müssen. Die Einlagen werden dann auf null reduziert, da der Spekulant keine Einlagen mehr hat und der Verkäufer seine Einlagen bei einer anderen Bank hat. Die Bank zahlt also einen Zins am Interbankenmarkt und bekommt einen Zins vom Spekulanten. Solange Letzterer höher ist als der vorherige, macht die Bank damit einen Profit.

Der Spekulant macht einen Profit, wenn die Anlage im Wert schneller wächst als der Zins. Angenommen, der Wert der Anlage wächst mit 10% bei einem Kreditzins von 5%. Der Kredit wird fällig, aber der Spekulant nimmt einen neuen Kredit auf, um den alten Kredit zu tilgen. Die folgenden Bilanzen würden diese Entwicklung widerspiegeln.

Geschäftsbank			
Kredit	105	Einlagen	0
Reserven	0	Kredit (IB)	100
		Eigenkapital	5

Spekulant			
Anlage	110	Kredit	105
		Nettoverm.	5

Auf dem Papier hat die Bank einen Gewinn gemacht. Der Gewinn basiert allerdings auf dem Kredit über 105 Euro, der wiederum auf dem Marktwert der Anlage basiert. Fällt der Marktwert der Anlage unter 105 Euro, dann kann der Spekulant den Kredit nicht zurückzahlen, ohne auf anderes Vermögen zurückzugreifen. Sein Nettovermögen basiert ebenfalls auf der Bewertung seiner Anlage. Hier ändert sich lediglich die monetäre Bewertung einer Anlage, ohne dass in der Realität irgendetwas passiert wäre. Von daher ist die Bewertung von Vermögen immer abhängig von subjektiven Einschätzungen, auf Grundlage derer die Marktteilnehmer handeln. So etwas wie einen fundamentalen, natürlichen oder auch intrinsischen Wert gibt es nicht.

Die Verteilungswirkung einer Änderung der Inflationsrate kann also beträchtlich sein. Immerhin wirkt sie eher expansiv auf die Wirtschaft. Wenn die Inflationsraten auf über 50% pro Monat ansteigen, dann spricht man auch von Hyperinflation. Die Kapitalmärkte kommen weitestgehend zum Erliegen. Die Unklarheit über die zukünftige Inflationsrate wird dazu führen, dass Banken nur noch zu Zinsen weit über 50% pro Monat Kredite vergeben und auch nur noch über relativ kurze Fristen, um sich vor einem Totalverlust durch Inflation abzusichern. Die historischen Fälle von Hyperinflation sind entgegen dem weit verbreiteten Vorurteil nicht durch eine Ausweitung der Geldmenge durch staatliche Ausgaben entstanden, sondern waren durch einen besonders starken Rückgang an produktiven Kapazitäten bedingt.

Dies war auch bei der Hyperinflation in der Weimarer Republik der Fall. Alliierte Truppen besetzten ab 1919 das Rheinland, ab Januar 1923 auch das Ruhrgebiet. Die deutsche Regierung beschloss, den Arbeitnehmern Lohnfortzahlungen zu gewähren, obwohl diese sich weitestgehend im Streik befanden. Dies führte dazu, dass die Inflationsraten ständig anzogen. Im September 1923 beendete die Regierung die Lohnfortzahlungen. Erst ein Jahr später, im Januar 1924, endete die Hyperinflation mit der Einführung einer neuen Währung (Rentenmark), 1925 zogen die letzten Truppen aus dem Ruhrgebiet ab.

Ein weiterer Umstand, der ebenfalls zu Hyperinflation führen kann, ist die Verschuldung in ausländischer Währung durch den Staat. Sollte eine Regierung Schulden in Fremdwährung haben und zum Zeitpunkt der Rückzahlung weder Reserven noch Zugang zu Krediten in dieser Währung haben, dann könnte sie auf die Idee kommen, einheimische Währung in ausländische Währung umzutauschen, bis die Schulden getilgt werden können. Der Umtausch von großen Mengen einer Währung in eine andere wird den Wechselkurs dieser Währungen erst leicht, dann stärker verändern. Die einheimische Währung wird stark abwerten, was in der Folge alle Importe verteuert. Dies führt zu einem Anstieg des Preisniveaus, was auch importierte Inflation genannt wird.

Wichtig für das Funktionieren eines solchen Mechanismus ist der Zugriff der Regierung auf Reserven über die Zentralbank. Diese wägt dann ab zwischen den Konsequenzen einer Inflationspolitik und denen eines Nichteingriffs. In den meisten Ländern ist allerdings zur Verhinderung einer solchen Entwicklung die Verschuldung in Fremdwährung verboten. Die Länder der Eurozone sind eine Ausnahme. Deutschland begibt Staatsanleihen fast ausschließlich in Euro, und auch staatliche Organisationen wie die Kreditanstalt für Wiederaufbau begeben fast ausschließlich Anleihen in Euro.

Die Bundesbank jedoch darf der deutschen Regierung keine Staatsanleihen direkt abkaufen, um sie dann langfristig in der Bilanz zu halten. Einige Schwellen- und Entwicklungsländer brauchen manchmal unbedingt US-Dollars, etwa um Rohöl oder Waffen zu kaufen. Da die Regierungen ohne diese Lieferungen ihre politische Macht gefährdet sehen, nehmen sie die langfristigen Probleme der Verschuldung in Auslandswährung in Kauf. Wichtig ist dabei die Denominierung der Anleihen in ausländischer Währung. Einheimische Währung kann im Zweifelsfall von der Zentralbank unbegrenzt erzeugt werden, ausländische Währung hingegen nicht.

Das Gegenteil von Inflation ist die Deflation. Sie ist ebenso problematisch wie Hyperinflation, da sie ebenfalls die Grundlagen des monetären Kreislaufs zerstört. Wir gehen zurück auf das Beispiel von vorhin. Angenommen, ein Unternehmen nimmt bei seiner Bank einen Kredit auf und kauft Produktionsfaktoren ein. Allerdings fällt nun der Wert der Produktion etwas geringer aus, da das Preisniveau gefallen ist. Nehmen wir eine Verminderung der Preise um durchschnittlich 10% an, so ist der Wert der Produktion nun nicht mehr 110 Euro, sondern nur noch 99 Euro.

Dem Unternehmen wird die Tilgung des Kredits nicht gelingen. Es muss 105 Euro an Einlagen der Bank übergeben, hat aber nur 99 Euro zur Verfügung. Das Absinken der Preise hat zu einem geringeren Erlös geführt und dies erschwert die Tilgung von Schulden. Zudem ist das Unternehmen insolvent, denn die Verbindlichkeiten übersteigen die Forderungen. Die Bank würde einen Verlust erleiden, denn sie hat 100 Euro an Einlagen herausgegeben und bekommt nur 99 Euro wieder zurück. Im Zahlungsausgleich mit den anderen Banken hat sie höchstwahrscheinlich Reserven geliehen. Erst sind 100 Euro an Reserven abgeflossen, als das Unternehmen die Einlagen ausgegeben hatte. Dazu musste die Bank am Interbankenmarkt einen Kredit über 100 Euro aufnehmen.

Geschäftsbank				Unternehmen			
Kredite	6	Einlagen	0	Einlagen	99	Kredite	105
Reserven	0	Kredit (IB)	1			Eigenkapital	−6
		Eigenkapital	5				

Durch die Erlöse des Unternehmens in Höhe von 99 Euro fließt dieselbe Summe an Reserven der Bank wieder zu. Während das Unternehmen den Kredit nicht zurückzahlen kann und insolvent ist, ist dies bei der Bank eine Frage der Buchhaltung. Sie kann mit den Reserven den Interbankenkredit (Zins: 3%) fast tilgen, allerdings nicht ganz. Nun bleibt die Frage, ob der Kredit des Unternehmens abgeschrieben werden muss. Die Einlagen in Höhe von 99 Euro haben entsprechend die Kreditsumme von 105 Euro auf 6 Euro reduziert. Momentan hat die Bank noch ein positives Eigenkapital, sofern der Kredit nicht abgeschrieben wird. Sollte er abgeschrieben werden, dann wäre das Eigenkapital negativ (– 6 €). Auch die Bank wäre insolvent.

Deflation entsteht meist in einem Umfeld, in dem Löhne und Erlöse und damit auch die Gewinne der Unternehmen zurückgehen. Deflation macht es also schwieriger, bestehende Verschuldung zurückzuzahlen. Hier würden die Gläubiger gewinnen, da die Kaufkraft einer Währungseinheit ansteigt. Schließlich kann man ja für 1 Euro bei fallenden Preisen mehr kaufen als vorher. Auf der anderen Seite müssten Arbeitnehmer bei niedrigeren Löhnen länger arbeiten, um eine fixe Summe von Verbindlichkeiten abzutragen. Je höher die Schulden, desto relevanter sind diese Überlegungen für eine Ökonomie.[100]

Makroökonomie und Konjunkturzyklen

Der einfache Geldkreislauf einer monetären Wirtschaft aus Abbildung 3.1 (S. 55) ist etwas veraltet, eignet sich aber dennoch für eine Erklärung der grundlegenden Funktionsweise.[101] Die Unternehmen nehmen Kredite bei der Bank auf, mit denen sie den Einkauf der Produktionsfaktoren finanzieren. Dadurch entstehen Einkommen bei den Haushalten, welche diese dann nutzen, um die Produktion nachzufragen. Entziehen die Haushalte jedoch dem Kreislauf einen Teil der Einlagen, indem sie Ersparnis aufbauen, so gerät der Kreislauf ins Stocken. Einlagen bei Banken, die nicht mehr ausgegeben werden, reduzieren das Einkommen der übrigen Wirtschaftssubjekte.

Steigende Einkommen sind jedoch eine Voraussetzung für Wirtschaftswachstum. Diese fällt schwächer aus, weil das Sparen des privaten Sektors die Nachfrage vermindert. Dies droht insbesondere bei steigender Ungleichheit der Einkommen und Vermögen. Dadurch, dass relativ vermögende Personen eine höhere Sparquote haben als der Rest, wird von diesen nur ein geringerer Teil des Einkommens nachfragewirksam. Stattdessen steigt die Ersparnis, was aber keine Auswirkungen auf die Investitionen hat, da diese ja kreditfinanziert sind.

Sparen sorgt also über eine geringere Nachfrage für eine Abschwächung der Produktion. In Zeiten starker Nachfrage und Inflation kann dies vorteilhaft sein, in Zeiten schwacher Nachfrage verstärkt dies jedoch die schwache Konjunktur. Die fallende Produktion kann zu einem Teufelskreislauf führen: die Unfähigkeit der Unternehmen, Abnehmer für ihre Produkte zu finden, führt zu immer höherer Arbeitslosigkeit und entsprechend sinkenden Einkommen bei weiter rückläufigem Preisniveau. Auf die gestiegene Unsicherheit reagiert der Privatsektor – insbesondere die Unternehmen – mit erhöhten Spar- bzw. Entschuldungsbemühungen, was dann in die nächste Stufe der Abwärtsbewegung führt.

Eine weitere Schwierigkeit entsteht, wenn die Kreditmenge des privaten Sektors nicht mehr ansteigt oder sogar fällt. Letzteres ist der Fall, wenn mehr Kreditnehmer ihre Einlagen zur Tilgung von Krediten nutzen, als neue Einlagen durch zusätzliche Kredite entstehen. Es sind zu wenige Einlagen im Umlauf, die Produktion wird zu bestehenden Preisen nicht verkauft. In der Folge müssen die Preise fallen oder die Produktion wird nicht vollständig verkauft. Dies führt mittelfristig zu einer Absenkung der Produktion, um einen Abverkauf des Lagers zu ermöglichen. Letzteres erzeugt Arbeitslosigkeit und weiter fallende Einkommen, während die Preisanpassung nach unten zu sinkenden Löhnen führen könnte. Geringere Preise kann ein Unternehmen nur anbieten, wenn die Preise der Produktionsfaktoren sinken oder die Produktivität ansteigt. Deshalb sollte Deflation unbedingt vermieden werden.

Die japanische Krankheit

Der Ökonom Richard Koo prägte den Begriff von der japanischen Krankheit, mit der er die stagnierende Kreditnachfrage in Japan und das damit verbundene schwache Wachstum meint. Nach dem Platzen einer Aktien- und Immobilienblase Anfang der 1990er ist die Nachfrage in Japan schwach, und nur staatliche Konjunkturprogramme sorgen dafür, dass die Wirtschaft stabil bleibt. Während Japan oft als „kranker Mann Asiens" beschrieben wird, ist doch das Wirtschaftswachstum positiv geblieben. Im Vergleich mit Griechenland, Irland oder Spanien steht das Land jedoch verhältnismäßig gut da.

Das Horten von Geld kann auch bei Unternehmen stattfinden, die eine Vorsichtskasse aufbauen oder Kredite tilgen. Das können realwirtschaftliche Unternehmen sein, aber auch Banken, die aufgrund von Unsicherheit keine großen Kredite mehr vergeben wollen. Vielleicht liegt dies daran, dass sie selber bald Kredite zurückzahlen müssen oder dass sie das

Risiko von Investitionen momentan nur schwer einschätzen können. Heutzutage wäre Abbildung 3.1 realistischer, wenn sich auch die Haushalte bei der Bank verschulden würden und die Unternehmen auch sparen könnten. Solange mehr Kredite vergeben als zurückgezahlt werden, fließen zusätzliche Einlagen in den Kreislauf. Wenn aber die Investitionen zurückgehen oder die Ersparnis ansteigt, dann sinkt die Menge an zirkulierenden Einlagen.

Manche Ökonomen behaupten, Sparen wäre gut für die Wirtschaft. Während dies in Zeiten starker Nachfrage tatsächlich so sein kann, ist dies keinesfalls richtig, wenn die Nachfrage zu gering ist. Sollte ich mich entschließen, mehr zu sparen, dann muss ich weniger ausgeben. Sparen ist schließlich nicht verausgabtes Einkommen. Da aber meine potentiellen Ausgaben das potentielle Einkommen von jemand anderem sind, wird durch die geringere Nachfrage als Ergebnis meines Sparens eine geringere Wirtschaftstätigkeit verursacht.

Auch bilanztechnisch ändert sich nichts zum Positiven. Wenn ich mit dem Bargeld, das ich eigentlich im Restaurant ausgeben wollte, zu meiner Bank gehe und es auf mein Konto einzahle, hat die Bank nun mehr Bargeld. Sie hatte aber vorher nicht zu wenig und wird daher mein Bargeld mit dem nächsten Geldtransporter zur Zentralbankfiliale bringen. Dann tauscht sie das Bargeld gegen Reserven, die sie auf dem Interbankenmarkt verleihen kann.

Dadurch wird der kurzfristige Zins auf dem Interbankenmarkt gedrückt, die Zentralbank interveniert automatisch und stabilisiert den Zins durch ein Offenmarktgeschäft: Sie verkauft meiner Bank Staatsanleihen gegen „meine" Reserven. Alternativ nutzt meine Bank „meine" Reserven, um sich weniger Reserven von der Zentralbank zu leihen. Damit spart sie Zinsen ein. Dieses Ergebnis zeigt, dass eine Erhöhung der Ersparnis nicht generell förderlich für die Wirtschaft ist. Sie bewirkt auch nicht, dass mehr Geld verliehen wird, da die Banken, wie wir gesehen haben, keine Reserven brauchen, um Kredite und damit Einlagen zu schöpfen.

Eine genauere Betrachtung der makroökonomischen Zusammenhänge ist notwendig, um die Dynamik der Volkswirtschaft zu verstehen. Wichtig ist dabei der Zusammenhang zwischen Verschuldung und Nachfrage, welcher durch die schuldenfinanzierten Ausgaben entsteht. Da heute die außenwirtschaftlichen Beziehungen eine große Rolle spielen, wird im nächsten Kapitel auch der Übergang von einer geschlossenen in eine offene Ökonomie nachvollzogen.

9. Ein makroökonomisches Modell

In einer offenen Ökonomie ergänzen wir die Nachfragegleichung – die Produktion (Y) entspricht der Summe von Konsum (C), Investition (I) und Staatsausgaben (G) – um die ausländischen Komponenten Exporte und Importe. Dies ist insbesondere für die Länder relevant, welche regen internationalen Handel betreiben und Forderungen und Verbindlichkeiten gegenüber dem Ausland auf- und abbauen. Die Nachfrage in einer offenen Volkswirtschaft wird dann um die Exporte (EX) ergänzt und um die Importe (IM) verringert.[102]

$$Y = C + I + G + EX - IM$$

Eine Erhöhung der Importe erhöht das Einkommen nicht, da nun ein den Importen zahlenmäßig gleich großer Teil des Konsums, der Investitionen, der Staatsausgaben oder der Exporte auf Importe entfällt wird. Auf der anderen Seite kommen die Exporte als Nachfragekomponente dazu, welche für höhere Einkommen sorgen. Anhand der obigen Gleichung wird klar, dass eine Ökonomie nicht ihre gesamte Produktion absorbieren muss. Die Differenz zwischen der Produktion (Y) und der einheimischen Nachfrage ($C+I+G$) entspricht genau der Handelsbilanz ($EX-IM$).

Die Ersparnis einer Ökonomie wird definiert als der Teil des Einkommens, welcher nicht auf die Nachfrage nach Gütern und Dienstleistungen entfällt. Wir hatten die Ersparnis bereits als buchhalterischen Schatten der Investitionen bezeichnet. In einer Formel ausgedrückt besteht in einer offenen Ökonomie folgender Zusammenhang:

$$S = I + (EX - IM)$$

Die gesamtwirtschaftliche Ersparnis entspricht der Investition plus Exporte minus Importe. Die gesamtwirtschaftliche Ersparnis beinhaltet die beiden einheimischen Sektoren, wodurch eine Erhöhung der Staatsausgaben als Quelle zusätzlicher Ersparnis ausscheidet. Schließlich steht bei der Erzeugung zusätzlicher Staatsausgaben den neu geschaffenen Einlagen im Bankensystem eine ebenso große Erhöhung der Staatsverschuldung gegenüber. Der Außenbeitrag (Exporte minus Importe) als Teil der Gleichung ist die Folge der Möglichkeit, eine Ersparnis in Form von Forderungen gegenüber dem Ausland aufzubauen. Sollte die Ökonomie einen Leistungsbilanzüberschuss (Exporte übersteigen die Importe) aufweisen, so werden die Haushalte Forderungen gegenüber dem Ausland aufgebaut oder Verbindlichkeiten gegenüber dem Ausland abgebaut haben. Ein Beispiel soll dies verdeutlichen.

Angenommen, ein Land D mit der Währung Dollar und ein Land P mit der Währung Pfund treiben Handel. Der Wechselkurs wird auf eins zu eins fixiert. Jedes Land benutzt seine eigene Währung zum Kauf von Importen. Die Exporte von D an P übersteigen dabei die Exporte von P an D. Am Ende der Periode halten die Einwohner von Land D mehr Pfund als die Einwohner von Land P Dollars. Nachdem die Einwohner Währungen getauscht haben, so dass möglichst das ausländische in einheimisches Geld umgetauscht wird (schließlich zahlen ja die Exporteure ihre Rechnungen in einheimischer Währung), bleiben den Einwohnern von Land D noch einige Pfund. Dabei handelt es sich um zusätzliche Ersparnis aus internationalem Handel.

Das ausländische Geld kann für verschiedene Dinge eingesetzt werden. Es könnten Auslandsschulden in Fremdwährung damit reduziert werden. Das Geld könnte in Staatsanleihen des Auslands angelegt werden, um einen Zins zu bekommen. Auf jeden Fall bedeutet eine positive Leistungsbilanz einen Anstieg der Ersparnis um die Differenz zwischen Exporten und Importen, denn irgendjemand besitzt jetzt mehr Forderungen an das Ausland. Für das andere Land bedeutet eine negative Leistungsbilanz entsprechend einen Anstieg der Auslandsverschuldung oder einen Abbau der Forderungen gegenüber dem Ausland. Da die Exporte eines Landes die Importe eines anderen sind, kann nicht jedes Land einen Leistungsbilanzüberschuss haben. Was oder wer entscheidet dann über diese Frage?

Wie wir bereits oben gesehen haben, wird die einheimische Produktion teilweise im Inland verbraucht. Staatsausgaben im Inland, Konsum und Investition, sofern sie nicht auf importierte Güter und Dienstleistungen zurückgreifen, steigern die Nachfrage nach einheimischer Verwendung der Produktion. Wenn beispielsweise bei gegebenen Einkommen mehr Produktion auf den Konsum entfällt und weniger auf Exporte, dann wird auch die Ersparnis sinken. Das Gegenteil gilt bei einer Abschwächung des Konsums. Insofern spielt der Konsum eine große Rolle.

Der Konsum wird durch die Einkommen beeinflusst und dies bedeutet, dass hier politische Reformen durchaus Einfluss haben. Sinkende Reallöhne der Beschäftigten werden ziemlich sicher nicht zu einem Anstieg des Konsums führen. Das Gleiche gilt für eine Abwertung der eigenen Währung. Durch den ungünstigeren Wechselkurs werden normalerweise kurzfristig die Importe teurer, während die einheimischen Güterpreise unverändert bleiben.

Auf der anderen Seite kann ein starker Anstieg der Investitionen zu einem höheren Konsum führen. Wie wir oben gesehen haben, führt ein Anstieg der Investitionen zu einem höheren Einkommen. Die Arbeitnehmer, die an der Erzeugung der Investitionsgüter beteiligt sind, werden ihre Einkommen jedoch nicht einfach als Ersparnis unter die Matratze legen, sondern einen großen Teil davon ausgeben. Dadurch steigt der einkommensabhängige Konsum, was wiederum neue Einkommen schafft. Durch diesen Multiplikatorprozess werden die einheimischen Nachfragekomponenten verstärkt und können bei steigender Produktion über steigende Importe zu einem Leistungsbilanzdefizit und damit zu einem Rückgang der Ersparnis führen.

Dies kann, wie im vorherigen Kapitel erwähnt, zu Problemen führen, wenn die sinkende private Verschuldung irgendwann dazu führt, dass die Importe einbrechen und der private Sektor versucht, die Ersparnis wieder zu erhöhen. Diese negativen Effekte auf die Nachfrage, wie wir sie u. a. in Spanien in den letzten Jahren gesehen haben, können zu wirtschaftlichen Problemen führen. Ländern mit eigener Währung droht eine massive Abwertung und damit eine schlagartige Veränderung der relativen Preise – u. a. Verteuerung von Erdöl und ausländischen Maschinen, Verbilligung von Arbeit – mit kurzfristig negativen Folgen für die Produktionstätigkeit.

Die sektorale Identität

Bisher haben wir mit Ersparnis die gesamtwirtschaftliche Ersparnis gemeint, aber es kann durchaus sinnvoll sein, etwas genauer hinzuschauen. Durch eine Umstellung der makroökonomischen Identität ($Y = C + I + G$) und der Definition der privaten Ersparnis S_P (als $Y - T - C$, also Einkommen abzüglich der Steuern T und der Konsumausgaben C) kommt man in wenigen Schritten zu folgender sektoraler Identität:

$$(S_P - I) + (T - G) + (IM - EX) = 0$$

Diese sektorale Identität besagt, dass die Veränderung der finanziellen Nettoverschuldung des privaten Sektors (Haushalte und Unternehmen; $S_P - I$) addiert zu der des öffentlichen Sektors (Regierung und Zentralbank; $T - G$) und des externen Sektors (Rest der Welt; $IM - EX$) genau null ergibt. Der private Sektor spart, wenn seine (private) Ersparnis höher ist als die Investitionen. Der öffentliche Sektor spart, wenn die Steuereinnahmen höher sind als die Staatsausgaben. Der externe Sektor spart, wenn er mehr exportiert als importiert.

Auf das betrachtete Land bezogen spart der externe Sektor, wenn die Importe des betrachteten Landes höher sind als die Exporte, denn dies erzeugt einen Anstieg der Auslandsforderungen des Auslands. Ein Anstieg der Ersparnis eines Sektors geht immer mit dem Anstieg der Verschuldung eines anderen Sektors einher. Dies ist eine fundamentale Einsicht, die sich aus dem Prinzip der doppelten Buchführung ergibt. Eine Ersparnis besteht in einer Forderung gegenüber einer anderen (natürlichen oder juristischen) Person in In- oder Ausland.

Abbildung 9.1: Die sektoralen Salden für Deutschland

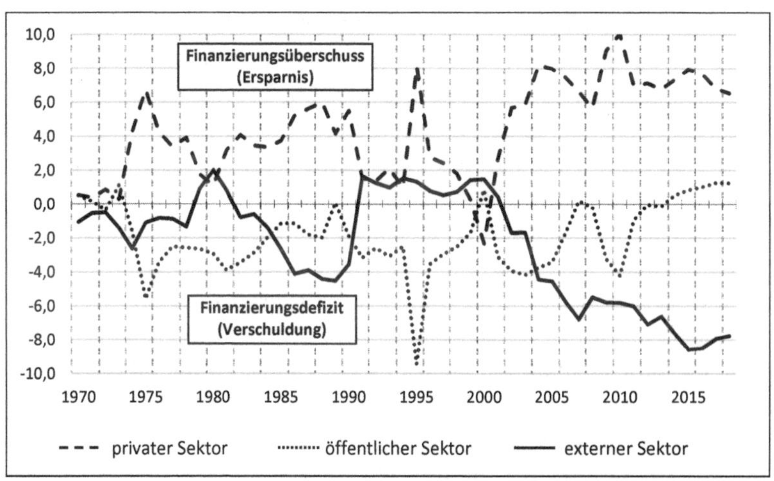

Quelle: AMECO Datenbank, Dr. Michael Paetz, was-ist-geld.de

In Abbildung 9.1 sind die sektoralen Salden für Deutschland von 1970 bis 2018 verzeichnet. Die Summe der Finanzierungssalden von privatem Sektor, öffentlichem Sektor und externem Sektor ergeben dabei immer null. Ein Sektor kann nur dann mehr einnehmen, als er ausgibt, wenn es mindestens einen anderen Sektor gibt, der mehr ausgibt, als er einnimmt. Die Salden stellen dabei auf die Vergangenheit bezogene Statistiken dar. Die Kausalität lässt sich dabei nicht direkt aus den Salden ablesen, sondern muss über den Umweg der makroökonomischen Identität und damit über Ausgaben und Einkommen abgeleitet werden.

Für Deutschland lässt sich sagen, dass von 1970 bis Mitte der 1980er Jahre die Leistungsbilanz weitestgehend ausgeglichen ist. Dabei ist zu beachten, dass ein deutscher Leistungsbilanzüberschuss ein Finanzierungsdefizit des Auslands bedeutet. Jahre mit deutschen Exportüberschüssen werden also durch eine durchgezogene Linie angezeigt, die im negativen Bereich liegt. Im Durchschnitt der Jahre hat das Ausland so viel ausgegeben wie eingenommen. Die Ersparnis des privaten Sektors entspricht dann den staatlichen Defiziten.

Mit der Wiedervereinigung ändert sich das Muster – aus dem Leistungsbilanzüberschuss wird ein Defizit. Der Vermögensaufbau bei Haushalten und Unternehmen verlangsamt sich deutlich. In den 1990er Jahren bleibt diese Situation weitestgehend so erhalten, bis in den 2000er Jahren ein wachsender Leistungsbilanzüberschuss entsteht. Die andere Seite dieser Entwicklung sind steigende und später hohe private Überschüsse. Die staatlichen Defizite sinken, werden zu leichten Überschüssen (2007) und später (ab 2012) zu deutlichen Überschüssen.

Das deutsche Wirtschaftsmodell lässt sich in zwei Phasen einteilen. Die erste Phase ist eine Phase der Bestrebung, die Leistungsbilanz mehr oder weniger ausgeglichen zu gestalten. Die Überschüsse des privaten Sektors hängen zusammen mit permanenten, deutlichen Defiziten des Staates, die um etwa 3% im Durchschnitt liegen. Der Aufschwung um den Internetboom in Verbindung mit dem „Neuen Markt“, einem Segment des Aktienmarktes für vermeintlich zukunftsträchtige Aktien, bringt ab Mitte der 1990er die Salden ziemlich durcheinander, da sich der private Sektor Ende der 1990er Jahre sogar verschuldet.

Dies liegt sicherlich daran, dass im Optimismus dieser Jahre – Stichwort: *New economy* – die privaten Investitionen hoch sind und die Ersparnisse relativ niedrig. Der staatliche Überschuss ist das Resultat einer florierenden Wirtschaft mit relativ hoher Beschäftigung und hohem

Steueraufkommen. Dies markiert einen Endpunkt der Phase der deutschen Wirtschaft in den drei Jahrzehnten 1970-2000. In dieser Phase ist wirtschaftspolitisch unstrittig, dass staatliche Defizite nötig sind, um bei in mittlerer Frist ausgeglichener Handelsbilanz Überschüsse im privaten Sektor zu erlauben.

Der strukturelle Bruch findet mit der Einführung des Euro und der Wirtschaftspolitik der rot-grünen Bundesregierung statt. Die Agenda 2010, eine Reform des deutschen Arbeitsmarktes, basiert auf der Einführung eines Niedriglohnsektors, der Senkung der Lohnnebenkosten auf Kosten der Arbeitnehmer, der Lockerung des Kündigungsschutzes und anderen angebotsseitigen Maßnahmen. Sie wurde 2003 verkündet. Die Lohnquote – Bruttolöhne und -gehälter durch Bruttowertschöpfung – fiel bis 2007 von 46% auf 43%.[103] Die Kapitalintensität nahm dabei schwächer zu als in den Jahren davor. Unternehmen nutzten also den relativ billigeren Faktor Arbeit, um höhere Gewinne einzustreichen. Die privaten Investitionen stiegen nicht in dem Umfang an, in dem sich die Politik das erhoffte. Gerade nach der Steuerreform aus dem Jahr 2000 war die Hoffnung groß, dass mehr Investitionen und damit mehr Beschäftigung folgen würden.

Gleichzeitig wurde die internationale Wettbewerbsfähigkeit gegenüber den Ländern der Eurozone erhöht durch die relativ schwachen Lohnsteigerungen, die auch zu niedrigen Inflationsraten führten.[104] Steigen die Preise im Inland weniger als im Ausland, dann steigt die Wettbewerbsfähigkeit zwangsläufig. Bei flexiblen Wechselkursen wäre dies nicht unbedingt der Fall. Hier könnte eine Veränderung des Wechselkurses jegliche Gewinne an Wettbewerbsfähigkeit durch geringes Lohnwachstum zunichte machen. Gepaart mit privat finanzierten Immobilienblasen in Irland und Spanien kam Deutschland kurz vor Ausbruch der Rezession wirtschaftlich wieder in Fahrt. Allerdings wurde das Land durch den Einbruch der Exporte in der folgenden großen Finanzkrise besonders hart getroffen. Durch keynesianische Wirtschaftspolitik (Erhöhung der Staatsausgaben) sowie das Kurzarbeitergeld (eine Subvention an die Industrie und damit eine Politik inflexibler Arbeitsmärkte) konnte die Wirtschaft stabilisiert und das Schlimmste verhindert werden.

Die Geldpolitik tat das Ihrige, um einen Zusammenbruch des Euro zu verhindern. Während der damalige EZB-Präsident Trichet zu zögerlich und zu spät reagierte, wurde es mit Mario Draghi deutlich besser. Die Banken wurden gestützt, der Geldmarkt mit Liquidität geflutet. Der Zins wurde auf null gesenkt und dort belassen. Ohne Mario Draghi wäre der Euro wohl in den Jahren nach der Krise von 2008/09 zerbrochen, insbesondere aufgrund der deutschen Hysterie in Bezug auf die „Enteignung" des Kleinsparers und die wirtschaftspolitisch völlig irrelevanten TARGET2-Salden. Ohne das TARGET2-System mit entsprechenden Salden wären die deutschen Banken wohl mehrheitlich insolvent gewesen. Die Kleinsparer wurden durch die schwarze Null (der Staat nimmt dem privaten Sektor über Steuern mehr Einkommen weg, als er durch Staatsausgaben zuschießt) sehr viel mehr geschädigt als durch die wirtschaftspolitisch gut begründbaren Nullzinsen.

Seit 2010 befinden wir uns in der „Reifephase" der jetzigen Phase. Der staatliche Sektor hat durch die schwarze Null jahrelang Überschüsse erzielt. Die Überschüsse des privaten Sektors waren daher nur möglich aufgrund der Defizite des Auslands. Der Exportüberschuss Deutschlands ist also eine zwingende Position für das Erreichen einer schwarzen Null unter Vermeidung eines privaten Defizits. Wenn allerdings Deutschland in der Handelsbilanz Überschüsse erzielt, weil die Exporte über den Importen liegen, wie sieht es dann im Rest der Welt bzw. Eurozone aus?

Abbildung 9.2: Die sektoralen Salden für Spanien

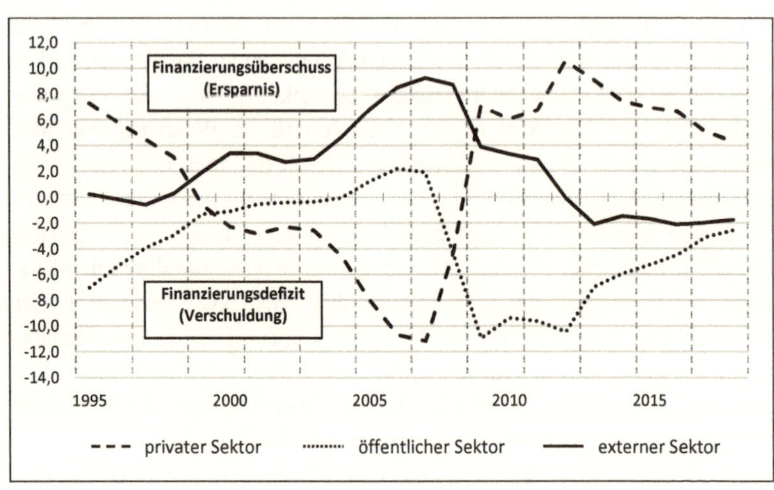

Quelle: AMECO Datenbank, Dr. Michael Paetz, was-ist-geld.de

Abbildung 9.2 zeigt die Finanzierungsüberschüsse der spanischen inländischen Sektoren und des (nicht-spanischen) Auslands. Erneut summieren sich die finanzielle Nettoersparnis des privaten Sektors, des öffentlichen Sektors und des Auslands auf null. In gewisser Weise haben wir hier eine Kehrseite zu der deutschen Wirtschaftspolitik. In Spanien hat sich ab der Einführung des Euro das staatliche Defizit in einen Überschuss verwandelt, getragen von der guten wirtschaftlichen Lage. Die kreditfinanzierten Immobilien führten als private Investitionen zwar zu Defiziten des privaten Sektors, aber eben auch zu Wachstum des BIP. Gleichzeitig erlaubte die gute wirtschaftliche Lage ein Handelsbilanzdefizit, da die Spanier mehr importierten, als sie exportierten. Die führt tendenziell dazu, dass Arbeitsplätze im Bereich der gehandelten Güter und Dienstleistungen in Spanien nicht entstehen bzw. verloren gehen. Aufgrund des starken Wirtschaftswachstums wurde dies aber lange Zeit übersehen.

Die Handelsbilanz schwang in der Krise von Defizit zu Überschuss, da die Importe sich schlagartig reduzierten. Grund sind stagnierende oder fallende Löhne sowie steigende Arbeitslosigkeit in Spanien. Durch die schwache wirtschaftliche Tätigkeit waren auch die Steuereinnahmen gering, zudem musste der Staat relativ hohe Zahlungen tätigen aufgrund des Sozialsystems mit entsprechenden Ansprüchen. Der Saldo des privaten Sektors beruht nun gleichermaßen auf staatlichen und externen Defiziten. Dies bedeutet, dass die Eurozone als Ganze ihr Nachfrageproblem dadurch löst, dass sie es dem Ausland überlässt. Die Eurozone als Ganze produzierte in den letzten Jahren Handelsbilanzüberschüsse von 2-3% des BIP der Eurozone. So werden das außereuropäische Ausland bzw. die anderen EU-Staaten in die Verschuldung getrieben.

Kehren wir noch einmal zur Theorie zurück. Haushalte und Unternehmen können also sparen, indem sie Forderungen gegenüber dem Staat (einheimische Staatsanleihen) oder dem Ausland (ausländische Finanzanlagen) aufbauen oder Verbindlichkeiten gegenüber dem Staat (ausstehende Steuerforderungen, Kredite) oder dem Ausland (Kredite von ausländischen Banken, ausländischer Aktienbesitz) abbauen. Sie können als privater Sektor nicht sparen, indem sie Schuldverhältnisse untereinander aufbauen. Hierbei geht die Ersparnis des einen zulasten der Verschuldung des anderen. Es ist also eine Frage der Verteilung. Zu einer Forderung gehört notwendig eine Verbindlichkeit, denn nur dann ist sichergestellt, dass jemand die Forderung begleicht. Dies wird häufig in der Debatte um die Staatsverschuldung vergessen.

Wirtschaftspolitik und Verschuldung

Die sektorale Identität ermöglicht die Beurteilung von Politikvorschlägen. Es gab z. B. vor einigen Jahren einen Vorschlag für die Länder der Eurozone, die Haushaltsverschuldung zu verringern, dabei aber zugleich einen staatlichen Budgetüberschuss und einen Leistungsbilanzüberschuss zu erzielen. Dies ist unrealistisch, da nicht alle Länder gleichzeitig einen Leistungsbilanzüberschuss gegenüber dem Rest der Welt erwirtschaften können, denn innerhalb der Eurozone – wie auch auf der Welt als Ganzes – sind die Exporte des einen ja die Importe des anderen. Es müssten also auf längere Sicht Exportüberschüsse mit dem Rest der Welt erzielt werden, ohne dass die Wechselkurse die innerhalb der Eurozone durch mühsame Reformen der Lohnsenkung erkämpfte „Wettbewerbsfähigkeit" wieder zunichtemachen. Folglich erscheint der eben genannte Vorschlag bereits im Ansatz verfehlt, da er auf der Idee beruht, dass die Länder außerhalb der Eurozone eine wachsende Verschuldung akzeptieren. Genau diese Dynamik zeichnet sich derzeit in der Eurozone ab.

Eine Erhöhung der Verschuldung kann dabei in allen Sektoren auf eine Erhöhung der realwirtschaftlichen Nachfrage zurückgehen. Eine Erhöhung der Verschuldung im privaten Sektor geht auf höhere Investitionen zurück, eine Erhöhung der Verschuldung im öffentlichen Sektor auf höhere Staatsausgaben oder eine Erhöhung der Verschuldung im Rest der Welt auf höhere Exporte. Allerdings ist eine Erhöhung der Verschuldung in einigen Sektoren auch durch sinkende Nachfrage zu erreichen. Der private Sektor könnte beispielsweise die Ersparnis erhöhen, indem er bei gegebenen Einkommen mehr spart.

Durch die geringere Produktion entstehen weniger Einkommen, entsprechend wird der Staat weniger Steuern einnehmen oder auch mehr Belastungen auf der Ausgabenseite verzeichnen, wenn Arbeitslosen- und Sozialversicherungen anspringen und so die Gegenposition einnehmen. Eine Verringerung der Importe durch die sinkenden Einkommen könnte auch das Ausland in eine Gläubigerposition verwandeln. Der Staat könnte durch Steuererhöhungen die Nachfrage verringern, der externe Sektor durch die Reduzierung seiner Importe, also der Exporte der betrachteten Ökonomie. All dies hätte ein Absinken der Einkommen zur Folge, was aber nicht zu einer Absenkung der Verschuldung der Sektoren führen würde.

Wichtig ist an dieser Stelle die Erkenntnis, dass die Reduzierung der Ausgaben des einen Sektors nicht automatisch zu einer Erhöhung der Ausgaben des anderen Sektors führt. In der neoklassischen Theorie der universitären Lehrbücher wird beispielsweise behauptet, ein Anstieg der Ersparnis würde zu einem Anstieg der Investitionen führen.[105] Wenn wir das etwas genauer betrachten, dann führt ein Anstieg der privaten Ersparnis durch weniger Konsumausgaben sehr wahrscheinlich zu einem Anpassungsprozess, an dessen Ende die Gegenpositionen eine durch sinkende Steuereinnahmen erhöhte Verschuldung des öffentlichen Sektors und eine durch sinkende Importe verursachte Erhöhung der Verschuldung des externen Sektors sein werden. Das Absinken der Importe führt dann beim Ausland zu einer höheren Verschuldung, da aus deren Sicht weniger exportiert wurde. Der Anstieg der Ersparnis des privaten Sektors führt also mitnichten zu einer Erhöhung der Ausgaben in anderen Sektoren. Die Nachfrage besitzt keinen Automatismus, der sie ins wie auch immer definierte Gleichgewicht führt.

Dies gilt natürlich auch für Ausgabenerhöhungen. Die neoklassische Theorie postuliert beispielsweise für den Fall einer Erhöhung der Staatsausgaben eine Verdrängung von privater Nachfrage (Investitionen und Konsum) in gleicher Höhe. Die Annahme eines sog. *crowding out* beruht auf dem verfehlten Gedanken eines fixen externen Geldbestands, der Gegenstand von Wettbewerb unter den Marktteilnehmern ist (die sog. *loanable funds*-Theorie) und würde in der Konsequenz bedeuten, dass eine Erhöhung der Staatsausgaben nicht zu mehr Nachfrage und damit zu mehr Einkommen führen würde, da sie durch die Verringerung der privaten Nachfrage genau kompensiert wird.

Anhand der sektoralen Identität oben können wir zu einem anderen Ergebnis gelangen. Eine Erhöhung der Staatsausgaben führt zu zusätzlichen Einkommen im privaten Sektor. Wie oben gesehen, schaffen zusätzliche Staatsausgaben zusätzliche Einlagen in den Banken für den privaten Sektor, der für Arbeit oder Güter und Dienstleistungen bezahlt wurde. Diese werden so lange ausgegeben, bis sie als Ersparnis im Inland oder Ausland gehalten oder zur Schuldentilgung (Kredite, Steuern etc.) eingesetzt werden. Die Erhöhung der öffentlichen Verschuldung führt also zu einer Erhöhung der Vermögen des privaten und externen Sektors. Diese Sektoren fahren aber nicht zwangsläufig selbst ihre Ausgaben zurück.

Auch die Preissignale sind nicht eindeutig. Sollte eine Erhöhung der Staatsausgaben zu erhöhter Inflation führen, könnten private Ausgaben verringert werden. Dies ist in normalen Zeiten allerdings nicht zu erwarten. Auf dem Arbeitsmarkt könnte die zusätzliche staatliche Nachfrage zu höheren Löhnen führen, wodurch Arbeitskräfte in die betroffenen Sektoren gezogen werden würden. Dadurch würde sich das Angebot an anderen Gütern und Dienstleistungen reduzieren. Dieser Effekt erscheint plausibel, setzt aber ebenfalls eine Situation nahe der Vollbeschäftigung voraus, in der private Unternehmen abgeworbene Arbeitskräfte entweder teilweise, gar nicht oder nur zu höheren Löhnen ersetzen können. Als letztes Preissignal schauen wir uns den Zins auf dem Geld- bzw. Kapitalmarkt an. Wie wir oben gesehen haben, führt in Abwesenheit von Offenmarktgeschäften eine Erhöhung der Staatsausgaben, die über die Ausgabe von zusätzlichen Staatsanleihen via Zentralbank direkt finanziert wird, zu einer Absenkung des Zinses. Von daher ist keine Reduzierung der privaten Investitionen zu erwarten. Zusammengefasst lässt sich sagen, dass nur bei annähernder Vollbeschäftigung eine Verdrängung privater Nachfrage durch Staatsausgabenerhöhungen stattfinden würde. Dies wäre also eine Verdrängung privater Nachfrage durch Inanspruchnahme realer Produktionskapazitäten und nicht qua Verdrängung privater Geldmittel. Ob eine solche Verdrängung sinnvoll ist, muss im politischen Prozess entschieden werden.

Erhöhung der sektoralen Ersparnis

Eine kurzfristige Erhöhung der Verschuldung ist nicht die einzige Möglichkeit, die verschiedenen Ausgaben nach oben zu treiben. Eine Umverteilung von niedrigen zu hohen Einkommen würde beispielsweise wohl dazu führen, dass weniger konsumiert und mehr gespart wird. Haushalte mit geringeren Einkommen geben anteilig weit mehr Geld für Konsum aus als Haushalte mit höheren Einkommen. Doch kommen wir noch einmal zu der Gleichung von eben zurück.

$$(S_P - I) + (T - G) + (IM - EX) = 0$$

Aus dieser Identität lassen sich weitere logische Schlüsse ziehen. Vorsicht ist geboten, da es sich um eine buchhalterische Gleichung handelt, die keinerlei Aussage über Kausalitäten trifft. Auch können wir nicht annehmen, dass Veränderungen einzelner Variablen keine Auswirkungen auf die Einkommen und damit das Wachstum haben. Wir gehen davon aus, dass die Summe der Veränderung der Verschuldung der einzelnen Sektoren genau null beträgt. Schauen wir uns beispielsweise ein Land an, in dem die Haushalte infolge einer Finanzkrise überschuldet sind. Sie sind bestrebt, die private Verschuldung abzubauen. Dies funktioniert über niedrigere Investitionen, welche aber die Produktion absinken lassen. Zweitens könnten die Haushalte versuchen, ihre private Ersparnis zu erhöhen. Wenn also die private Verschuldung sinken soll, was muss mit den anderen Variablen passieren?

Wenn $(S_P - I)$ positiv ist, dann sollten entweder $(T - G)$ oder $(IM - EX)$ oder beide negativ sein. Anders formuliert: eine höhere Ersparnis erreichen die Haushalte dadurch, dass sie entweder mehr einheimische Staatsanleihen oder mehr ausländische Finanzanlagen besitzen. Dazu müsste der Staat entweder die Steuern senken oder die Ausgaben erhöhen (oder eine Kombination der beiden Maßnahmen durchführen). Eine andere Möglichkeit ist, dass durch ein Absinken der Importe oder eine Steigerung der Exporte (oder eine Kombination) der Kauf ausländischer Finanzanlagen – inklusive Staatsanleihen – ermöglicht wird. Alternativ kann auch die Auslandsverschuldung dadurch reduziert werden, was ebenfalls auf eine Erhöhung der privaten Ersparnis hinausläuft. Aber was passiert, wenn der Staat seine Ausgaben nicht steigert und auch weder die Importe verringert noch die Exporte gesteigert werden?

Eine Anpassung an die Sparvorstellungen der Haushalte wird so oder so passieren. Ohne ein Eingreifen der Wirtschaftspolitik wird sich wohl in etwa Folgendes abspielen: Der Versuch der Haushalte, die Ersparnis zu erhöhen, sorgt für niedrigeren Konsum. Dies drückt die Nachfrage und damit auch Produktion und Einkommen. Die niedrigeren Einkommen wirken sich nochmals auf den Konsum aus, was sich wiederum auf die Importe auswirkt. Diese sinken, da die Einkommen der Haushalte zurückgehen. Auf der anderen Seite führt der Rückgang von Produktion und Einkommen einerseits zu erhöhten Staatsausgaben, da das Sozialsystem durch die zusätzliche Arbeitslosigkeit belastet wird, und andererseits zu sinkenden Steuereinnahmen, da die niedrigere Beschäftigung zu einem Absinken der Einnahmen aus Lohn- und Einkommensteuern sowie aus der Umsatzsteuer führt. Diese Reaktion der staatlichen Institutionen wird auch als automatischer Stabilisator bezeichnet.

Das Sparparadox

Im Endeffekt haben wir ein Paradox. Der Versuch der Haushalte, die Ersparnis zu erhöhen, hat zu sinkendem Konsum und Einkommen geführt. Die geringere Nachfrage führt wahrscheinlich auch zu geringeren Investitionen. In diesen Fällen kann der Versuch des privaten Sektors, die Verschuldung ($S_P - I > 0$) zu reduzieren, nicht gelingen. Der Versuch, die Ersparnis zu erhöhen, führt zu geringeren Einkommen und dadurch nicht zu einer Erhöhung der Ersparnis, da diese u. a. vom Einkommen abhängt. Es kann innerhalb des privaten Sektors auch zu einer Situation kommen, in der die Haushalte mehr sparen, die Unternehmen allerdings durch die geringere Nachfrage auf ihren Erzeugnissen sitzen bleiben. Dadurch verringert sich die Verschuldung der Haushalte auf Kosten der Unternehmen. Der private Sektor als Ganzes erhöht seine Ersparnis nicht.

Die zunehmende Verschuldung im Unternehmensbereich kann zu vermehrten Firmenpleiten führen. Da der Anpassungsprozess einen Rückgang der Produktion beinhaltet, führt er aufgrund der sinkenden Steuereinnahmen und der automatischen Stabilisatoren zu einem Anstieg der Staatsverschuldung ($G - T > 0$) und einer leichten Verbesserung in der Leistungsbilanz ($EX - IM > 0$) durch einen Rückgang der Importe (ausgehend von jeweils ausgeglichenen Salden). Zwei weitere Anpassungen wären denkbar, in denen entweder die Staatsverschuldung oder die Leistungsbilanz die Anpassungslast trägt, wobei die Einkommen stabil bleiben.

Die Regierung könnte dem privaten Sektor durch eine Ausweitung der Staatsausgaben eine Konsolidierung erleichtern. Durch höhere Nachfrage des Staates wird die sinkende Nachfrage des privaten Sektors kompensiert. Dadurch können die Haushalte mehr sparen, ohne dass die Nachfrage und damit Einkommen und Produktion einbrechen. Es kommt nicht zu steigender Arbeitslosigkeit. Diese Maßnahme wird als expansive Fiskalpolitik bezeichnet. Die Frage, für was der Staat das Geld ausgibt, ist eine politische.

Auf kurze Sicht ist es wichtig, dass die Einkommen der Haushalte stabilisiert werden, damit diese ihre Schulden tilgen können. Natürlich sollte die Regierung die zusätzlichen Ausgaben möglichst sinnvoll tätigen, um so die langfristige Wachstumsrate zu erhöhen. Investitionen in Infrastruktur gehören u. a. dazu. Die Regierung kann alternativ die Steuern senken und dadurch die Einkommen der Haushalte direkt erhöhen. Auch eine Kombination der beiden Maßnahmen ist denkbar. Allerdings sind nur

Ausgabenerhöhungen der Regierung sicher nachfragewirksam, da zusätzliche Einkommen durch niedrigere Steuern auch in die Ersparnis fließen könnten. Wenn der private Sektor diese Ersparnis zur Tilgung von Schulden einsetzt, wird die Menge an Einlagen wieder auf das Niveau vor der Politikmaßnahme absinken.

Eine weitere Möglichkeit der Wirtschaftspolitik liegt in einer expansiven Geldpolitik. Eine Absenkung des Zinses durch die Zentralbank könnte zumindest kurzfristig dazu führen, dass der private Sektor seine Investitionen erhöht. Kreditfinanzierte Investitionen rechnen sich natürlich besser, wenn der Zins niedrig ist. Zudem wären die Anleger auf den Finanzmärkten eventuell bereit, ein höheres Risiko in Kauf zu nehmen, wenn die Verzinsung der risikolosen Anlage abnimmt. Auch wenn nicht sehr viele Investitionen per Kredit finanziert werden, sondern eher durch einbehaltene Gewinne oder die Ausgabe von Finanzanlagen auf dem Kapitalmarkt, so ist doch der Zins ein wichtiger Faktor, da er die alternative Anlagemöglichkeit für einbehaltene Gewinne ist.

Wer risikolos 15% verdienen kann mit Staatsanleihen, der wird das Geld nicht in eine realwirtschaftliche Investition stecken wollen, die ebenfalls 15% erbringt. Theorie und Praxis liegen allerdings an dieser Stelle relativ weit auseinander, und die Daten stützen einen langfristig negativen Zusammenhang von Zinsen und Investitionen nicht. In der Zeit nach dem 2. Weltkrieg bis in die 1970er waren die Investitionen hoch wie auch die Zinsen. Seitdem fallen beide fast permanent.

Nehmen wir jedoch kurzfristig an, dass die niedrigeren Zinsen günstig auf die Wirtschaft wirken und durch einen Anstieg der Investitionen die Nachfrage erhöht würde. Dies würde dann den geringeren Konsum kompensieren. Die Haushalte könnten durch den Kauf von Industrieanleihen ihre Ersparnis erhöhen, ohne dass die Produktion einbricht. Diese Maßnahme der Geldpolitik funktioniert jedoch nicht bei relativ niedrigen Zinsen, da dann die schwache Nachfrage durch die niedrigen Zinsen nicht mehr kompensiert werden kann. Die Unternehmen schrecken vor weiteren Investitionen zurück, da selbst bei Nullzinsen aufgrund der mangelnden Kaufkraft die Produktion nicht gewinnträchtig abgesetzt werden kann.

Diesen Zustand nennt man Investitionsfalle. Bei fallenden Preisen würde sich sogar ein positiver Realzins ergeben. Dieser errechnet sich im Nachhinein durch den Nominalzins abzüglich der Inflationsrate. Angenommen, die Inflationsrate der Vermögensanlagen wächst ähnlich schnell wie die Inflation, dann bedeutet ein negativer Realzins, dass die Preissteigerung über dem Nominalzins liegt. Daher lohnt sich eine kreditfinanzierte Investition. Ist der Realzins hingegen positiv, so liegt der Nominalzins über der Inflationsrate – die Investition lohnt sich nicht. Da eine Erhöhung der Investitionen die Inflationsrate erhöht, senkt sie den Realzins ab. Insofern kann ein Kreditboom sich selbst anschieben, denn die zusätzlichen Investitionen sorgen dann selbst für die niedrigen Realzinsen. Die Kausalität von niedrigen Realzinsen zu hohen Investitionen ist daher nicht einfach hinzunehmen, sondern kritisch zu betrachten.

Liquiditätsfalle und Investitionsfalle

Im Unterschied zur Investitionsfalle steht bei der Liquiditätsfalle das Verhalten der Banken im Mittelpunkt. Die Banken verfügen über liquide Mittel (Reserven). Da diese keinen Zinsertrag einbringen, wird versucht, diese Mittel zu minimieren und nicht benötigte Liquidität in Finanzanlagen zu investieren oder zu verleihen.

Letzteres läuft über den Interbankenmarkt, Ersteres beinhaltet das Parken von Geld bei der Zentralbank, aber auch Investitionen in Wertpapiere oder Ähnliches (welches die überschüssige Liquidität nur innerhalb des Bankensystems verschiebt). Bei sehr niedrigen Zinsen werden die Banken jedoch immer weniger geneigt sein, ihre liquiden Mittel kurzfristig anzulegen. Schließlich ist der Zins, welcher erzielt werden kann, sehr gering. Gleichzeitig ist das Risiko einiger Anlagen nicht unerheblich, da die Preise jederzeit fallen können, sofern die Zinsen wieder anziehen. Die Kurse existierender Staatsanleihen steigen typischerweise nach erheblichen Zinssenkungen stark an.

Der Knackpunkt ist der Zusammenhang zwischen Wertpapierpreis und Verzinsung. Angenommen, Anfang 2007 erwarten US-amerikanische Anleger eine Rezession in der näheren Zukunft. Sie wissen, dass bei einer Rezession die Zentralbank die Zinsen senken wird. Dadurch werden auch die Nominalzinsen der Staatsanleihen sinken, die während der Niedrigzinsperiode herausgegeben werden. Jetzige umlaufende Staatsanleihen tragen jedoch noch hohe Nominalzinsen. Zwei Staatsanleihen über den Nominalwert von $100 mit unterschiedlich festgeschriebenen Nominalzinsen (die auf der Staatsanleihe fixiert wurden) müssten unterschiedliche Preise haben. Wer würde eine mit 2% verzinste neue Anleihe halten wollen, wenn es noch alte Anleihen identischer Restlaufzeit mit 5% auf dem Markt gibt?

Folglich werden die US-Anleger ihr Geld in US-Staatsanleihen anlegen, um von der noch relativ hohen Verzinsung zu profitieren. Durch die Nachfrage nach Staatsanleihen treiben sie deren Kurs hoch, weil eine \$100-Anleihe mit 5% Nominalzins bei einem Preis von \$101 noch attraktiver ist als eine (erwartete) Anleihe desselben Wertes mit 2% Nominalzins. Durch den erhöhten Preis sinkt die Rendite (d. h. das Verhältnis von Verzinsung und Kurs), in diesem Fall und bei Annahme einer Laufzeit von einem Jahr auf etwa 4%, da ja durch den Einsatz von \$101 nach Ablauf der Fälligkeit \$105 ausbezahlt werden. Wenn eine längere Rezession erwartet wird, dann werden Anleger hauptsächlich die längerfristigen Staatsanleihen kaufen, welche Laufzeiten von mehreren Jahren haben.

Im Resultat notieren die mittel- bis langfristigen Wertpapierpreise relativ hoch, wobei die Rendite verhältnismäßig niedrig ist. Sollte die Ökonomie aus der Rezession herauskommen, würden die bestehenden Staatsanleihen mit niedrigen Zinsen unattraktiv sein. Denn brummt die Wirtschaft wieder, werden wohl auch die Zinsen wieder angezogen und neue Staatsanleihen wären weitaus attraktiver als die bestehenden. Dies bedeutet jedoch nicht unbedingt, dass die Halter der alten Staatsanleihen Verluste erleiden. Die Papiere werden am Ende ausgezahlt und der Halter bekommt mehr Geld, als er vorher investiert hatte. Allerdings hätte er mehr Geld verdienen können, wenn er später neue Staatsanleihen mit höheren Zinsen gekauft hätte. Der zwischenzeitliche Verlust, der sich aus dem Absinken des Wertpapierpreises ergibt, ist ein rein bilanzieller. Aus diesem Grund werden Banken bei niedrigen Zinsen ihre Haltung an liquiden Mitteln (Reserven) erhöhen, statt sie für den Kauf von Staatsanleihen einzusetzen. Das Gleiche gilt auch für Anleihen von Firmen aus dem privaten Sektor.

In der Investitionsfalle ist es sehr unwahrscheinlich, dass die Geldpolitik bei niedrigen Zinsen durch eine weitere Absenkung des Zinses noch einen expansiven Effekt bei der Kreditvergabe erzielen kann. Im November 2019 liegt der Leitzins der Europäischen Zentralbank bei 0,00%. Es ist wohl nicht zu erwarten, dass die Unternehmer oder Haushalte sich durch die wahrscheinlich letzte Absenkung der Zinsen dazu verleiten lassen, zusätzliche Kredite nachzufragen. Der Zusammenbruch des Zusammenhangs zwischen niedrigen Zinsen und höheren Investitionen wird als Investitionsfalle bezeichnet.

In Spanien beispielsweise ist der Immobilienmarkt eingebrochen und die Preise fallen seit 2007 im ganzen Land. Die Investitionen in Spanien sind niedrig, da diese vorher zu einem großen Teil aus Investitionen in Immobilien bestanden, sowohl privat als auch gewerblich. Wenn ein Spanier im Jahr 2012 ein Haus kaufen möchte, dann würde er sich die Lage auf dem Immobilienmarkt ansehen und feststellen, dass die durchschnittlichen Preise immer noch fallen. Also würde er wohl von einem kreditfinanzierten Hauskauf absehen, da er ja auch später kaufen kann, wenn die Häuserpreise noch weiter gefallen sind. Also wird auch der günstigere Kredit ihn nicht von seinen Absichten abbringen. Hinzu kommt, dass aufgrund der negativen Preisdynamik mit höheren Eigenkapitalquoten zu rechnen ist. Es soll auch nicht vergessen werden, dass er sich die Einlagen ja nicht direkt von der Zentralbank leiht, sondern von einer Bank, welche einen Aufschlag verlangt.

Ähnlich werden die Unternehmer bei der augenblicklich schwachen Nachfrage wohl keine großen Investitionen tätigen. Die Kostenseite ist nicht entscheidend. Solange die spanischen Haushalte viel sparen und wenig konsumieren, wird die Kaufkraft in der Wirtschaft begrenzt sein. Die Unternehmen können alternativ versuchen, ihre Exporttätigkeit zu verstärken. Auch dadurch könnte eine Konsolidierung der Bilanzen des privaten Sektors erreicht werden. Wenn also der private Sektor spart und der öffentliche Sektor seine Verschuldung stabil bleiben lässt, dann kann durch einen Anstieg der Exporte die Nachfrage hochgehalten werden, so dass sich ein Anstieg der Ersparnis des privaten Sektors ohne einen Rückgang der Einkommen bewerkstelligen lässt.

Das Wechselkursregime

Die Anpassungsprozesse hängen vom Wechselkursregime ab. Die beiden wichtigsten sind der flexible und der fixe Wechselkurs. Bei einem flexiblen Wechselkurs hängt der relative Preis der Währungen vom Devisenmarkt ab. Hier werden Devisen gehandelt, der Preis passt sich flexibel an Angebot und Nachfrage an. Die Europäische Zentralbank selbst greift in den Prozess nur selten ein. Dadurch werden vor allem Unterschiede in der Inflation – sprich: Lohnkostenerwartung – laufend ausgeglichen, so dass einem Exporteur aus Lohnerhöhungen grundsätzlich kein Wettbewerbsnachteil entsteht. Andersherum wird eine Reduktion der einheimischen Lohnkosten nicht einfach zu mehr Exporten führen, sondern durch einen Anstieg des Wechselkurses kompensiert werden. Dies ist auch die Geschichte der DM. In der Bundesrepublik Deutschland war seit den 1980ern die Inflationsrate niedrig und die Währung wertete gegenüber dem US-Dollar beständig auf.

Beim fixen Wechselkurs ist dies anders. Hier kündigt die Zentralbank einen Wechselkurs oder eine Bandbreite an, zu welchem sie Devisen in einheimische Währung umtauscht und umgekehrt. Es ist eventuell nicht jeder berechtigt, unbegrenzt Devisen zu handeln oder auch nur zu halten. Aus diesem Grund gibt es häufig einen Schwarzmarkt, wenn die Restriktionen stark sind. Die Eurozone ist eine Art Währungssystem, in dem die Kurse der einzelnen Währungen fixiert sind. Dies wird dadurch verdeckt, dass alle Währungen in der Eurozone „Euro“ heißen.

Ein Euro in einer Bank, die viele deutsche Staatsanleihen besitzt, ist aber mehr wert, als etwa ein Euro in einer Bank, die viele zypriotische Staatsanleihen besitzt, wie die Anleger vor einiger Zeit feststellen mussten. In Zypern wurden Sparer teilweise an der Bankensanierung beteiligt und mussten auf Teile ihrer Einlagen verzichten. Wer seine Einlagen vorher ins Ausland verschoben hatte, der wurde nicht belangt. Da die Einlagensicherung und Bankeninsolvenz national geregelt sind, können kleinere Länder bei Finanzproblemen ihre Anleger nicht gegen Verluste absichern.

Kommen wir zurück zum privaten Sektor und seinen Sparbemühungen. Wenn also die inländische Nachfrage schwach ist, könnte ein Anstieg der ausländischen Nachfrage dazu führen, dass die inländische Nachfrage genau kompensiert wird und dadurch aus den vermehrten Sparbemühungen kein Rückgang der Produktion resultiert. Im Falle eines flexiblen Wechselkurses wird normalerweise die eigene Währung schwächer, wenn die Zentralbank zur Bekämpfung der Rezession die Zinsen senkt. Aufgrund der niedrigeren Zinsen werden internationale Investoren ihr Geld lieber andernorts anlegen, was zu Kapitalabflüssen und damit einem Absinken des Wechselkurses führt. Dadurch werden die ausländischen Produkte im Inland teurer. Da sich die inländischen Preise und auch die Einkommen der Haushalte nicht geändert haben, kann deren Kaufkraft in Bezug auf Importwaren gesunken sein.

In der Folge werden die Haushalte ihren Konsum einschränken. Nachdem Einfuhren im Gegensatz zu den einheimischen Gütern teurer geworden sind, wird nun also ein relativ größerer Teil der Nachfrage auf einheimische Güter fallen. Dies wird wohl bedeuten, dass die einheimische Produktion langsamer schrumpft als die Importe. Wichtig ist nun die Seite der Exporte. Die einheimischen Güter könnten aufgrund des gesunkenen Wechselkurses nun günstiger auf dem Weltmarkt angeboten werden. Wird der Preis der Exporte in ausländischer Währung aufgrund des neuen Wechselkurses angepasst, so werden diese in ausländischer Währung sinken. Es kann mehr exportiert werden. Ob nun die Exporterlöse steigen oder nicht, hängt von den neuen Preisen (niedriger) und Mengen (höher) ab.

Durch einen Exportüberschuss wird das Auslandsvermögen erhöht oder die Auslandsverschuldung abgebaut, da das Ausland mehr an inländischen Waren nachgefragt hat als andersherum das Inland an ausländischen Waren. Die Differenz muss durch Verschuldung bezahlt worden sein, meist in Form von Fremdwährung. Exportiert eine deutsche Firma etwas nach Schweden, wird der schwedische Importeur die Waren und Dienstleistungen entweder in schwedischen Kronen oder in Euro bezahlen. Dadurch sind entweder die Auslandsschulden der Eurozone gesunken, da nun die Schweden weniger Forderungen gegenüber der Eurozone besitzen, oder die Auslandsvermögen gestiegen, da nun der Exporteur über schwedische Kronen verfügt. Dieser Mechanismus ist bei einem System fixer Wechselkurse ähnlich.

Wechselkurse können auch von der Zentralbank fixiert werden. Dann tauscht die Zentralbank zu eben diesem Kurs einheimische in Fremdwährung und umgekehrt. Die Zentralbank muss dabei sicherstellen, dass ihr nicht die ausländischen Währungen ausgehen. Bei einheimischer Währung kann dies nicht passieren, denn die Zentralbank kann diese ja unbegrenzt schaffen. Wenn aber die Nachfrage nach ausländischer Währung die Reserven der Zentralbank übersteigt, dann ist ein fixierter Wechselkurs nicht mehr zu halten und die Zentralbank ist gezwungen, den Wechselkurs freizugeben. Aus diesem Grund sind Zentralbanken bestrebt, durch den Aufbau von Devisenreserven Vertrauen in die Stabilität des Wechselkurses herzustellen, sofern dieser fixiert wird.

Der Aufbau von Devisenreserven wird meist dadurch erreicht, dass Exportüberschüsse erzielt werden oder es zu Kapitalzuflüssen aus dem Ausland kommt. Da die Exporteinnahmen meist in Fremdwährung (oft US-Dollar) anfallen, die Exporteure aber ihre Produktionsfaktoren in einheimischer Währung bezahlen, wird die Zentralbank die Devisen gegen einheimische Währung tauschen. So kann die Zentralbank einen Devisenbestand aufbauen. Wichtig für die Frage des Exportüberschusses sind die realen Wechselkurse. Der reale Wechselkurs beschreibt den Preis eines Güterkorbs in einer Währung. Dabei spielen sowohl der nominale Wechselkurs, also etwa €1 = $1, wie auch das Preisniveau eine Rolle. Sollte beispielsweise die Inflation im Inland über der Inflation bei den Handelspartnern liegen, so könnte dadurch der reale Wechselkurs aufwerten. Der gleiche Effekt ergäbe sich bei einer Aufwertung der Währung, also einer Veränderung des Wechselkurses ohne eine Veränderung des Preisniveaus.

Neben den internationalen Handelsflüssen werden durch Wechselkursänderungen die Finanzvermögen verändert. In den letzten Jahrzehnten sind die täglich umgesetzten Volumina auf den Finanzmärkten auf ein Vielfaches des Güterhandels angestiegen. Bewegungen in den Portfolios sind allerdings oft selbst Ursache der Wechselkursänderungen. Wer als Europäer Finanzanlagen in US-Dollar hält, der wird bei einer Aufwertung des Euro einen relativen Verlust erfahren. In Euro gemessen wird der Wert der Anlagen geringer sein, wodurch sich also ein Teil der Kaufkraft entwertet hat. Auf der anderen Seite können auch die Verbindlichkeiten betroffen sein. Wer Schulden in US-Dollar zu begleichen hatte, der wird nun für die Tilgung der nominellen Dollar-Schuld eine geringere Menge an Euro benötigen. Sofern die Einnahmen in Euro gezahlt werden, wird das die reale Schuldenlast verringern.

Wechselkursänderungen und gesamtwirtschaftliche Bilanz

Es ist nicht uninteressant, wie sich eine Veränderung des Wechselkurses für eine gesamte Volkswirtschaft auswirkt. Dazu werden die Auslandsforderungen und die Auslandsverbindlichkeiten aller Inländer – Personen, Unternehmen, Staat – zusammengerechnet. Auf der linken Seite der Bilanz finden sich dann die Auslandsforderungen in den jeweiligen Währungen, auf der rechten Seite die Auslandsverbindlichkeiten. In welcher Währung diese Posten angegeben sind, hängt von den Schuldtiteln ab. Man kann sich theoretisch als Inländer im Ausland sowohl in einheimischer wie auch in ausländischer Währung verschulden. Nachfolgend betrachten wir den Fall der stilisierten US-amerikanischen Bilanz der Auslandsforderungen und Auslandsverbindlichkeiten.

Gesamte Volkswirtschaft

Forderungen	€1.000	Verbindlichkeiten	$1.000

Wir stellen fest, dass die Bilanz auf der Seite der Verbindlichkeiten Dollar ausweist und auf Seite der Forderungen ausländische Währung. Wie würde nun eine Abwertung des US-Dollar gegenüber dem Rest der Welt die Bilanzen beeinflussen? Die Verbindlichkeiten bleiben in US-Dollar gesehen gleich, die Forderungen hingegen steigen in US-Dollar gesehen an. Da für einen US-Dollar weniger Fremdwährung bezahlt werden muss, werden die ausländischen Forderungen mehr wert sein, was diese Seite der Bilanz nach oben zieht. Dies ist sehr praktisch, wie wir gleich sehen werden. Als Kontrast betrachten wir die Bilanz eines Entwicklungslandes. Dieses ist nicht in der Lage, sich in eigener Währung im Ausland zu verschulden und hält Forderungen teilweise in Dollar und Euro. Grund dafür könnten starke Abwertungen der einheimischen Währung in der Vergangenheit sein oder gar Staatsbankrotte.

Gesamte Volkswirtschaft

Forderungen	€500	Verbindlichkeiten	$ 2.500
Forderungen	$500	Nettovermögen	$−1.500

Für diese Volkswirtschaft führt eine Abwertung der eigenen Währung gegenüber dem US-Dollar zu Problemen. Durch die Abwertung erhöht sich der Wert der Verbindlichkeiten, für die jetzt mehr einheimische Währung bezahlt werden muss. Auf der anderen Seite steigt der Wert der Forderungen nur zum Teil an. Da das Land als solches netto eine positive Auslandsverschuldung verzeichnet, kann dies zu Problemen führen. Der Schuldendienst in US-Dollar ist nun erschwert, da die Einkommen weitestgehend in einheimischer Währung notiert sind. Nur die Exporteinkommen führen zu Zuflüssen von Devisen, u. a. auch US-Dollar. Da aber die Verbindlichkeiten zu Zinszahlungen in der entsprechenden Währung führen, muss nach einer Abwertung das Land bei konstanten Preisen mehr exportieren, um seine Auslandsverschuldung zu finanzieren. Dies ist ein realer Transfer von Ressourcen vom Inland ins Ausland. Aus diesem Grund wird das Eingehen von Auslandsverschuldung in Fremdwährung auch als „Sündenfall" (*original sin*) bezeichnet.

Wenn ein Land in Probleme gerät bei der Zahlung der Zinsen auf seine Auslandsschulden in Fremdwährung, kann es zu extremen Maßnahmen kommen. So könnte die Regierung die Zentralbank anweisen, die nötige Menge Geld in einheimischer Währung zu schaffen, um diese nach dem Umtausch in Fremdwährung zur Zinszahlung einzusetzen. Eine solche Politik würde den Wechselkurs weiter nach unten drücken und damit Importe verteuern. Der Preisanstieg der Importe kann dazu führen, dass auch einheimische Güter teurer werden. Schließlich sinkt ja die Kaufkraft der einheimischen Währung und die Arbeitnehmer könnten versuchen, dies durch höhere Lohnforderungen zu kompensieren. Dadurch entstünde dann auch ein Preisdruck bei einheimischen Produkten, da Unternehmen die Kostenerhöhung an den Kunden weitergeben. Im Extremfall kann dies zur Hyperinflation führen. Zusätzlich zu hoher Auslandsverschuldung sind Hyperinflationen meistens von Bürgerkriegen oder internationalen Konflikten, wie u. a. der Besetzung des Rheinlands durch französische Streitkräfte bei der letzten deutschen Hyperinflation Anfang der 1920er Jahre, gekennzeichnet.

In Zeiten von Hyperinflation steigt der Preis der Edelmetalle, da sie häufig als Wertanlage genutzt werden. In der Hoffnung, dass mit der Inflation auch der Goldpreis steigt, kann so auf den Erhalt der Kaufkraft spekuliert werden. Dies gilt auch für andere Edelmetalle und Rohstoffe. Außerhalb von Hyperinflationen ist jedoch nicht damit zu rechnen, dass Gold oder andere Rohstoffe eine sinnvolle Wertanlage sind, da deren Preise stärker schwanken als in Währung denominierte Finanzanlagen. Auch wenn bis Anfang der 1970er eine Golddeckung des US-Dollar existierte, ist zudem eine Rückkehr zu einem Edelmetall-Standard mehr als unwahrscheinlich.

Noch unwahrscheinlicher ist der langfristige Werterhalt bei virtuellen Währungen, die von Nicht-Zentralbanken herausgegeben werden. Während normale Währungen zur Zahlung von Steuerschulden beim Staat eingesetzt werden können, gibt es für virtuelle Währungen wie Bitcoin keine Garantie, dass damit in Zukunft irgendwelche Schulden beglichen werden können. Dies ist aber eine wesentliche Funktion von Geld. Solange es also keine größeren Mengen an Verschuldung gibt, welche auf Bitcoin ausgestellt sind (und nichts anderem), kann man wohl nicht von einer souveränen Währung sprechen. Der Wert der Bitcoin ergibt sich, ähnlich wie bei alten Sammelkarten mit Bildern von Fußballspielern, durch emotionale Bindung an die Objekte bzw. die Abbildungen der Spieler, die dadurch einen Wert gewinnen. Ein weiterer Grund zum Kauf von Bitcoin könnten die illegalen Waren und Dienstleistungen sein, die damit erworben werden können. Bitcoin ist also eine Währung, steht aber auf einem dünnen Fundament. Aber kommen wir nun zurück zu der Währung, in der wir momentan unsere Steuern zahlen, und ihren momentanen Problemen.

Das makroökonomische Problem

Das große Problem der Makroökonomie ist die Frage der Arbeitslosigkeit. Bevor John Maynard Keynes in der Folge der Großen Depression seine „Allgemeine Theorie der Beschäftigung, des Zinses und des Geldes“ veröffentlichte, waren die großen politischen Ökonomen – Smith, Ricardo, Malthus, Marx etc. – alle mehr oder weniger davon ausgegangen, dass in einer Ökonomie Vollbeschäftigung herrschen würde.[106] Bei Marx ergab sich Arbeitslosigkeit aus dem intensiveren Einsatz von Maschinen und einer zunehmenden Monopolisierung, aber dies kann nicht erklären, warum wir nun im 21. Jahrhundert immer noch keine Massenarbeitslosigkeit haben, obwohl wir stärker denn je auf Maschinen setzen. Bei Smith gab es lediglich eine kurzzeitige Knappheit von Arbeitskräften, die durch erhöhtes Bevölkerungswachstum wieder beseitigt wurde, was Ricardo und Malthus in Abrede stellten.

Erst Keynes erklärte Arbeitslosigkeit in seinem theoretischen Werk überzeugend mit einem Mangel an Nachfrage, was gleichbedeutend mit einem Mangel an Kaufkraft ist.[107] Die Ökonomen vor Keynes definierten Arbeitslosigkeit als freiwillig und gingen davon aus, dass sich Angebot und Nachfrage immer bei Vollbeschäftigung entsprechen würden. Zum theoretisch ermittelten Gleichgewichtslohn würden dann alle, die Arbeit suchen würden, welche finden. Auch die Unternehmer würde zu diesem Lohn so viel Arbeitnehmer einstellen können, wie sie beabsichtigten. Daher war die Vorstellung eines Gleichgewichts in der Ökonomie die, dass keine Seite am Arbeitsmarkt irgendwelche Preis- bzw. Lohnveränderungen anstrebte. Wer Arbeit suchte, hatte welche gefunden und wollte weder einen höheren noch einen niedrigeren Lohn fordern. Wer Arbeitnehmer suchte, der fand die richtige Menge und hatte entsprechend keine Anreize, den Lohn zu erhöhen oder zu reduzieren.

Keynes hingegen wies darauf hin, dass es sehr wohl Gleichgewichte – damit meinte er eher „Situationen“ – geben könnte, bei der unfreiwillige

Arbeitslosigkeit dauerhaft existierte. Durch Ersparnishaltung werden dem Geldkreislauf Einlagen entzogen, und es ist keineswegs garantiert, dass durch zusätzliche Investitionen zusätzliche Einlagen in gleicher Höhe hinzugefügt werden würden. Insofern wäre es ein Mythos, dass jede Erhöhung der Ersparnis zu einer Erhöhung der Investitionen (in Maschinen, Immobilien und andere Produktionsmittel) führte. Ein Nebeneffekt einer erhöhten Ersparnis kann auch sein, dass Unternehmen ihre Produktion nicht mehr komplett absetzen können und teilweise auf Lager produzieren. Sie schränken dann ihre Produktion ein, wodurch Arbeitslosigkeit entsteht. Besonders betroffen ist die Investitionsgüterindustrie, deren Absatz teilweise von Vermögenspreisen abhängt, welche stark fluktuieren und keineswegs „rational" sind. Die jüngsten Immobilienblasen in Spanien, Irland und auch den USA bestätigen diese Sicht.

Arbeitslosigkeit resultiert dann aus dem Platzen einer Vermögenspreisblase, so wie am Neuen Markt (Nemax) im Jahr 2000, oder eben Immobilienblasen, weil die Investitionen danach stark absacken. Wer möchte schon bei sinkenden Hauspreisen eine neue Immobilie bauen? Oder bei sinkenden Aktienkursen in ein Unternehmen investieren, welches als Konkurrent zu denen auftritt, deren Aktienpreise da gerade nach unten stürzen? Es ist also höchst unwahrscheinlich, dass die Nachfrage und das Angebot sich genau ausgleichen. Konsum, Investitionen, Staatsausgaben und Nettoexporte werden also normalerweise nicht dem Angebot entsprechen. Da sich diese Sicht der Makroökonomie durchsetzte, wurden der Regierung durch die Fiskalpolitik und der Zentralbank durch die Geldpolitik Instrumente an die Hand gegeben, mit der sie das makroökonomische Marktergebnis verbessern sollten.

Seit Ende des 2. Weltkriegs haben so gut wie alle modernen Volkswirtschaften also staatliche Institutionen, die den Markt erst ermöglichen und daher massiv in diesen eingreifen. Sie haben zudem „manipulierte Währungen", die von der Zentralbank kontrolliert werden und als staatliches Monopol dem freien Markt vorgezogen wurden. Der Zins ist Ergebnis der Entscheidungen in der Zentralbank, nicht Ergebnis von Marktentscheidungen. Es ist also ein Irrglaube, von den modernen Volkswirtschaften anzunehmen, sie würden auf „freien Märkten" basieren. Wenn dies so wäre, warum verzichten wir dann nicht auf staatliches Geld, auf Zentralbanken und eine Regierung, die einen großen Teil der Infrastruktur finanziert?[108] Wie wir gesehen haben, ist es das Zusammenspiel von Staat und Unternehmen, welches zu gesamtwirtschaftlich wünschbaren

Ergebnissen führt. Der Unternehmenssektor ist in einigen Bereichen gut in Effizienz, allerdings wird ihm nicht die Bestimmung der Beschäftigung überlassen. Dafür sorgen Fiskalpolitik und Geldpolitik.

Jegliche Diskussion über Arbeitslosigkeit sollte daher über die Höhe der staatlichen Eingriffe geführt werden, nicht über die Frage, ob diese erlaubt sind. Wenn wir durch höhere Staatsausgaben die Arbeitslosigkeit reduzieren können, warum tun wir es dann nicht? Wenn der Staat nicht Pleite gehen kann, dann ist es theoretisch möglich, jegliche Arbeitslosigkeit in der Ökonomie zu beseitigen. Die Jahrzehnte der Nachkriegszeit mit Arbeitslosigkeitsraten von 1-2% bei gleichzeitiger Preisstabilität bis zu den Ölpreisshocks zeugen von der praktischen Relevanz dieser Einsicht.

Analyse der Eurozone

Mit der *sub-prime crisis* im Immobiliensektor der USA begann 2007 die Finanzkrise, welche im Laufe der Zeit die gesamte Weltwirtschaft erfasste. Die Erkenntnis, dass durch modernes Portfoliomanagement nun Spekulationsblasen im US-amerikanischen Immobilienmarkt zu Bankenpleiten in Deutschland führen konnten, wurde teuer erkauft. Hunderte von Milliarden Euro an Auslandsforderungen haben sich im Nachhinein als zu hoch bewertet herausgestellt. Neben US-amerikanischen Finanzanlagen mit Bezug zum Immobiliensektor sind auch spanische und irische Finanzanlagen in ähnlicher Weise betroffen.

Ein wesentliches Problem ist dabei die Auslandsverschuldung. Wie wir gesehen haben, steigt diese in Ländern an, deren Importe über den Exporten liegen. Andersherum sinkt sie bzw. werden Auslandsvermögen aufgebaut, dort wo Exporte über den Importen liegen. Die hohe Auslandsverschuldung einiger europäischer Länder steht also in direktem Zusammenhang mit den deutschen Exportüberschüssen. Warum waren diese Exportüberschüsse bzw. -defizite so hoch?

Diese Fragen des Außenhandels werden in den nächsten beiden Kapiteln beleuchtet. Zunächst geht es um die Anpassungsprozesse in der Europäischen Union vor Einführung des Euros, in dem ein Wechselkursregime mit festen Wechselkursen (das Bretton-Woods-System) und eines mit flexiblen Wechselkursen durchgespielt wird. Diese werden dann als Basisszenario verwendet, um die Anpassungsprozesse der Eurozone zu verstehen. Dabei wird klar werden, dass der Euro eine Fehlkonstruktion ist. Dies liegt wohl am mangelhaften Verständnis der Geldtheorie. Während dem Bankensektor bei der Kreditschöpfung keine wesentlichen Begrenzungen auferlegt wurde, ist die Regulierung von Staatsverschuldung mehr als strikt gestaltet. Wenn aber Unternehmen und Haushalte in die Insolvenz gehen können und der Staat nicht, ist dies aus funktionaler Sicht nicht überzeugend. Auch Leistungsbilanzungleichgewichte sowie Lohnpolitik wurden komplett ignoriert. Dieser Sachverhalt soll in den nächsten beiden Abschnitten aufgezeigt werden.

Dabei muss immer bedacht werden, dass die Krise das Resultat einer volkswirtschaftlich ungesunden Entwicklung ist. Die Krise ist das Ergebnis volkswirtschaftlicher Prozesse. Sie ist quasi das Symptom von Schwächen, welche sich über die Jahre gezeigt haben. Die Krisenursachen liegen in gesellschaftlich-politischen Prozessen und können nicht monokausal abgehandelt werden. Eine „Rettung des Euro“ ist daher als Metapher verfehlt – der Euro muss nicht gerettet werden. Er ist nur die Währung einer Gruppe von Ländern. Was gerettet werden muss, ist die Fähigkeit dieser Ländergruppe, staatliche und private Güter und Dienstleistungen zu produzieren, um die Wohlfahrt der Menschen zu erhöhen.

Bei Massenarbeitslosigkeit von knapp 14% respektive 17% in Spanien und Griechenland sollte klar sein, dass es hier nicht um die Rettung einer Währung, sondern um die Rettung der Menschen gehen muss. Gleichzeitig liegt in den Krisenländern die Selbstmordrate auf hohem Niveau, ebenso die Sterblichkeit aufgrund von Einsparungen im Gesundheitssystem. Die Arbeitslosigkeit in der Eurozone sinkt zwar, ist aber deutlich höher als in Japan, den USA oder auch des Teils der EU, der nicht zur Eurozone gehört. Dies zerstört das Vertrauen der Menschen in die Gesellschaft, insbesondere in die Demokratie.[109]

Adam Smith warnte bereits in seiner Untersuchung „Der Wohlstand der Nationen“ davor, dass eine Regierung, die sich nur um die Wahrung der Eigentumsrechte kümmert, in Wahrheit nur für die Verteidigung der Reichen vor den Armen eingesetzt ist. Es erscheint unwahrscheinlich, dass eine auf diese Art und Weise handelnde Regierung den Wohlstand aller ihrer Bürger mehrt. Nichtsdestotrotz wurden bis heute in der Eurozone die Banken und Investoren gerettet, während Millionen von Bürgern unverschuldet in Arbeitslosigkeit geraten sind. Selbst diejenigen, die mit hohen Hypotheken Häuser und Wohnungen gekauft hatten, trifft nur eine Teilschuld. Für einen Hypothekenvertrag braucht man zwei Seiten, und der Zins wird auch deswegen verlangt, weil es sich um ein Risiko handelt. Dass nun aber einseitig die Banken von den Folgen ihres Versagens bewahrt wurden, während man die Kreditnehmer hängen lässt, ist wohl weder ordnungspolitisch noch wirtschaftspolitisch zu rechtfertigen.

10. Die Situation vor und nach dem Euro

Noch vor Ende des 2. Weltkriegs wurde das Bretton-Woods-System geplant, welches Frieden und Sicherheit in der Welt nach Ende des Krieges unterstützen sollte. Dazu wurden sämtliche Wechselkurse der teilnehmenden Länder an den US-Dollar gekoppelt, der seinerseits mit Gold gedeckt war. Der Wechselkurs der D-Mark war so fixiert, dass die deutschen Produkte relativ günstig waren. Solange die Inflation in (West-)Deutschland nicht über derjenigen der USA lag, konnte Deutschland einen Exportüberschuss erzielen. Die Inflationsrate hängt im Wesentlichen von der Entwicklung der Produktivität und der Löhne ab. Solange sich in den USA und anderswo Löhne und Produktivität im Gleichschritt entwickeln, wird der reale Wechselkurs der D-Mark sinken, wenn in Deutschland wie seit Ende der 1990er die Lohnsteigerung unter der Produktivitätssteigerung liegt. Deutsche Produkte werden also relativ zu ausländischen Produkten billiger. In einem System fester Wechselkurse schlagen sich Veränderungen in den Güterpreisen nicht in den Wechselkursen nieder, sondern in der Leistungsbilanz. Nachdem die Preise an den internationalen Warenmärkten für alle Importeure gleich sind, werden Veränderungen im Preisgefüge in erster Linie durch die Veränderungen in den Lohnstückkosten bestimmt.

Bei den hohen Produktivitätszuwächsen in Nachkriegsdeutschland war es nicht schwierig, die Lohnwachstumsraten etwas darunter zu halten. Durch diese Art der Inflationspolitik wurde die außenwirtschaftliche Situation stabilisiert. So blieb der reale Wechselkurs günstig für die Exporteure, während Importe relativ teuer waren. Im Exportsektor wurde mehr Beschäftigung erzeugt und durch den Wiederaufbau konnte die Produktionskapazität relativ schnell gesteigert werden. Dies war das Wirtschaftswunder der 50er und 60er Jahre, erleichtert durch einen teilweisen Schuldenerlass für die junge Bundesrepublik im Jahr 1953. Millionen Menschen hatten gute Einkommen und stiegen in die Mittelschicht auf. Die Verteilung der Vermögen und der Einkommen war gleichmäßiger als heute, Steuersätze generell höher. Die Binnennachfrage trug wesentlich zum Wachstum bei, was zur Vollbeschäftigung führte.

Die europäischen Länder führten, mehr oder weniger ausgeprägt, eine nationale Industriepolitik durch. Es wurden gezielt Unternehmen angesiedelt, Infrastruktur gebaut und die Ausbildung der Arbeitskräfte gefördert. Sobald eine führende Industrie, wie etwa die Automobilindustrie, in Schwierigkeiten geriet, wurden die Unternehmen verstaatlicht und saniert. Während dies in Großbritannien in den 1970ern fehlschlug, war die Sanierung der französischen Automobilhersteller in den 1980ern erfolgreich. Ebenfalls in den 1980ern beugten sich die japanischen Automobilhersteller dem Druck aus Brüssel und beschränkten ihre Verkäufe in Europa.

Der Hintergrund dieser Industriepolitik ist die Einsicht, dass mit steigenden Produktionsmengen die Durchschnittskosten fallen. Werden die Produktionsmengen gesenkt, dann steigen folglich die Preise. Eine Unterauslastung der Produktion führt also über steigende Preise zu weniger Absatz und noch größerer Unterauslastung. Aus diesem Grund kann es wirtschaftspolitisch sinnvoll sein, einer Industrie über eine Durststrecke hinweg unter die Arme zu greifen. Ist die Produktion erstmal heruntergefahren, würde sie ganz verschwinden und damit wäre sämtliches Produktions- und auch Humankapital wertlos. In guten Zeiten würden die Arbeitskräfte wieder Arbeitsplätze finden, aber in schlechten Zeiten kann es sinnvoll sein, eine solche Industrie zu unterstützen. Schließlich waren und sind die Erzeugung von Industriegütern der Schlüssel zu guter Arbeit und Wohlstand.

Durch die ständigen Leistungsbilanzüberschüsse baute Deutschland in der Nachkriegszeit Devisenreserven auf, die aber aufgrund der Konstruktion des Bretton-Woods-Systems unnötig waren. Die Zentralbank hatte Dollar-Reserven in der Bilanz, da die Exporteure ihre Dollar in D-Mark umtauschten, weil sie ihre Produktionsfaktoren in einheimischer Währung bezahlten. Durch die steigenden Exporte wurden in Deutschland zusätzliche Arbeitsplätze geschaffen, während in den USA durch die Importe teilweise Arbeitsplätze vernichtet wurden. Um die Leistungsbilanzungleichgewichte nicht zu groß werden zu lassen, wurde die D-Mark einige Male aufgewertet. Dadurch verbilligten sich Urlaubsreisen ins Ausland. Allerdings verteuerten sich die Exporte auf den Weltmärkten.

Nichtsdestotrotz war Deutschland ein Exportüberschussland, und die Verluste bei den Dollarbeständen in der Bundesbankbilanz durch die Aufwertung der D-Mark wurden als Preis für das System einer leicht unterbewerteten Währung hingenommen. Nach dem Ende des Bretton-Woods-Systems wurden die europäischen Wechselkurse von den Zentralbanken verwaltet. Zunächst wurden die sog. Korridore vorgegeben, innerhalb derer die Wechselkurse sich bewegen durften. Das Ganze wurde dann zu einem europäischen Wechselkurssystem ausgebaut. Auch in diesem System gab es Anpassungsprobleme.

Die Wachstumsraten der italienischen Wirtschaft beispielsweise lagen unter denen der deutschen Wirtschaft, wobei aber die Lohnentwicklung relativ zur Produktivitätsentwicklung höher lag. Durch die daraus entstandene Inflation verringerte sich die Wettbewerbsfähigkeit der italienischen Exporteure. In der Folge drängte die Politik auf eine Abwertung der italienischen Lira, um die Situation der Leistungsbilanz zu verbessern. Durch eine solche Abwertung war die Konkurrenzfähigkeit, insbesondere der norditalienischen Unternehmen, schlagartig wiederhergestellt, während die direkten Konkurrenten, u. a. in Deutschland, auf einmal ihren Wettbewerbsvorteil schwinden sahen.

Dieser Anpassungsprozess wurde von Teilen der betroffenen Industrie als ungerecht empfunden, da durch die jederzeit drohende Abwertung der Währungen für die Unternehmen aus anderen Ländern eine fundamentale Unsicherheit entstand. Bei langfristigen Investitionen ist eine solche Unsicherheit problematisch, da die zukünftigen Erträge nicht geschätzt werden können. Auf der anderen Seite verhinderte eine drohende Abwertung, dass deutsche Banken größere Teile ihres Geldes in ausländische Finanzanlagen investierten.

Aus diesen Gründen wurde die alte Idee einer europäischen Währung noch vor der deutschen Wiedervereinigung wieder aufgegriffen. 1992 wurde die Währungsunion im Maastricht-Vertrag fixiert, später der Name Euro gewählt. Die Wechselkurse wurden 1999 fixiert, 2002 wurde dann die Währung als Bargeld eingeführt. Die Mitglieder der Eurozone waren nun wieder zurück in einem Fixkurssystem. Basierend auf dem theoretischen Grundgerüst aus dem ersten Teil des Buches folgt nun ein Überblick über die wirtschaftliche Entwicklung der Eurozone von 1999 bis 2012.

Mit der Einführung des Euro wurden die Wechselkurse der Länder fixiert, der Zinssatz vereinheitlicht und die Möglichkeit der Neuverschuldung der Regierungen begrenzt. Dies sind die drei wesentlichen Veränderungen. Alle drei Punkte spielen eine Rolle bei der Analyse der wirtschaftlichen Entwicklung der Eurozone in den Jahren von 1999 bis 2012. Im Folgenden wird anhand der Daten von Deutschland, Irland, Griechenland und Spanien ein Panorama dieser Entwicklung gezeichnet.

Zinsen, Kredite und Investitionen

Beginnen wir mit der Vereinheitlichung des Zinssatzes. Abbildung 10.1 zeigt Spitzen- und Hauptrefinanzierungssatz sowie den Einlagesatz. Banken der Eurozone können sich also zu den ersten beiden Zinssätzen von der Zentralbank Geld leihen gegen notenbankfähige Sicherheiten. Sie können sich auch am Interbankenmarkt von anderen Banken Geld leihen. Dazu müssten sie einen Zins bieten, der über dem Einlagesatz liegt.

Abbildung 10.1: Zinssätze der EZB in der Eurozone

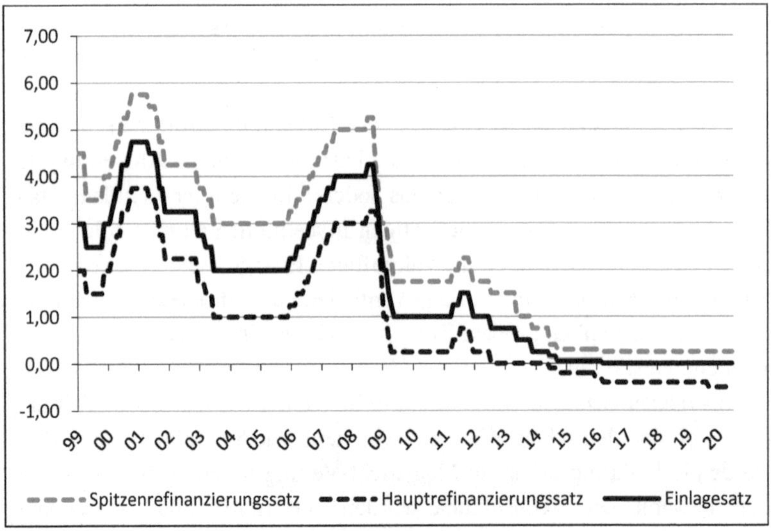

Quelle: Eurostat (irt_cb_m)

Der (Hauptrefinanzierungs-)Zins in der Eurozone bewegte sich in den ersten Jahren um die 3%. Dieser Zins war beispielsweise in Spanien und Irland niedriger als der letzte Zins der nationalen Währung. Zudem herrschte in beiden Ländern eine optimistische Stimmung, die Arbeitslosigkeit fiel in den 1990ern und die Menschen schauten erwartungsfroh in die Zukunft. Insbesondere der Bau bzw. der Kauf von Häusern, finanziert durch Hypotheken, war sehr beliebt. Die Statistiken über Hauspreise in Spanien, so wurde gesagt, hätten seit Beginn ihrer Erhebung in den 1960ern niemals fallende Preise ausgewiesen. In Verbindung mit dem relativ guten Wirtschaftswachstum, dem Absturz der Aktienbörsen nach dem Platzen der Internetblase in den Jahren 2001/02 und der Niedrigzinspolitik der US-Zentralbank (sog. *Greenspan put*) erwies sich die Nachfrage nach Hypotheken als konstant steigend. Dies findet in Abbildung 10.2 seinen Niederschlag.

Abbildung 10.2: Inländische Kredite an den privaten Sektor, in % vom BIP

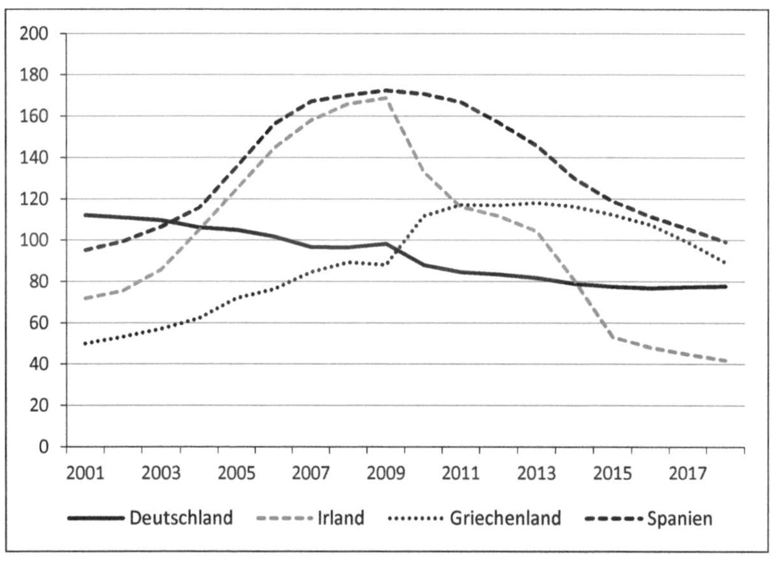

Quelle: World Bank (domestic credit to private sector)

Auch auf Seiten der Unternehmen war die Nachfrage nach Kredit schwach ausgeprägt. Dafür gibt es wohl mehrere Gründe. Eine Reihe von Trends kamen zusammen: die Hochzinspolitik der BuBa Mitte der 90er Jahre, eine restriktive Fiskalpolitik – zwei Drittel der Jahre zwischen 1982 und 2002 weisen positive Primärsalden auf; erhebliche negative Salden für den Privatsektor zwischen 1994 und 2002, besonders nach dem Amtsantritt des Bundesfinanzministers Eichel – und flexible Wechselkurse nach der Krise des Europäischen Währungssystems von 1992 mit kontinuierlicher Aufwertung der DM. Dazu kam dann der Absturz des Neuen Marktes. Der Nemax-50-Index erreichte im Jahr 2000 einen Höchststand von über

9.500 Punkten, notierte aber bereits im September 2002 bei unter 1.000 Punkten. Die Anleger hatten durchschnittlich also fast 90% ihres Depotwerts verloren. Dies riss Löcher auch in die Bilanzen der deutschen Unternehmen, die sich ebenfalls an der Spekulation beteiligt und ihre Käufe teilweise durch Kredite finanziert hatten. Einige Unternehmen nutzten daher ihre Gewinne zur Schuldentilgung. Investieren mochten sie, nicht zuletzt aufgrund der schwachen Binnennachfrage, eher nicht.

Abbildung 10.3: Hauspreisindizes

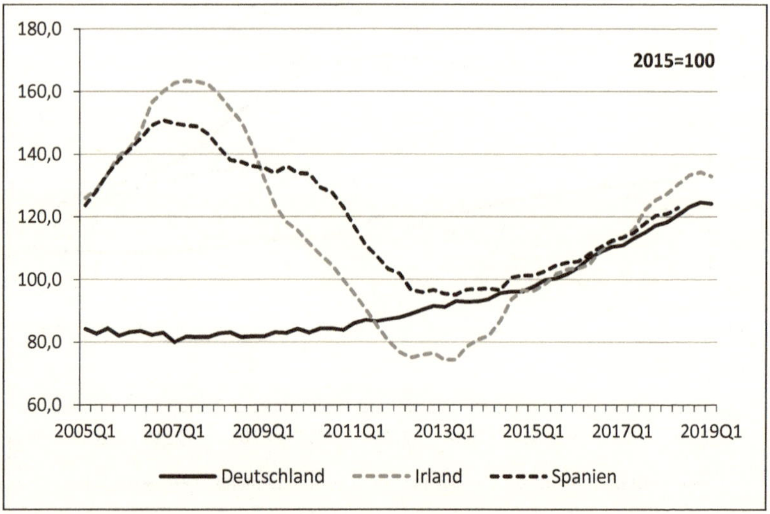

Quelle: Eurostat (prc_hpi_q)[110]

In Spanien und besonders in Irland führten steigende Häuserpreise zu der Einsicht, dass durch die Spekulation mit Häusern sehr viel Geld verdient werden kann. Neben den Nachfragern, die in den Häusern wirklich wohnen wollten, traten also nun auch Spekulanten auf, die sich durch den Weiterverkauf von Häusern Profite versprachen. Abbildung 10.3 zeigt die Entwicklung der Hauspreise in den vier Ländern von 2005 bis 2013. Leider sind keine früheren Daten verfügbar, sonst hätte man wohl sehen können, dass die Häuserpreise, insbesondere in Spanien, schon seit längerer Zeit stiegen.

Was sind nun die makroökonomischen Auswirkungen der Immobilienblasen? Unsere makroökonomische Grundgleichung lautete wie folgt:

$$Y = C + I + G + EX - IM$$

Das Bruttoinlandsprodukt entspricht also Konsum, Investition, Staatsausgaben und Außenbeitrag (Exporte minus Importe). Der Bau von gewerblichen wie auch privaten Immobilien fällt in der Statistik unter die Investitionen. Investitionen können durch vorhandenes Vermögen finanziert werden (also Entsparen) oder durch einbehaltene Gewinne, aber sie können auch kreditfinanziert sein.

Abbildung 10.4: Bruttoanlageinvestitionen, Kettenindex

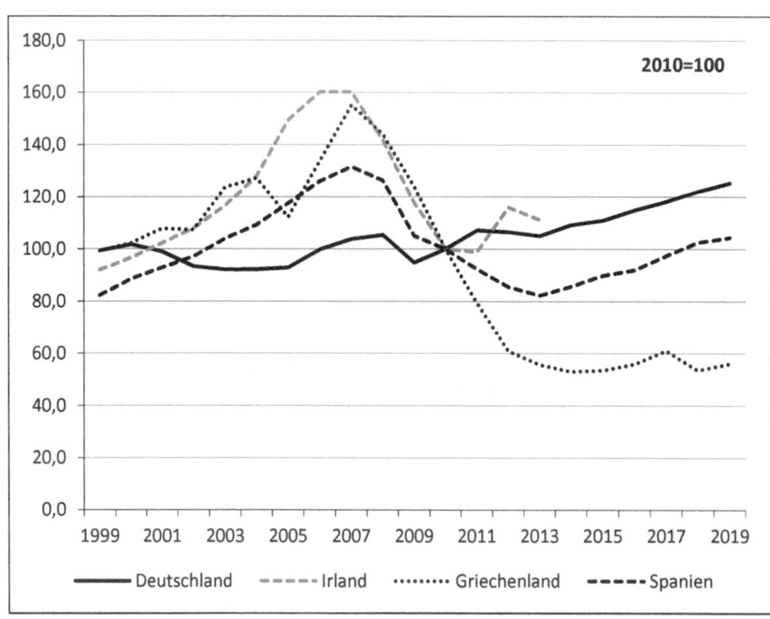

Quelle: Eurostat (nama_10_gdp)[111]

Wie wir in Abbildung 10.2 gesehen haben, war die Kreditvergabe in Spanien, Griechenland und Irland relativ hoch, während sie in Deutschland auf niedrigem Niveau stabil war. Dies schlägt sich entsprechend in den Bruttoanlageinvestitionen pro Einwohner nieder. In Abbildung 10.4

wird deutlich, dass insbesondere in den Ländern mit ausgeprägtem Immobilienboom die Investitionen stark angestiegen waren.

Der Anstieg der Investitionen wurde also durch Kredite finanziert. Spanische, irische und griechische Banken steigerten ihre Kreditvergabe, da sie sich auf der sicheren Seite wähnten. Die Vergabe von Krediten, so hatten wir im theoretischen Teil gesehen, setzt keine Ersparnisse voraus. Banken vergeben Kredite und schaffen dadurch Einlagen. Sollten sie liquide Mittel benötigen, können sie sich bei der Zentralbank Reserven und damit Bargeld besorgen. Solange aber die zusätzlich geschaffenen Einlagen nur in Spanien zirkulierten, wurden sie von einer Bank zur anderen überwiesen. Die Banken mit einem temporären Überschuss an Reserven können diese an die Banken mit einem temporären Defizit verleihen.

Abbildung 10.5: Anteil des Bausektors an Wertschöpfung, in %

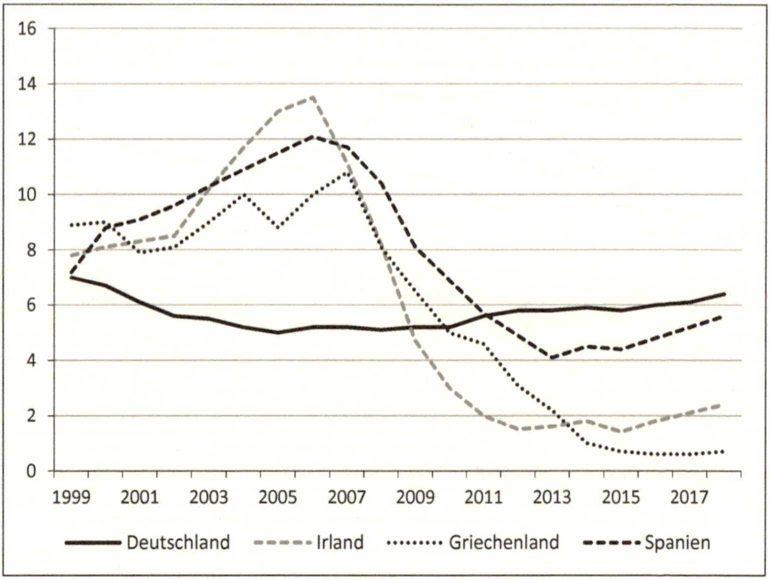

Quelle: Eurostat (TIPSNA50)

Da der Bauboom in den Regionen recht unterschiedlich ausfiel, ist es sogar wahrscheinlich, dass einige regionale Banken eher zu viel an liquiden Mitteln, andere hingegen zu wenig hielten. In der Folge der Finanzierung des Immobilienbooms über Kredite kam es zu einer Erhöhung des Anteils des Bausektors an der gesamten Wertschöpfung. Dieser Effekt lässt sich in Abbildung 10.5 ablesen. In Spanien erreicht der Anteil bis zu 14%, während er in Deutschland über die betrachtete Periode von unter 6% auf knapp über 4% fiel.

Der Bausektor hat natürlich nicht nur private, sondern auch öffentliche Bauprojekte durchgeführt. So wurde etwa in Spanien durch öffentliche Bauten der Wert der anliegenden Immobilien teilweise gezielt gesteigert. Momentan werden in Spaniens Tagespresse tagtäglich neue Details in gleich mehreren Korruptionsskandalen veröffentlicht, in denen es meist um die Verbindungen der sog. Baulöwen zur lokalen und auch nationalen Politik geht. Die lokalen Steuereinnahmen hängen in Spanien wesentlich von der Anzahl neuer Immobilienprojekte ab, da beim Neubau eine Steuer fällig wird. Diese machte in den Boomzeiten einen großen Teil der Einnahmen der Kommunen aus.

Abbildung 10.6: Bruttoinlandsprodukt zu Marktpreisen, Kettenindex

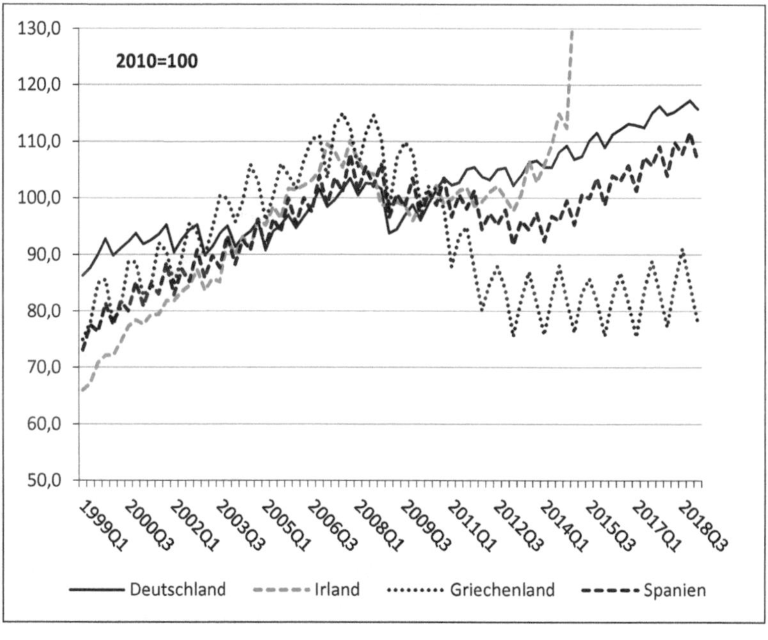

Quelle: Eurostat (namq_10_gdp)

BIP, Arbeitslosigkeit und Inflationsrate

Solange relativ viele kreditfinanzierte Investitionen durchgeführt werden, wird das Bruttoinlandsprodukt in den betroffenen Ländern stärker steigen als anderswo. Abbildung 10.6 zeigt das Bruttoinlandsprodukt (zu Marktpreisen). Spanien und Irland hatten vor dem Ausbruch der Krise ein stetiges und deutlich positives Wachstum zu verzeichnen, ebenso Griechenland. In Deutschland war das Wachstum eher schwach, wenn auch ebenfalls positiv. Vollbeschäftigung war nicht in Sicht.[112]

Die höheren Wachstumsraten in Irland, Griechenland und Spanien führten zu einem Rückgang der Arbeitslosigkeit. In Abbildung 10.7 ist zu sehen, dass die Arbeitslosigkeit in diesen Ländern um 2007 herum auf unter 10% fiel. Dies lag insbesondere daran, dass der Bausektor relativ gering qualifizierte Arbeitnehmer beschäftigte, die eventuell vorher nur schwer in den Arbeitsmarkt zu integrieren waren. Das Absinken der Arbeitslosigkeit führte zu einer Verknappung von Arbeitskräften. Dies wiederum führte zu steigenden Löhnen. Die Arbeitgeber merkten, dass die Arbeitskräfte viele alternative Beschäftigungsmöglichkeiten hatten und mussten daher einen höheren Lohn bieten, um ihre Arbeitskräfte langfristig zu binden.

Abbildung 10.7: Arbeitslosigkeit, in %

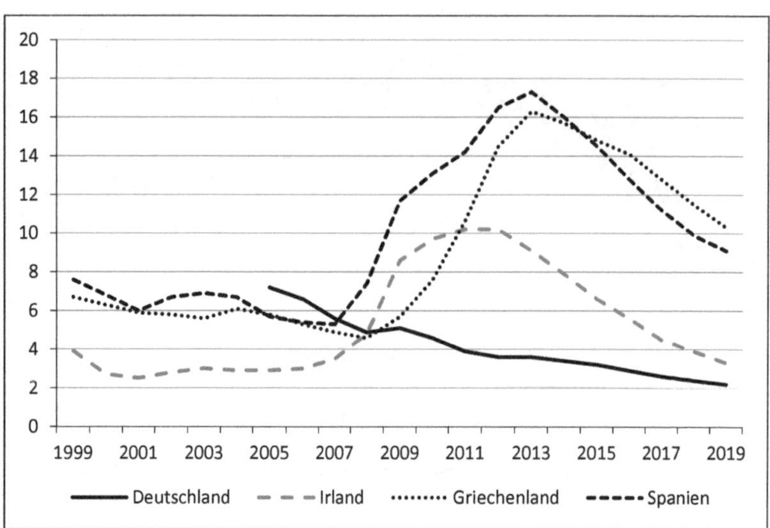

Quelle: Eurostat (une_rt_a)

So konkurrieren Unternehmen einer Branche untereinander, aber auch die Branchen miteinander. In Spanien lagen teilweise die Einstiegsgehälter in der Baubranche über denen der Akademiker. Die Wirkung auf den Arbeitsmarkt war eine weitere Verknappung der Arbeitskräfte. Auf Seiten der Arbeitnehmer hingegen stieg der Optimismus. Es gab mehr und besser bezahlte Jobs. Spanien und auch Irland verzeichneten Nettozuwanderung und auch die Immigranten fanden Arbeit. Auch diese brauchten natürlich eine Wohnung oder ein Haus, was die Nachfrage nach Immobilien weiter anheizte. Sowohl Konsum als auch Investitionen stiegen weiterhin an, da die Menschen gute Einkommen hatten.

Abbildung 10.8: Veränderung der Konsumentenpreisindizes, gleitender Zwölfmonatsdurchschnitt, in %

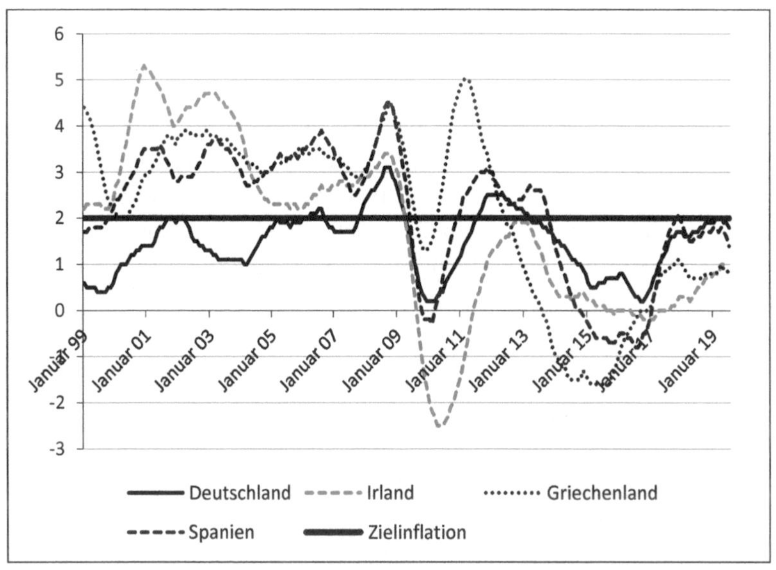

Quelle: Eurostat (prc_hicp_mv12r)

In der Folge stieg auch die Inflationsrate in diesen Ländern stärker als im Rest der Eurozone. Dabei wurde die von der Europäischen Zentralbank vorgegebene Zielrate von knapp unterhalb von 2% dauerhaft übertroffen. Die Inflationsrate in Irland und Spanien lag eher zwischen 3% und 4%, während sie in Deutschland zwischen 1% und 2% lag (vgl. Abbildung 10.8).

Dies lag, wie gesagt, an den unterschiedlichen Wachstumsraten in den Ländern. Während in Spanien, Irland und Griechenland die kreditfinanzierten Investitionen relativ groß waren, wurde in Deutschland die Menge der Kredite nicht ausgeweitet.

Gleichzeitig weitete der Staat seine Ausgaben nicht so aus, um die Nachfrage in Einklang mit der Zielinflation zu bringen. Da Deutschland ein staatliches Defizit von mehr als 3% hatte, gab es einen blauen Brief aus Brüssel. An dieser Stelle hätte man schon sehen können, dass der Stabilitäts- und Wachstumspakt keine gute Idee ist. Von 2001 bis 2005 wurde Deutschland von einer ausgesprochenen Wachstumsschwäche erfasst. Das Niveau der Investitionen war gering und die Unternehmen befassten sich in großen Teilen eher mit der Schuldentilgung in der Folge des Debakels am Neuen Markt als mit großen Investitionsprojekten, während dem Staat die Hände gebunden waren. Zwar gab es damals keine Sanktionen für die Überschreitung der Defizitgrenzen, aber diese wurden in der Folge eingeführt.

Die Inflationsrate für die ganze Eurozone, welche vor der Krise jahrelang nahe bei 2% lag, verdeckte allerdings die internen Divergenzen der Mitglieder der Eurozone. Sie schwankte über die Jahre von 1999 bis 2012 um die 2%, was die Europäische Zentralbank als Erfolg sah. Weitgehend unbemerkt führten im Hintergrund die unterschiedlichen Wachstumsraten zu unterschiedlichen Entwicklungen in der Leistungsbilanz und auch zu Deflation.

Handelsbilanz und Lohnstückkosten

Abbildung 10.9 zeigt die Entwicklungen der Handelsbilanz. Irland, Griechenland und Spanien sind zwischen 1999 und 2007 deutlich schneller gewachsen als Deutschland. Eine Folge davon ist ein relativer Anstieg der Einkommen in diesen Ländern im Vergleich mit Deutschland. Dadurch steigen auch Konsum und damit Importe schneller an, was zu einer Erhöhung der Importe führt. Dies ist nicht gleichbedeutend mit Importen aus Deutschland, da die Handelsverflechtungen dieser Länder vielfältig sind. Wichtig ist, dass höhere Einkommen zu höherem Konsum führen, von dem wiederum ein Teil durch Importe abgedeckt wird.

Die deutsche Wachstumsschwäche führte also zu einem Leistungsbilanzüberschuss, da die Binnennachfrage nicht ausreichte, um die eigene

Produktion nachzufragen. Dies ist, wie bereits erwähnt, der restriktiven Lohnpolitik geschuldet. Durch politische Reformen – Stichworte: Lohnnebenkosten, Finanzmarktliberalisierung und Steuern – wurden immer mehr Kosten von Unternehmen auf Arbeitnehmer verlagert. Die Situation in Griechenland und Spanien hingegen war geprägt von einem starken Binnenkonsum. Gerade in Spanien wurde die Leistungsbilanz ins Negative gezogen.[113] Dabei machten die Importe von Energie einen Großteil des Defizits aus. Irland hingegen ist ein Sonderfall, da es die europäische Basis von vielen multinationalen Unternehmen ist, welche sich aus steuerlichen Gründen in Irland angesiedelt haben.

Abbildung 10.9: Saldo der Handelsbilanz, in % des BIP

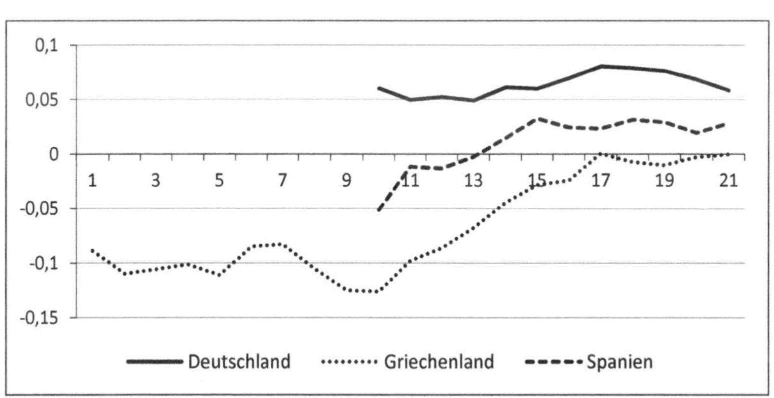

Quelle: Eurostat (TEIET215)[114]

Ein wesentlicher Bestandteil der Erklärung der Exporte eines Landes sind also die Einkommen der Handelspartner. Wachsen die Ökonomien der Handelspartner schneller als die eigene, so wird sich die Leistungsbilanz wahrscheinlich verbessern, da die Exporte schneller als die Importe wachsen. Da der Wechselkurs innerhalb der Eurozone keine Rolle spielt und die Preise an den internationalen Warenmärkten für alle gleich sind, bestimmt die Lohnentwicklung das jeweilige Inflationsniveau und somit die effektiven (d.h. grob für den Außenhandel relevanten) Wechselkurse zwischen den Mitgliedern der Eurozone. Dieser wiederum wird konjunkturell bestimmt: im Aufschwung entstehen Engpässe auf dem Arbeitsmarkt, welche zu Lohnerhöhungen führen. Weil also Reallöhne in Irland,

Spanien und Griechenland schneller wuchsen als in Deutschland, wo das Lohnwachstum nicht zuletzt aufgrund der Politikmaßnahmen (Finanzmarktliberalisierung, Niedriglohnsektor, Hartz IV etc.) stagnierte, kam es zu einem Anstieg der Exporte Deutschlands.

Abbildung 10.10: Lohnstückkosten, Veränderung, rollender Dreijahresdurchschnitt

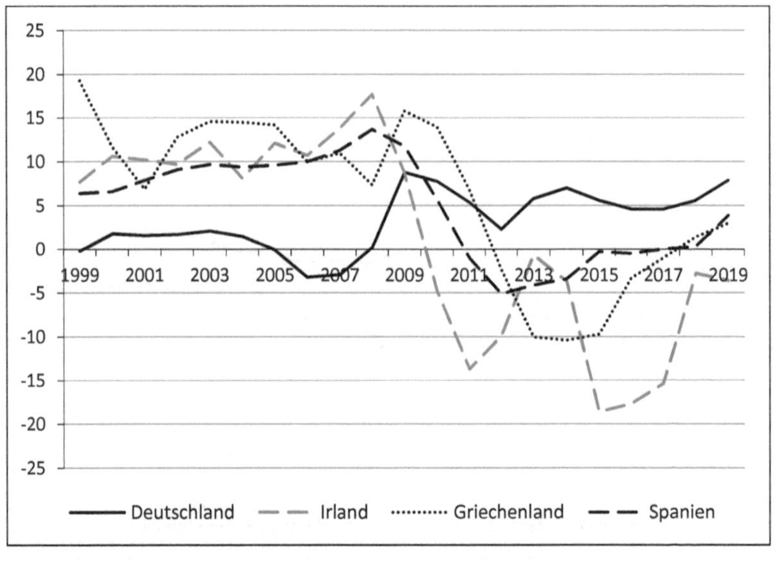

Quelle: Eurostat (TIPSLM10)

Diese Erklärung ist von der häufig vorgebrachten Geschichte der Lohnstückkosten zu trennen. Wie in Abbildung 10.10 zu sehen ist, wird dabei auf die Wettbewerbsfähigkeit der Länder abgestellt. Länder mit steigenden Lohnstückkosten exportieren weniger, Länder mit fallenden oder stagnierenden Lohnstückkosten exportieren mehr. Das Problem dieser Argumentation ist die Kausalität. Die Lohnstückkosten sind, wie bereits oben beschrieben, nicht unabhängig von der konjunkturellen Situation. Der Immobilienboom in Irland und Spanien reicht aus, um die steigenden Lohnstückkosten dieser Länder zu erklären. Diese sind daher ein Symptom der Kreditausweitung und nicht ein isolierter Grund für die Entwicklungen der Leistungsbilanz. Zudem führt ein Anstieg der Löhne bei fallender Arbeitslosigkeit immer auch zu einem Anstieg der Einkommen. Von daher steckt in der Entwicklung der Lohnkosten auch immer der Einkommenseffekt.

Die Lohnstückkosten in der Peripherie sind nicht allein die Ursache für die Leistungsbilanzdefizite von Griechenland und Spanien und sie sind auch nicht die alleinige Ursache für den deutschen Leistungsbilanzüberschuss. Die andere Seite der Medaille ist die Entwicklung der deutschen Lohnstückkosten. Diese fiel im ersten Jahrzehnt des 21. Jahrhunderts gering aus. Lohnerhöhungen wurden reduziert, was politisch begründet war. Die rot-grüne Regierung unter Schröder wollte durch die Senkung der Lohnnebenkosten, der Steuern für Unternehmen und durch die Einführung von Hartz IV die Löhne senken, da sie sich dadurch eine niedrigere Arbeitslosigkeit erhoffte. Die Effekte waren eine schwache Wachstumsrate, hohe Arbeitslosigkeit und steigende Ungleichheit. Die deutsche Produktion wuchs schneller als die Binnennachfrage, daher waren die deutschen Unternehmen gezwungen, große Teile ihrer gestiegenen Produktion im Ausland abzusetzen. Dies gelang im Wesentlichen nur deswegen so gut, weil die Handelspartner in der Eurozone durch Immobilienblasen und sonstige Anstiege der Verschuldung relativ viel Nachfrage entwickeln konnten.

Die Lohnstückkosten sind auch ein verlässlicher Indikator für die Inflationsrate gewesen. Abbildung 10.11 zeigt für Spanien, dass das Wachstum der Lohnstückkosten sich seit etwa 1998 auf ca. 3-4% einpendelte, und dort lag auch die Inflationsrate. Dies ist wenig erstaunlich, denn ein Wachstum der Lohnstückkosten von 3-4% bedeutet ja, dass die Löhne um 3-4% schneller wachsen als die Produktivität. Die Kaufkraft der Löhne wächst also schneller als die Erhöhung der Produktion, sofern sie auf Produktivitätssteigerungen beruht. Dies war in Spanien weitestgehend der Fall, da die Investitionen selbst die Menge an Konsumgütern nicht wesentlich veränderten. Statt Fabriken oder Bildungseinrichtungen wurden ja hauptsächlich Immobilien gebaut. Deutschland hatte in diesen Jahren ein eher negatives Wachstum der Lohnstückkosten, wie in Abbildung 10.12 deutlich wird. Seit Anfang der 1990er Jahre ist dies so, und erst seit 2012 hat sich das Wachstum der Lohnstückkosten in den positiven Bereich gedreht.

Damit lag die Inflationsrate in Deutschland bis auf wenige Jahre unterhalb des Ziels der EZB von knapp unter 2%. Da Deutschland etwa ein Viertel bis ein Drittel des Bruttoinlandsprodukts der Eurozone ausmacht sind schon geringe Abweichungen von der Zielinflationsrate nur sehr schwer durch die anderen kleineren Länder zu kompensieren.

Abbildung 10.11: Veränderung von Lohnstückkosten und Inflation in Spanien, in %

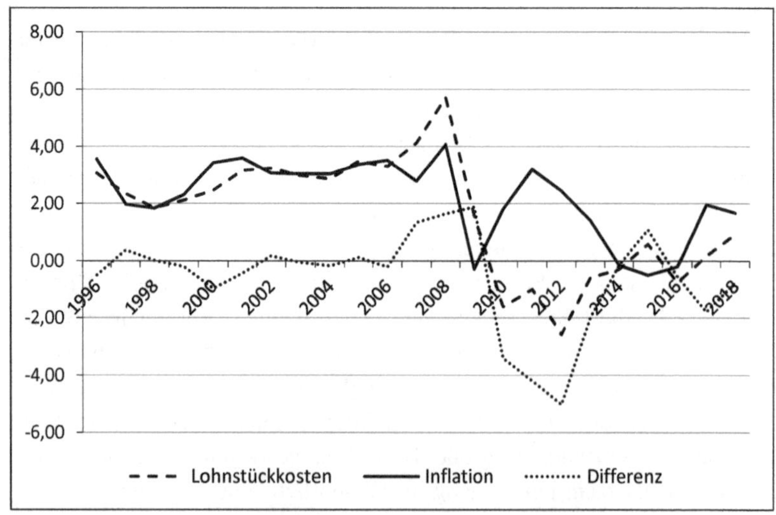

Quelle: Weltbank (FP.CPI.TOTL.ZG) und OECD (LEVEL)

Abbildung 10.12: Veränderung von Lohnstückkosten und Inflation in Deutschland, in %

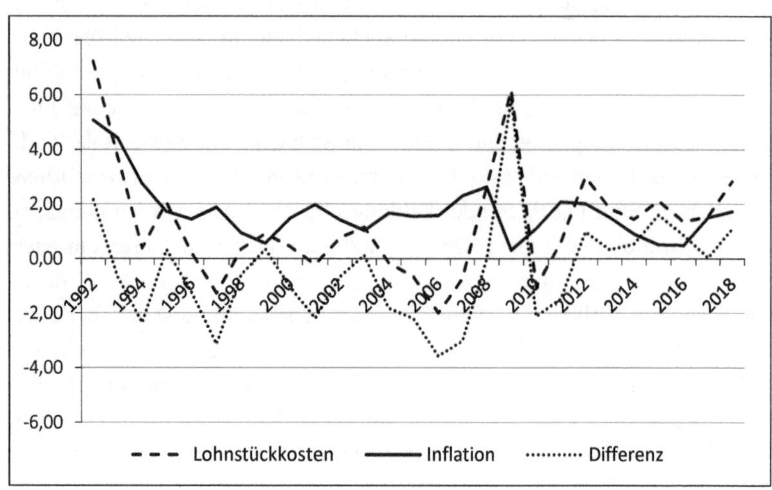

Quelle: Weltbank (FP.CPI.TOTL.ZG) und OECD (LEVEL)

Staat und Wechselkurs

Ein weiterer Mythos der Euro-Krise sind die angeblich verschwenderischen staatlichen Haushaltsdefizite. Die Regierungen hätten zu viel Geld ausgegeben und müssten jetzt ihre Ausgaben wieder einschränken, so wird behauptet. In Abbildung 10.13 sehen wir die staatlichen Haushaltsüberschüsse der vier Länder. Griechenland ist deutlich ein Ausreißer in der Gruppe. Als einziges Land hat es über den gesamten Zeitraum ein Haushaltsdefizit. Irland und Spanien hingegen haben zwischen 1999 und 2007 fast durchweg Haushaltsüberschüsse erzielt. Die Idee, dass staatliche Haushaltsdefizite etwas mit der Krise zu tun haben, muss daher für Irland und Spanien zurückgewiesen werden. Deutschland hatte im selben Zeitraum Haushaltsdefizite, die sogar über den erlaubten 3% vom Bruttoinlandsprodukt lagen.

Erst mit dem Ausbruch der Krise im Jahr 2007 wurde aus dem Haushaltsüberschuss in Spanien und Irland ein Haushaltsdefizit. Dies liegt an den automatischen Stabilisatoren. Das soziale Sicherungssystem sorgt für höhere Ausgaben bei steigender Arbeitslosigkeit, gleichzeitig brechen die Steuereinnahmen ein. Irland nationalisierte zudem 2010 seine Banken und kam dadurch auf ein Defizit von über 30%.

Abbildung 10.13: Staatlicher Haushaltsüberschuss, in % vom BIP

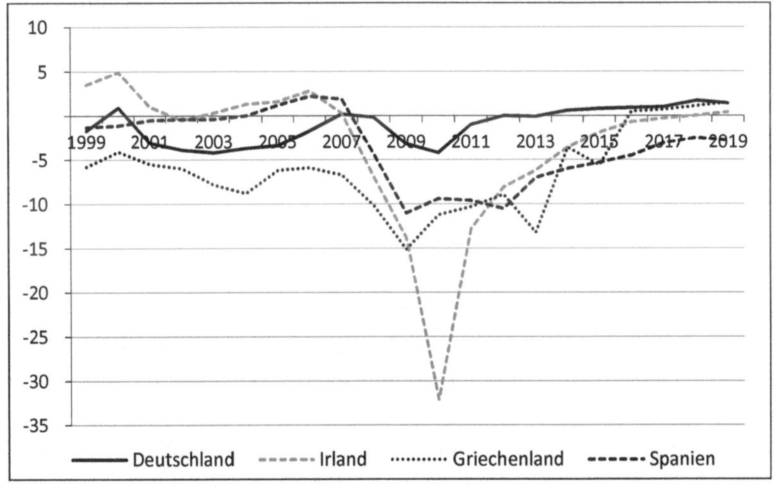

Quelle: Eurostat (gov_dd_edpt1)

Nach Ausbruch der Krise in den USA – die *sub-prime crisis* – war die erste Reaktion der Märkte eine Aufwertung des Euro (Abbildung 10.14). Der Dollar gab nach, der Euro wurde teurer und nicht wenige erwarteten, dass die Krise weitgehend auf die USA beschränkt bleibt. Diese Vorstellung war falsch. Die globalisierten Finanzmärkte sorgen dafür, dass Finanzanlagen in der ganzen Welt verstreut sind. In den Jahren 2008 und 2009 wurde dann klar, dass auch deutsche Banken nicht wenige von den betroffenen Finanzanlagen hielten. Die WestLB hatte sich in den USA mit zweifelhaften Papieren eingedeckt, die Hypo Real Estate in Irland. Auch die IKB oder die Nord LB hatten Papiere in den Bilanzen, die rasch an Wert verloren.

Abbildung 10.14: Wechselkurs zum US-Dollar, in $

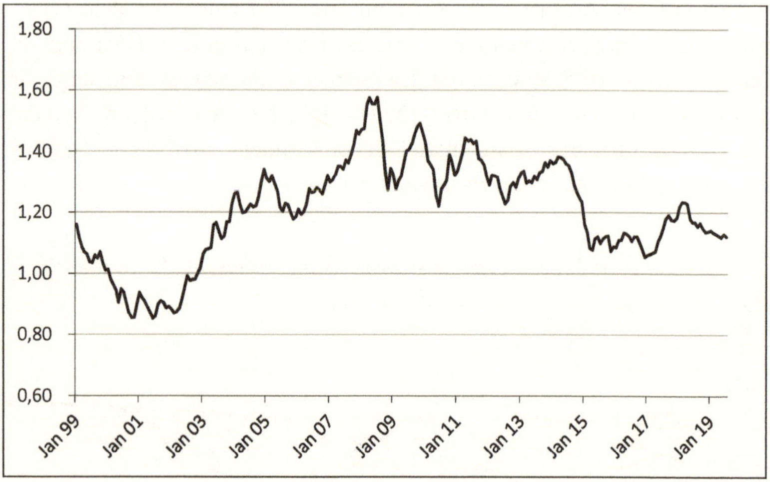

Quelle: Eurostat (ert_bil_eur_m)

Die Stimmung an den Devisenmärkten drehte sich nun und der Dollar gewann wieder an Wert. Dies war zumindest für die europäischen Exporteure nicht unerfreulich, da sie nun wieder günstiger auf den Weltmärkten anbieten konnten. Wichtig an dieser Stelle ist die Beobachtung, dass die Wechselkurse nichts direkt mit der Realwirtschaft oder, genauer genommen, mit der Leistungsbilanz zu tun haben. Es könnte ja angenommen werden, dass Importe und Exporte zu Devisenflüssen führen, in deren Folge dann der Kurs der Währungen bestimmt wird. Dies ist nicht der Fall. Der Umsatz eines Tages an den globalen Devisenmärkten entspricht in etwa dem Welthandelsumsatz eines gesamten Jahres. Diese ergeben sich durch die Umschichtung von Finanzvermögen in Portfolios, welche in unterschiedlichen Währungen angelegt werden. Spekulation auf Ab- und Aufwertungen sorgen so für Wechselkursbewegungen, die mit Exporten und Importen so nicht viel zu tun haben.

Nach Ausbruch der Finanzmarktkrise in den USA im Jahr 2007 kam es im September 2008 zum Bankrott von Lehman Brothers. Dieser Bankrott machte allen Akteuren bewusst, dass es in den Bankbilanzen jede Menge faule Kredite gab. Die traditionelle Antwort einer Regierung auf eine Finanzkrise ist die Verstaatlichung der Banken. Dabei übernimmt die Regierung sämtliche Verbindlichkeiten, was deren eigene Verschuldung in die Höhe treibt. Nachdem die Banken erfolgreich von Schrottkrediten befreit worden sind, werden sie gegebenenfalls wieder an den privaten Sektor zurückverkauft.

Die Erwartung in der Eurozone war daher, dass die Länder mit den kreditfinanzierten Immobilienblasen mit großen Kosten für den staatlichen Haushalt konfrontiert werden würden. Dies würde zu einem Anstieg der Staatsverschuldung führen. Da aber der staatliche Haushalt nicht mehr von einer nationalen Notenbank finanziert wird, sondern von den Banken im europäischen Finanzmarkt, wurde nun die Möglichkeit eines Staatsbankrotts in Betracht gezogen. Wie Abbildung 10.15 zeigt, stieg prompt die Effektivverzinsung der griechischen, irischen und spanischen Staatsanleihen an. Die Effektivverzinsung verhält sich umgekehrt zum Preis. Erwarten die Marktteilnehmer beispielsweise, dass Griechenland seine Staatsschulden nicht zurückzahlen kann, dann sinkt der Preis der Staatsanleihen.

Wird etwa ein Schuldenschnitt erwartet, fällt der Preis der Anleihe, was wiederum die Effektivverzinsung erhöht. Sinkt der Preis der Staatsanleihe von 100 Euro auf 80 Euro bei einer erwarteten Rückzahlung von 100 Euro zuzüglich Zinsen (diese werden auf der Staatsanleihe festgeschrieben), so steigt die Verzinsung an. Schließlich werden nun lediglich 80 Euro benötigt, um an die Rückzahlung zu kommen. Der Grund für den Anstieg der Effektivverzinsung ist natürlich die veränderte Einschätzung des Risikos der Anleihe.[115]

Abbildung 10.15: Effektivverzinsung 10-jähriger Staatsanleihen, in %

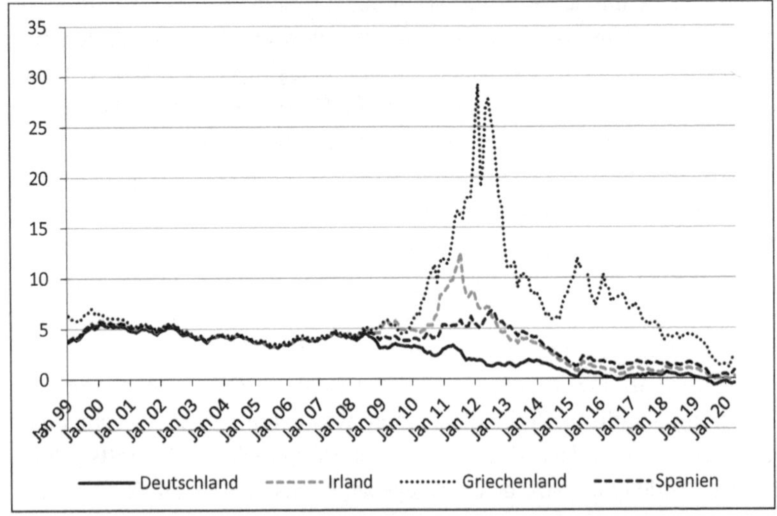

Quelle: Europäische Zentralbank (11.15 Harmonised long-term interest rates for convergence assessment purposes)

Wie in Abbildung 10.15 deutlich wird, waren seit Einführung des Euro die Verzinsungen der verschiedenen Länder fast identisch. Eine griechische Staatsanleihe wurde also nicht als riskanter als eine deutsche eingestuft. Dies zeigt deutlich, dass die Marktteilnehmer hier irrten. Trotz der sog. *no bail out clause*, welche der Europäischen Zentralbank eine direkte Finanzierung von Regierungen verbietet, wurde nicht mit einem Bankrott einer Regierung gerechnet. Dies zeigt, dass ein wesentliches Element der Eurozone nicht verstanden wurde. Dadurch, dass die Europäische Zentralbank eben nicht die Regierungen direkt finanziert, verschulden sich diese de facto in Fremdwährung. Sie können daher illiquide werden, wenn die (erwarteten) Steuereinnahmen nicht für die Rückzahlung ausreichen. Dies wiederum ist politisch gewollt, denn der Markt soll ja nach neoklassischer Logik, welche sich die politischen und vor allem wirtschaftlichen Eliten zu Eigen gemacht hatten, die Macht des Staates beschränken. Absichtlich wurde die europäische Währung mit lediglich einer europäischen Zentralbank ausgestattet, ohne dass diese ein europäisches Finanzministerium an die Seite gestellt bekommen hätte, welches für die Bekämpfung von Arbeitslosigkeit zuständig sein würde.

Durch die institutionelle Ausgestaltung des Euro, welche sich von allen anderen modernen Währungen unterscheidet, kam es in der Krise zu einem sog. *doom loop* (Teufelskreis): die Banken in den Krisenländern hatten faule Kredite in ihren Bilanzen, und dadurch waren sie nicht mehr vertrauenswürdig. Da sie auf dem Interbankenmarkt keine Kredite mehr von anderen Banken bekamen und ausstehende Kredite nicht mehr verlängert wurden, mussten sie sich gegen Sicherheiten Zentralbankgeld besorgen. Eine wesentliche Sicherheit waren die meist nationalen Staatsanleihen, die dann verpfändet wurden.

Abbildung 10.16 zeigt die sog. TARGET2-Salden in der Eurozone. Die Salden zeigen Verschuldungsverhältnisse der nationalen Zentralbanken untereinander. Sie sind rein passiv die Gegenbuchungen von bestimmten Kapitalflüssen innerhalb der Eurozone. Wenn beispielsweise ein Spanier den einheimischen Banken nicht mehr traut und sein Geld von einer Bank in Spanien zu einer Bank in Deutschland überweist, entsteht ein Guthaben der Bundesbank und eine Verbindlichkeit der *Banco de España*. Die schwarze Linie zeigt, dass seit etwa Mitte 2007 eine Kapitalflucht – Anleger verschieben Anlagen aus einem Land in ein anderes – von der europäischen Peripherie nach Deutschland stattfindet.

Abbildung 10.16: TARGET2-Salden, in Mio. Euro

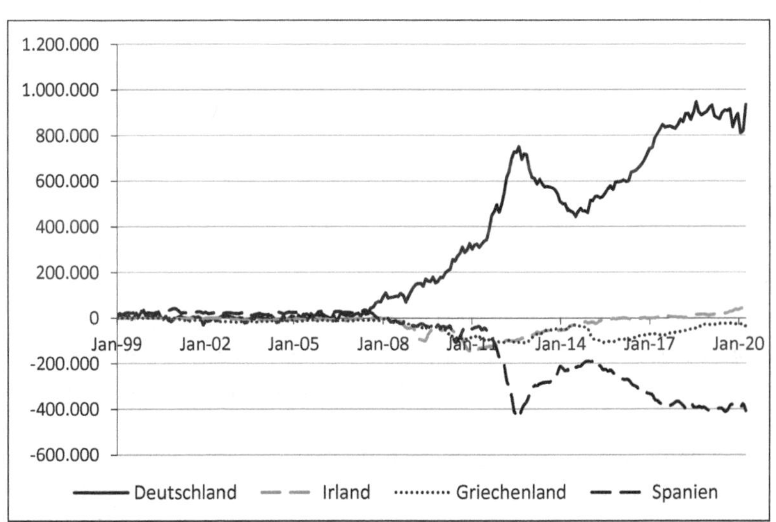

Quelle: http://www.eurocrisismonitor.com (Universität Osnabrück)

Einen wichtigen Beitrag dazu leisteten auch deutsche Banken. Diese hatten sich u. a. bei spanischen Banken in der Größenordnung von 600-800 Mrd. Euro engagiert. Dies ist eine Folge der jahrelangen spanischen Leistungsbilanzdefizite, die wiederum eine Folge des jahrelangen relativ starken Wachstums dort waren. Die spanischen Banken haben verstärkt Hypotheken begeben. Solange die Einlagen im Inland zirkulieren, können sie sich gegenseitig Reserven für den Zahlungsausgleich leihen. Durch das Leistungsbilanzdefizit sind allerdings jedes Jahr mehr Reserven zur Bezahlung der Importe ins Ausland geflossen, als durch den Export wieder hereinkam. Die Folge war eine Verknappung der Reserven im spanischen Bankensystem. Nun konnten sich spanische Banken ja auch über den europäischen Interbankenmarkt Geld leihen, und genau das ist auch passiert.

Als dann aber deutlich wurde, dass in den Kreditbüchern spanischer Banken große Risiken schlummerten, wurden die Kredite auf dem Interbankenmarkt nicht mehr verlängert und auch keine neuen mehr vergeben. Die Banken konnten sich jedoch noch Liquidität verschaffen, indem sie bei der Europäischen Zentralbank, welche durch die spanische Zentralbank handelt, gegen Hinterlegung von Sicherheiten an frisches Geld kamen. So wurde und wird ein Bankrott der spanischen Banken verhindert. Da ein solcher Bankrott auch die Abschreibung eines großen Teils der ausstehenden Zahlungen an deutsche Banken verursacht hätte, wären wohl auch deutsche Banken dadurch in den Bankrott getrieben worden.

Zypern: Beispiel für einen „bail-in“

Das Beispiel Zypern zeigt sehr deutlich eine andere Entwicklung. Hier wurden die griechischen und zypriotischen Staatsanleihen so lange von den Rating-Agenturen abgewertet, bis die Europäische Zentralbank sie nicht mehr als Sicherheit akzeptierte. So war bereits im Sommer 2012 klar, dass die zypriotischen Banken irgendwann für die griechischen und zypriotischen Staatsanleihen in ihren Büchern keine neuen Reserven mehr bei der Europäischen Zentralbank bekommen würden. Die Menge an liquiden Mitteln schrumpfte beständig, da das Land ein Leistungsbilanzdefizit hatte und einige Anleger ihr Geld abzogen. Irgendwann war dann die Menge an Reserven bei den zypriotischen Banken so gering, dass sie keinen Zahlungsausgleich mehr durchführen konnten. Der resultierende Banken-Crash im Frühjahr 2013 war nur folgerichtig.

In Zypern wurden dann die Banken nicht durch staatliches Geld gerettet, sondern sie wurden durch Gläubigerbeteiligung „gesundgeschrumpft“. Die Bilanz einer bankrotten Bank kann etwa so aussehen:

Zypriotische Bank Z

Forderungen	€900	Verbindlichkeiten	€1.000
		Eigenkapital	€–100

Um die Bank wieder zu gesunden gibt es zwei Möglichkeiten. Der Staat kann durch ein *bail-out* eingreifen und der Bank 100 Euro überweisen.[116] Dafür bekommt er einen zehnprozentigen Anteil an der Bank. Die Verbindlichkeiten bleiben so nominal bei 1.000 Euro, die Forderungen steigen durch die Ergänzung von 100 Euro in liquiden Mitteln auf 1.000 Euro. Damit ist die Bank gerade wieder solvent. Dies wurde in Irland praktiziert, wo die Regierung die Schulden der Banken übernommen hat. Damit werden die Anleger gerettet, während der Staat quasi die Rechnung übernimmt.

Die irischen Banken hatten sich auf dem Interbankenmarkt bei deutschen Banken verschuldet.[117] Der irische Staat zahlt also nun dafür, dass die irischen Banken sich unter Nutzung von geliehenen Reserven deutscher Banken verspekuliert haben. Auch Spanien steht vor der Wahl, die spanischen Banken zu verstaatlichen und damit die privaten Schulden zu sozialisieren oder alternativ über europäische Institutionen wie erst die *European Financial Stability Facility* (EFSF) und jetzt den *European Stability Mechanism* (ESM) die Banken zu sanieren. Bisher haben die Spanier einige Banken saniert, indem *bad banks* abgespalten wurden und kleinere Banken zu großen Banken fusioniert wurden.[118] Allerdings wird die Menge der faulen Kredite auch im Frühjahr 2019 noch auf etwa 70 Milliarden Euro geschätzt.[119]

Die zweite Möglichkeit ist ein *bail-in* der privaten Gläubiger. Dies ist in Zypern passiert. Dabei werden alle Personen, welche die Verbindlichkeiten der Bank als Forderungen halten, durch teilweise Abschreibungen dieser schlechtergestellt. Die Bilanz der Bank sieht danach so aus:

Zypriotische Bank Z

Forderungen	€900	Verbindlichkeiten	€900

Die Bank ist solvent, allerdings haben die Gegenparteien der Verbindlichkeiten der Bank Verluste hinnehmen müssen. In diesem Fall wurden 10% der Bilanzsumme gestrichen. Verbindlichkeiten der Bank sind etwa Kredite von anderen Banken, aber auch Spareinlagen von juristischen und natürlichen Personen. Während dieses Verfahren auf den ersten Blick vielleicht gerecht erscheinen mag, ist es doch makroökonomisch problematisch. Erstens gibt es einen Anreiz für die Halter von Bankeinlagen, diese aus den Banken abzuziehen. Gerade bei Zinsen nahe null gibt es dann kaum noch einen Anreiz, die Ersparnis in Form von Einlagen in einer Bank zu halten.

Der zweite Grund ist die Reaktion der Banken auf diese Politik. Da ständig ein Abzug der Spareinlagen befürchtet werden muss, wird die Haltung von liquiden Mitteln erhöht werden. So hat die Bank immer genügend Bargeld und Reserven, um auf Kapitalflucht der Anleger reagieren zu können. Das Bargeld kann sich die Bank durch den Verkauf von illiquiden Forderungen – Aktien, Wertpapieren, Immobilien etc. – beschaffen. Wenn alle Banken so handeln, führt dies allerdings zu einem Zusammenbruch der Preise der Finanzanlagen. Wenn gesamtwirtschaftlich die Forderungen sinken bei gleichbleibenden Verbindlichkeiten, werden die Banken technisch insolvent sein. Sie haben zwar noch genügend liquide Mittel, um Zahlungen zu tätigen, jedoch ist, bilanziell gesehen, die Höhe der Forderungen unter die Höhe der Verbindlichkeiten gesunken.

Wie wir bereits in der letzten Finanzkrise gesehen haben, werden die Banken ihre eigene Insolvenz verhindern, indem sie die nationale Regierung bzw. die EU-Kommission oder die Zentralbank mit guten Gründen zur Intervention auffordern. Wenn alle Banken geschlossen würden aufgrund von Insolvenz, dann könnten wir auf unsere Guthaben bei den Banken nicht mehr zugreifen. Dies würde sich sehr negativ auf die Wirtschaft auswirken, was wiederum einen Effekt auf die Politik hätte. Der Bankensektor ist nun mal kein normaler Wirtschaftsbereich, sondern ein sensibler Bereich, der stark und sinnvoll reguliert sein muss, damit die Banken mit ihren Aktivitäten nicht die ganze Wirtschaft in den Abgrund reißen können.[120]

Die Unzulänglichkeiten der Eurozone

Gemessen an den oben beschriebenen Möglichkeiten eines modernen Geldsystems sind anhand der Euro-Krise folgende Unzulänglichkeiten zu beklagen:

1. Wenn sich eine Regierung in Fremdwährung verschuldet, hat sie ein Problem, denn sie kann weder den Zins bestimmen noch über die Zentralbank ihre Versorgung mit neuem Geld sicherstellen. Dies ist bei den meisten modernen Währungen wie dem US-, dem kanadischen und dem australischen Dollar, dem britischen Pfund, dem Schweizer Franken oder der schwedischen Krone nicht der Fall. Der Euro ist für die Länder der Eurozone hingegen eine Fremdwährung, die sie nicht durch „ihre" jeweilige nationale Zentralbank erzeugen können, sondern in Konkurrenz mit privaten Investoren auf den Finanzmärkten beschaffen müssen. Mit dem Aufkauf der Staatsanleihen im großen Stil durch das PEPP der EZB scheinen die Regierungen jetzt *too big to fail* zu sein. Dies gilt allerdings nur für den Moment. Es besteht noch immer die Gefahr, dass nach der Krise das PEPP ausläuft. Bei der nächsten Krise könnte dies dazu führen, dass die Verzinsung der Staatsanleihen der Krisenländer wieder hochschnellt.

2. Das unterschiedliche Wachstum der Kreditvergabe und die unterschiedliche Entwicklung der Lohnstückkosten in der Eurozone hat für stark divergierende Nachfrage gesorgt. Diese haben makroökonomische Ungleichgewichte erzeugt: Einige Länder exportieren mehr als sie importieren, andere exportieren weniger als sie importieren. Dabei profitieren die Nettoexporteure von mehr Beschäftigung, während sie allerdings ihren Konsum dafür einschränken müssen.[121] Die Nettoimporteure verlieren Beschäftigung. Dies wurde in der Eurozone in Irland und Spanien lange Zeit von einem Immobilienboom verdeckt. Die Eurozone ist institutionell anfällig für solche Entwicklungen, welche in anderen Währungsräumen relativ geräuschlos vor sich gehen. Dort sind die Handelsbilanzen der Regionen nicht ausgeglichen.

3. Der Nachteil einer gemeinsamen Währung ist der Verlust einer eigenständigen Geld- und Fiskalpolitik sowie des Wechselkurses als Instrument der Nachfragesteuerung. Befinden sich einige Länder in der Krise und andere im Aufschwung, muss die Zentralbank die Quadratur des Kreises versuchen: Die Krisenländer brauchen niedrige Zinsen, die

Aufschwungländer hohe. Zudem bräuchten die Krisenländer aktive Fiskalpolitik, um die Nachfrage anzukurbeln. Auch der Wechselkurs zur Veränderung der Kaufkraft und zum Ausgleich von Handelsungleichgewichten wird schmerzlich vermisst.

4. Generell ist das Niveau der Staatsausgaben in der Eurozone zu gering. Es war vor der Krise, in der Krise und nach der Krise zu gering. Die EZB kämpft dadurch ständig bergan. Durch die zu geringen Staatsausgaben sind die Inflationsraten sehr niedrig und die EZB ist gezwungen, den Zins sehr weit herunterzunehmen. Trotzdem erreicht sie nicht ihre Zielinflation und löst dabei ziemliche Verwerfungen auf den Vermögensmärkten aus. Hier ist deutlich zu erkennen, dass die Fiskalpolitik die Geldpolitik dominiert. Die Eurozone ist ein deflationäres System und braucht dringend eine Reform in Richtung europäisches Finanzministerium (*Euro Treasury*) mit Eurobonds und/oder eine Lockerung der Defizitgrenzen. Die Hoffnung, dass die deutsche Bundesregierung ihre Ausgaben mit Blick auf die Eurozone deutlich ausweitet, muss spätestens jetzt beerdigt werden.

5. Die Banken spekulieren mit riesigen Summen, ihre Bilanzsummen übersteigen in vielen Ländern das Bruttoinlandsprodukt. Dies ist riskant und, auch wenn dies nicht nur in der Eurozone passiert, ein Problem, wenn die Finanzkrisen aufgrund der Fehleinschätzungen an Börsen und in Banken zu einer Fehlallokation von Kapital führen. Dazu haben sich die Banken in vielen Dingen abgesprochen und verfügen wohl teilweise über ein Oligopol. Gewinne werden privat ausgeschüttet, Verluste jedoch sozialisiert. Dies ist in dem heutigen Ausmaß untragbar. Die Banken haben nur noch wenige Anreize, auf die Qualität der Kreditnehmer zu achten, wenn sie den Kredit später weiterverkaufen und damit aus der Bilanz streichen.[122] Diese Art der Verbriefungsgeschäfte sorgt nicht für eine bessere Verteilung von Risiken, sondern für eine Verschleierung von Risiken. Diese tauchen dann in der Krise dort auf, wo entweder besonders wenig von finanziellen Dingen verstanden wird oder wo die Anleger schlichtweg getäuscht worden sind. Die Hoffnungen des ehemaligen US-Notenbankchefs Alan Greenspan auf Unternehmen, die sich quasi selbst regulieren, sind der Gewissheit zum Opfer gefallen, dass sich die Banker in der Gewissheit eines öffentlichen Rettungsschirms („too big to fail") auf privatwirtschaftlich hochriskante und somit für die Beteiligten hochprofitable Geschäfte einlassen. Wir

brauchen mehr Regulierung im Banken- und Finanzsystem entlang der Idee von Warren Mosler.[123] Mehr Eigenkapital ist nicht hilfreich, denn in guten Zeiten können Banken ihr Eigenkapital problemlos erhöhen. Das ist also keine sinnvolle Idee, auch wenn sich sehr viel Aufmerksamkeit darauf richtet.

6. Die Idee des Inflationsziels als exklusives Ziel einer unabhängigen Zentralbank hat ausgedient. Die Inflationsrate in der Eurozone wich in der Zeit von 1999-2012 niemals weit von der Zielinflation von nahe, aber knapp unter 2% ab. Trotzdem oder vielleicht sogar deswegen hat sich die größte Finanzkrise in Europa seit dem 2. Weltkrieg ereignet. Seitdem wird das Inflationsziel eigentlich gar nicht mehr erreicht, die EZB erzielt permanent Inflationsraten unterhalb des Zielwerts.

7. Die Idee der Geldpolitik, dass die Zentralbank mithilfe des Zinssatzes die privaten Investitionen und damit die Inflation steuern könnte, hat ebenfalls ausgedient. Erstens glaubt fast niemand mehr daran, dass eine Zinssenkung der EZB um fünf Prozent (auf −5%) die privaten Investitionen ankurbeln könnte. Zweitens haben die Vermögenspreisblasen im Bereich der Immobilien den Menschen ziemlich deutlich vor Augen geführt, dass diese Auswirkungen keine Erhöhung des Gemeinwohls erzeugen, sondern Einkommen umverteilen von Arm zu Reich. Der deutsche Immobilienboom hat durch steigende Hauspreise Kapitalgewinne in Höhe von etwa 2 Billionen (!) erzeugt, von denen allerdings die Hälfte auf die reichsten zehn Prozent entfällt.[124]

Finanzkrisen und Konjunkturzyklen gibt es seit Jahrhunderten. Sie werden in einem modernen Geldsystem nicht verhindert werden können. Spätestens seit der Großen Depression ist allerdings bekannt, wie Konjunkturzyklen durch staatliche Wirtschaftspolitik abgeschwächt und die Macht des Finanzsektors eingeschränkt werden können. In den folgenden Kapiteln geht es um Lösungsvorschläge, wie erstens die aktuelle Krise der Massenarbeitslosigkeit beseitigt oder wenigstens vermindert und zweitens die Wiederholung einer solchen Krise vermieden werden kann. Ob es zu einem modernen Geldsystem Alternativen gibt, soll hier nicht diskutiert werden.[125]

11. Die Zukunft – mit Euro oder ohne Euro?

Bei Ausbruch der Immobilienkrise in den USA, dem Untergang der Investmentbank Lehman Brothers und der durch sie ausgelösten Liquiditätskrise im Rest der Welt sowie der sich daraus ergebenden allgemeinen Erwartung einer sich abschwächenden Weltkonjunktur wurde zuerst abwartend reagiert, dann aber durch staatliche Ausgabenprogramme, umfangreiche Liquiditätsfazilitäten (z. B. das *Troubled Assets Relief Program, TARP*) und eine umfassende nationale Einlagengarantie eingegriffen. Durch die Abwrackprämie sollte der Konsum in Deutschland angekurbelt werden, was auch gelang. Nach dem Krisenjahr 2009 waren die Wachstumsraten in Deutschland ab 2010 wieder positiv. Allerdings wurde die Lage anderswo immer schlimmer bzw. nicht besser.

Nachdem die politischen Meinungsführer die Staatsverschuldung als Krisenursache ausgemacht hatten, wurden u. a. Griechenland, Irland, Italien und Spanien Sparprogramme aufgezwungen. Die Regierungen dieser Länder bekamen von Finanzmärkten keinen Kredit mehr und waren auf externe Hilfe angewiesen. Die Troika aus EU-Kommission, Europäischer Zentralbank und Internationalem Währungsfonds (IWF) zwang die Regierungen zu einschneidenden Maßnahmen, von denen sie sich eine Rückkehr zum Wirtschaftswachstum erhoffte. Die zusätzlichen Kredite wurden zum größten Teil zur Rückzahlung von alten Krediten eingesetzt.[126] Damit hatten die Hilfskredite den Charakter eines *bail-out*. Die betroffenen Länder hätten sonst einen teilweisen Bankrott erklären müssen. Diese Politik war nicht erfolgreich. Das Wirtschaftswachstum brach ein, die Staatsverschuldung stieg weiter. Griechenland hat inzwischen die Hälfte seiner Schulden in privater Hand abgeschrieben. Dies ist historisch gesehen kein Einzelfall. Wer Geld verleiht oder Kredit gewährt an eine Institution, für die ein Bankrott möglich ist, sollte sich eines Ausfallrisikos bewusst sein. Nicht zuletzt dafür soll der Zins entschädigen.

Das fundamentale europäische Problem ist die zu niedrige Staatsverschuldung. Diese hängt mit der falschen theoretischen Sicht auf den Staat zusammen, die bei der Schaffung der Eurozone herrschte. Staatsschulden sind etwas anderes als die Schulden der schwäbischen Hausfrau. Genau genommen handelt es sich bei staatlichen Schulden nicht um Schulden, sondern um eine staatliche Verpflichtung. Der Staat verpflichtet sich nicht, seine Verschuldung auf null zu reduzieren, sondern das ausgegebene Geld für zukünftige Steuerzahlungen zurückzunehmen. Wenn der Staat für sein Geld nichts anderes verspricht, dann handelt es sich bei der Staatsverschuldung um einen Teil der im privaten Besitz befindlichen Steuergutschriften. (Der andere Teil wurde hauptsächlich durch Nettoexporte und Kreditschöpfung im privaten Sektor erzeugt.)

Wenn also der Staat durch seine Ausgaben zusätzliche Einkommen erzeugen kann, dann sollte in einem Geldsystem der Staat bzw. die Regierung die Verantwortung haben für die Arbeitslosigkeit. Allerdings muss der Staat handlungsfähig sein. In einem Geldsystem, in dem nationale Regierungen ihre Staatsanleihen an Banken verkaufen und in dem die Europäische Kommission sich über Steuern der Mitgliedsländer finanziert, statt eigene monetäre Souveränität zu bekommen durch ein Konto bei der EZB und das Recht auf das Eintreiben von Steuern sowie die Ausgabe von Eurobonds zu haben, ist der Staat nicht mehr handlungsfähig bzw. nur sehr eingeschränkt. Wir brauchen in der Eurozone einen neuen institutionellen Rahmen, der die Ausgabe von Geld erlaubt, ohne dass die nationale oder europäische Regierung in Probleme mit der Zahlungsfähigkeit abrutscht.

Eine wichtige Rolle auf dem Weg in die Krise spielten auch die sinkenden Reallöhne in Deutschland, welche eine starke deflationäre Tendenz ausübten. Wären Löhne und Staatsausgaben in Deutschland höher ausgefallen in den Jahren von 2000-7, dann hätte die EZB den Zins niemals so weit senken müssen und die Immobilienblasen wären schon viel früher geplatzt und mit weitaus schwächeren Folgen. Die heute aus der Krise resultierende Nachfrageschwäche, die noch weitere strukturelle Gründe hat, sorgt dort für Stagnation, wo vorher die Immobilienblasen für Wachstum sorgten. Ein Blick in eine vereinfachte spanische Haushaltsbilanz zeigt das Problem:

Spanischer Haushalt

Immobilie	€200.000	Hypothek	€300.000
(Immobilie, Wert 2007:	€500.000)	Nettovermögen	€−100.000

Der Haushalt war vor der Krise relativ wohlhabend. Der Hypothek in Höhe von 300.000 Euro stand eine Immobilie im Wert von 500.000 Euro gegenüber. Das Nettovermögen des spanischen Haushaltes betrug 200.000 Euro.

Da das spanische Sozialsystem nicht sehr stark ausgebaut ist, rechnet der Haushalt mit mindestens 100.000 Euro an Vermögen bei Eintritt ins Rentenalter, um den Lebensstandard aufrecht zu erhalten.

Die Bilanz heute sieht düster aus. Der Wert der Immobilie liegt unter dem Wert der Hypothek. Der Haushalt hat ein negatives Vermögen von 100.000 Euro, möchte aber mindestens ein positives Vermögen von 100.000 Euro bis zu seiner Pensionierung erreichen. Um dies zu erreichen, wird der Haushalt seinen Konsum einschränken, um mehr zu sparen. Wenn alle Haushalte das machen, wird die Nachfrage einbrechen. Der Konsum des einen sind die Einkommen des anderen. Sparen sich die spanischen Haushalte den Restaurantbesuch am Samstag, so werden die Restaurantbesitzer und deren Angestellte auf Einkommen verzichten müssen.

Genau dies ist in Ländern wie Spanien und Irland passiert. Unternehmen setzen dann Arbeitskräfte frei, die wiederum ihren Konsum noch weiter einschränken, und lösen damit den bereits beschriebenen Teufelskreis aus. Dieser Teufelskreis muss kurzfristig durchbrochen werden. Wie wir bereits gesehen haben, besagt die Grundgleichung, dass sich das Einkommen aus Konsum (C), Investitionen (I) und Staatsausgaben (G) zusammensetzt, erweitert um den Außenbeitrag (*EX*porte minus *IM*porte).

$$Y = C + I + G + EX - IM$$

Soweit ein Staat seine eigene Währung ausgibt, sind die Staatsausgaben selbst theoretisch unbegrenzt, während praktisch Inflation und die vollständige Nutzung aller zur Verfügung stehenden Ressourcen die Ausgaben begrenzen. Investitionsausgaben des Privatsektors werden normalerweise größtenteils kreditfinanziert. Banken können theoretisch unbegrenzt Kredit erzeugen, allerdings müssen Haushalte und Unternehmen diese zurückzahlen. Dies war jedoch das Problem in der Finanzkrise von 2008/09, in der insbesondere Banken und Haushalte sich mit ihrer Verschuldung überhoben hatten. Das Problem bei einem dauerhaften Rückgang der kreditfinanzierten Investitionen ist die Nachfragelücke. Fallen die Investitionen, während die anderen Variablen sich nicht verändern, so fallen auch die Einkommen. Die Ökonomie würde schrumpfen, die Arbeitslosigkeit steigen. Dies ist aber gesellschaftlich nicht erwünscht.

Es bleiben noch drei weitere Möglichkeiten offen, um die Nachfrage zu steigern.[127] Abbildung 11.1 fasst diese zusammen.

Abbildung 11.1: Wirtschaftspolitik

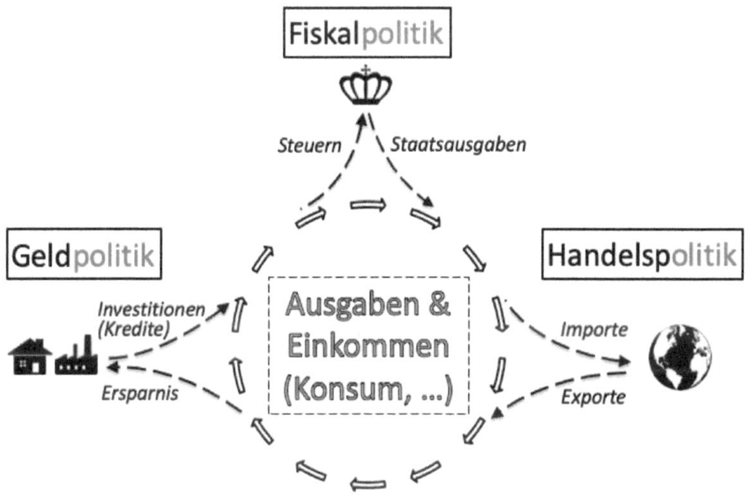

Quelle: eigene Abbildung, mit Dank an Nathalie Freitag

Handelspolitik

Über die Handelspolitik könnte zur Verbesserung der gesamtwirtschaftlichen Nachfrage eine Erhöhung der Exporte angestrebt werden oder das Ersetzen von Importen durch einheimische Produktion. Eine Möglichkeit ist die Abschwächung des Lohnwachstums, verbunden mit einer Abschwächung des Wachstums der Lohnstückkosten. Dies erhöht die Wettbewerbsfähigkeit des Exportsektors und der einheimischen Sektoren, die mit ausländischen Gütern und Dienstleistungen konkurrieren. Dies funktioniert jedoch – wenn überhaupt – nur in einem System fester Wechselkurse, weil der Devisenmarkt sonst über kurz oder lang die Währung des Exporteurs aufwertet, was auch die Preise der Exportgüter in die Höhe zieht. Damit wird es immer schwieriger werden, noch mehr zu exportieren. Ebenfalls ist zu beachten, dass eine Reduzierung des Lohnwachstums sich voll auf den Konsum niederschlägt. Wenn Löhne nur wenig wachsen, werden auch die Ausgaben für Konsumgüter nur wenig wachsen. Dies wirkt als Bremse für die Wirtschaft. Nur wenn das Wachstum der Exporterlöse die schwache Binnenkonjunktur überkompensiert, ergibt sich aus der Strategie des Lohn-Dumpings ein positiver Wachstumsbeitrag.

Nachdem ein Exportüberschuss nichts anderes ist als der Abzug der Nachfrage aus dem Land, das die Ausfuhren importiert, ist jedoch auch ein Exportüberschuss letztlich schuldenfinanziert. Exportüberschüsse können nur zwischen Nationen existieren. Die Welt insgesamt kann keinen Überschuss erzeugen, weil sich Überschüsse und Defizite notwendigerweise auf null addieren. Dies bedeutet, dass eine Strategie des Lohn-Dumpings immer nur für einige weniger Länder funktionieren kann, nicht jedoch für die Weltwirtschaft als Ganzes.

Geldpolitik

Zwei Möglichkeiten zur Ankurbelung der Konjunktur bleiben offen. Es sind die traditionellen Instrumente der Geld- und Fiskalpolitik. Die Idee der Geldpolitik ist im Wesentlichen, dass der Zins eine Wirkung auf die privaten Investitionen hat. Ein hoher Zins führt zu hohen Kosten für die Investition und damit zu relativ wenig Investitionen. Bei niedrigen Zinsen, so die Theorie, sind die Investitionen hoch. Allerdings zeigen die Statistiken aus den letzten Jahrzehnten, dass dies empirisch nicht zu halten ist. In Zeiten steigender Zinsen stiegen während der Nachkriegszeit die Investitionen stark an, während seit Anfang der 1990er die Zinsen fielen bei fallender Investitionstätigkeit. Trotz Nullzinsperiode seit 2016 sind im Euroraum die Investitionen nicht auf ein Niveau angestiegen, welches für Vollbeschäftigung notwendig gewesen wäre.

Die Geldpolitik funktioniert aktuell nur asymmetrisch. Eine Erhöhung der Leitzinsen führt ziemlich sicher zu einem Abwürgen der privaten Investitionen und damit zu einer Abschwächung von Nachfrage und Inflationsrate, während eine Zinssenkung keinen klaren Effekt hat. Der Grund ist einfach: Die Unternehmen wollen nur dann signifikant mehr investieren, wenn sie ihre Produktionskapazitäten ausbauen. Um dazu verleitet zu werden, müssen sie aber erwarten, dass sie die zusätzliche Produktion auch verkaufen können. Dazu nutzen sie Nachfrageschätzungen. Wenn diese negativ ausfallen, werden die Unternehmen ihre Produktionskapazitäten nicht ausbauen wollen, da keine zusätzlichen Profite zu erwarten sind. Jegliche Zinssenkungen werden also ohne Effekt verpuffen, denn die Unternehmen werden die Beschäftigung nicht erhöhen.

Eventuell ausgelöste Preissteigerungen bei den Finanzanlagen können dazu führen, dass sich die Haushalte reicher fühlen und mehr konsumieren. Allerdings ist dieser Effekt wohl nicht groß und verlässlich genug, um darüber Wirtschaftspolitik betreiben zu können. Auch die Idee, dass bei niedrigen Zinsen das Sparen nicht lohnt und daher der Konsum anzieht, ist in den letzten Jahren widerlegt worden. Wir sparen meist auf ein Ziel (z. B. Reihenhaus, Auto, Geld für die Kinder zum Studium) und bei niedrigen Zinsen müssen wir eher mehr beiseitelegen als weniger, damit wir das Ziel erreichen können. Zudem steckt ein großer Teil unserer privaten Ersparnis in den Beiträgen zur Sozialversicherung. Diesen Teil der Ersparnis könnten wir gar nicht ausgeben, selbst wenn wir es wollten. Von daher ist inzwischen gut nachzuvollziehen, warum auch bei Nullzinsen in Deutschland die Ersparnis noch weiter ansteigt.

Fiskalpolitik

Zuletzt könnte die Nachfrage durch eine Erhöhung der Staatsausgaben ausgeweitet werden. Der Vorteil erhöhter Staatsausgaben ist, dass sie Einkommen und Gewinne steigern und auch zu Investitionen anregen. Wie wir gesehen haben, sind Staatsausgaben insofern „kostenfrei“, als die Ausgaben dem Privatsektor in Form von Ersparnissen und zusätzlichen Zinseinkünften aus Staatsanleihen vollumfänglich zugutekommen. Nachdem Geld gesamtwirtschaftlich gesehen nicht durch Ausgeben aus dem Kreislauf verschwindet, sondern bis auf weiteres in Umlauf bleibt, sind die Kaufkrafteffekte höherer Staatsausgaben also grundsätzlich nachhaltig und wären nur dann ein Strohfeuer, wenn die Mittel für volkswirtschaftlich sinnlose Projekte verausgabt werden, von denen nur einige wenige Privilegierte profitieren.

Dabei sollte sich der Staat kein Geld vom privaten Sektor leihen, da die Zinsen für den Staat in einem souveränen Währungssystem immer niedriger sind als die des privaten Sektors. Zudem landen die Zinsen bei den Besitzern der Staatsanleihen, u. a. auch bei der Zentralbank, sofern sie Staatsanleihen hält.[128] Hält die Zentralbank einen größeren Teil an Staatsanleihen, so werden deren Zinszahlungen allerdings teilweise neutralisiert. Der Staat zahlt Zinsen an die Zentralbank, da diese Staatsanleihen hält, und das sorgt für Zentralbankprofite. Diese werden an das Finanzministerium überwiesen.[129]

Die im Grundgesetz verankerte Schuldenbremse im nationalen Recht ist also völlig unsinnig, da die sie den Staat unnötigerweise in die Kreditaufnahme bei den Finanzmärkten zwingt. Der Bericht der Expertenkommission (auch „Fratzscher-Kommission“) im Auftrag des Bundesministers für Wirtschaft und Energie mit dem Titel „Stärkung von Investitionen in Deutschland“ aus dem Jahr 2016 enthält einen öffentlichen Infrastrukturfonds, an dem sich institutionelle Geldgeber, also Banken und andere Finanzmarktteilnehmer, beteiligen können, sowie einen Bürgerfonds, der auch Sparern eine finanzielle Beteiligung erlauben würde.[130]

Diese Vorschläge sind meiner Meinung nach abzulehnen. Der Staat soll finanziell souverän sein und nicht in seiner Finanzierung von Finanzmärkten oder Sparern abhängen. Dies wäre ein Rückfall in dunkle Jahrhunderte, in welcher der Staat als Bittsteller bei den Reichen auftrat. Solange die EZB auf dem Sekundärmarkt deutsche Staatsanleihen in ausreichender Menge aufkauft, ist in der Eurozone ein deutscher Staatsbankrott ausgeschlossen. Die Bundesrepublik Deutschland, vertreten durch ihre Regierung, ist „too big to fail“ – ohne Deutschland scheitert der Euro.

Das Verhindern einer weiteren schweren Finanzkrise ist dann der zweite Punkt, der durch Reformen angegangen werden muss.[131] Vor dem Hintergrund höherer Staatsausgaben mit entsprechend mehr Staatsanleihen werden diese wieder ein höheres Gewicht in den Portfolios erlangen. Dies wird die Gewinne der Banken reduzieren, da sie mit dem Wertpapiergeschäft nicht so hohe Gewinnmargen haben. Es ist einfach zu übersichtlich und zu leicht zu verstehen, als dass hohe Gewinne zu erwarten wären. Banken sollten dann durch geeignete Regulierung gezwungen werden, ihre Risiken so zu reduzieren, dass sie in der nächsten Finanzkrise nicht wieder so schnell in die systemische Pleite getrieben werden. Die Zentralbanken und Regulierungsbehörden sollten auch die Gesetze wieder anwenden, welche vielerorts bereits existieren.

Dazu würde es wohl Sinn machen, die Rentensysteme wieder auf mehr Staat und weniger Markt umzustellen, da die erwarteten Renditen von durchschnittlich etwa 8% nicht zu realisieren waren. Lebensversicherungen und Riester-Renten sind die Betroffenen dieser Problematik. Ohne einen höheren Zins wird es dort für private Akteure schwierig werden. Im Zweifelsfall muss der Staat dafür sorgen, dass Sparer ihre Kaufkraft in die Zukunft verlagern können, indem sie Staatsanleihen kaufen und halten können.

Ein weiterer Punkt sind die Derivate, die im eigentlichen Sinne Wetten darstellen. Diese sollten sehr stark reguliert werden. Jeder sollte den Wetteinsatz vorher einzahlen, um den Bankrott eines systemrelevanten Akteurs wie 2008 in den USA der American International Group (AIG) zu verhindern. Hier sollte darauf geachtet werden, dass nur die spekulieren dürfen, die sich gegen echte Risiken absichern wollen und die auch das Geld haben, um im Verlustfall ihre Wettschulden zu begleichen. Auch in Bezug auf Devisengeschäfte sollte darauf geachtet werden, dass die Volatilität nicht durch „Finanzinnovationen“ zunimmt. Europa hat in den letzten Jahrzehnten immer wieder Probleme mit seinen Wechselkursarrangements gehabt. Dies wird wohl auch in Zukunft so sein, selbst wenn der Euro bestehen bleibt.

Wechselkurssysteme in Europa

Vor der Einführung des Euro hatte jedes Land eine eigene Währung. Diese Währungen sind seit dem Ende des Bretton-Woods-Systems fester Wechselkurse in Regimes mehr oder weniger flexibler Wechselkurse eingebunden. So schwankten die europäischen Währungen meist frei gegenüber Währungen wie dem US-Dollar und dem japanischen Yen. Untereinander hingegen waren die europäischen Wechselkurse fixiert, innerhalb vorgegebener Bandbreiten. Die Zentralbanken garantierten die Zahlungsfähigkeit des Staates dadurch, dass sie den Staatshaushalt direkt oder indirekt finanzieren konnten. So ließen sich auch verhältnismäßig hohe Staatsschulden ohne Probleme aushalten. Es gab natürlich auch Probleme, u. a. mit der Zinssetzung und der Leistungs- und Handelsbilanz.

Länder mit relativ schwachen Produktivitätsfortschritten erfuhren bei festen Wechselkursen über die Zeit eine relative Verteuerung ihrer Produkte. Die Produkte der ausländischen Konkurrenz wurden schneller billiger als die einheimischen Produkte, was zu einer Verschiebung der Produktion und damit auch von Arbeitsplätzen führte. Die steigende Arbeitslosigkeit führte zu Anpassungsdruck auf die Politik, die auf die Unzufriedenheit ihrer Wähler teilweise mit einer Abwertung der eigenen Währung reagierte. Dadurch wurden in ausländischer Währung mit Preisen versehene Güter schlagartig teurer, während einheimische Güter für Käufer mit ausländischer Währung relativ günstiger wurden. Die Beschäftigung nahm wieder zu, da Produktion ins Inland zurückkehrte.

Allerdings verloren die Besitzer von Finanzanlagen in einheimischer Währung. Aus diesem Grund mussten Länder mit unterdurchschnittlichem Produktivitätswachstum den Investoren einen zusätzlichen Anreiz bieten, trotz der Abwertungsgefahr ihre Finanzanlagen (Aktien, Wertpapiere etc.) zu halten: einen höheren Zins. Der höhere Zins sorgte nach damaliger Auffassung tendenziell dafür, dass die privaten Investitionen im Land eher gering waren. Dies war der Grund, warum die Länder in der europäischen Peripherie überhaupt mit in den Euro wollten. Sie erhofften sich durch die niedrigeren Zinsen eine Erhöhung der Investitionen, welche kurzfristig die Nachfrage und langfristig das Wachstum ankurbeln sollten.

Im Nachhinein erwies sich diese Hoffnung als trügerisch. Die Immobilienblasen haben zwar zu kurzfristig hoher Nachfrage geführt in Ländern wie Irland oder Spanien, aber die langfristigen Produktivitätserhöhungen wird es wohl nicht geben, da hauptsächlich in Immobilien investiert wurde. Diese Situation ist politisch gefährlich, da es für die Länder in der Peripherie nun einen gewichtigen Grund weniger gibt, als Mitglied in der Eurozone zu verbleiben. Höhere Zinsen wären zu verkraften, wenn sie von einem günstigen Wechselkurs überkompensiert werden würden. Anders formuliert: die Kosten für die Beschaffung von Maschinen, Boden und Arbeitskraft sind nicht so wichtig wie die Nachfrage nach den produzierten Gütern und Dienstleistungen. Ohne Nachfrage wird nicht produziert, und ob der Zins dann bei 10% oder bei 0% liegt ist schlichtweg uninteressant.

Rückkehr zu nationalstaatlichen Währungen

Einen Austritt aus dem Euro gäbe es in zwei Varianten. In der ersten Variante würden die Länder mit den wirtschaftlichen Problemen austreten (u. a. Spanien, Irland etc.). In der zweiten Variante träte Deutschland aus. Diese Variante wurde u. a. von US-Investor George Soros im Jahr 2012 ins Spiel gebracht.[132] Die ökonomischen Folgen eines Austritts aus dem Euro sind schwer, die politischen Folgen nahezu unmöglich abzuschätzen. Allerdings ist es momentan so, dass ein Euro-Austritt nur erfolgen kann, wenn das Land auch aus der Europäischen Union austritt. Nachdem gutes Krisenmanagement sich allerdings dadurch auszeichnet, dass Regeln, die den Umständen nicht mehr gerecht werden, entweder geändert oder wenigstens ignoriert werden, sollte man dies nicht überbewerten. Sofern der politische Wille da ist, könnte ein Land auch schnell wieder in die EU eintreten.

Was wären die volkswirtschaftlichen Auswirkungen eines Austritts aus dem Euro für ein Krisenland? Ein Austritt eines Krisenlands würde dazu führen, dass sämtliche nationalen Schuldtitel in Euro auf die neue Währung umgestellt würden. Schuldtitel, die nach ausländischem Recht ausgestellt wurden, könnten eventuell nicht so einfach auf einheimische Währung umgestellt werden. Beträfe dies Staatsanleihen, so könnte die Regierung über einen Umtausch verhandeln. Ein Zahlungsausfall auf Teile der Staatsverschuldung wäre ebenfalls möglich. Da das Land bei der Umstellung auf die neue Währung die internationalen Investoren schon vergrault haben wird, wären die zusätzlichen Unannehmlichkeiten wohl überschaubar. Private Schuldtitel von Haushalten und Unternehmen, welche auf Euro lauten und ausländischem Recht unterliegen, könnten wohl nicht umgestellt werden.[133]

Im Falle von Haushalten und Unternehmen gibt es dafür das Insolvenzrecht. Bei der Regierung wird es kompliziert, da es kein staatliches Insolvenzrecht gibt – schließlich können Staaten nicht souverän sein, wenn man ihnen von außen Zahlungen aufzwingen kann. Die nationale Zentralbank wäre wieder mit vollen Befugnissen ausgestattet, so wie vor der Einführung des Euro. Damit fiele das Risiko des Zahlungsausfalls bei den Staatsanleihen, die nach nationalem Recht auf die neue Währung lauten, weg. Die Nachfrage nach der neuen Währung würde dadurch erzeugt werden, dass der Staat seine Steuern in der neuen Währung erhebt.

Die Gestaltung der Zinsen obläge nun ausschließlich der Zentralbank des nunmehr seine eigene Währung emittierenden Staates und könnte daher, wie wir gesehen haben, trotz erhöhter Staatsausgaben ohne weiteres sinken. Damit hätte der Staat wieder die Möglichkeit, Geld zu schöpfen. Er müsste geringere Zinsen zahlen – oder bei einer Nullzinspolitik sogar gar keine – und zweitens könnte er wieder über die eigene Zentralbank Geld in Umlauf bringen, so dass er die Staatsausgaben überhaupt ausweiten kann. Solange Massenarbeitslosigkeit herrscht, könnte der Staat zum gängigen Lohnsatz Arbeitnehmer einstellen bzw. Aufträge an private Firmen vergeben, die dann ihrerseits Arbeitnehmer einstellen. Dadurch würden die Einkommen steigen, was wiederum die Nachfrage ankurbeln würde. Da ja auch produziert wird, sollte es nicht notwendigerweise zu erhöhten Inflationsraten kommen.

Der Wechselkurs der neuen Währung würde wohl relativ zum Euro abwerten. Dies wird mittelfristig zu weniger Importen und mehr Exporten sowie mehr einheimischer Produktion führen. Kurzfristig würden die Importe von dringend benötigten Rohstoffen teurer werden, allerdings hätte auch bei Verbleib in der Eurozone eine mengenmäßige Beschränkung dieser Importe stattgefunden. Momentan läuft die Anpassung in der Eurozone über bewusste Senkung der Einkommen auf Kosten der jeweiligen Binnennachfrage. Es wird zwar zu Europreisen aber dafür vergleichsweise wenig importiert wird. Sollte daraus ein Anstieg der Inflationsrate resultieren, wäre er einmalig. Da aber ohnehin neue Preise in einheimischer Währung gefunden werden müssen, ist es sehr wahrscheinlich, dass die neuen Importpreise schon von Anfang an mit eingerechnet sind.

Die Handelsbilanz würde mittelfristig ins Positive drehen, da Importe teurer und Exporte billiger werden würden, was normalerweise zu einer Reduktion der Importe und einer Erhöhung der Exporte führt. Dadurch entstünde ein Devisenüberschuss, welcher die Rückzahlung von Schulden in ausländischer Währung ermöglichen würde. Zudem könnte bei Bedarf die Währung gegenüber dem Euro durch Eingriffe der Zentralbank in den Devisenmarkt so fixiert werden, dass es weiterhin zu einem Handels- bzw. Leistungsbilanzüberschuss käme. Eventuell wäre für ein paar Jahre ein Fixkurssystem europäischer Währungen eine gute Möglichkeit, den verschuldeten Ländern durch unterbewertete Wechselkurse die Reduzierung ausländischer Schulden zu vereinfachen. So könnten die Schulden in ausländischer Währung weiterhin bedient werden. Länder ohne Schulden in ausländischer Währung könnten dann das System fester Wechselkurse verlassen und damit den größtmöglichen Spielraum für die eigene Wirtschaftspolitik gewinnen. Vorbild könnte etwa Kanada sein, welches mit dem kanadischen Dollar einen flexiblen Wechselkurs zum US-Dollar gewählt hat, der relativ unproblematisch und reibungslos funktioniert.

Was würde der Austritt eines Landes aus dem Euro für die verbliebenen Mitglieder der Währungszone bedeuten? Mittelfristig würde die Umkehr der Leistungsbilanz in den Exit-Ländern dazu führen, dass die ausländische Nachfrage geringer und der Anteil der inländischen Nachfrage, der auf Importe entfällt, höher wäre. Die Nachfrage in den restlichen Ökonomien nähme also ab. Dies könnte durch wirtschaftspolitische Maßnahmen aufgefangen werden, sofern die Nachfrage auf ein zu niedriges Niveau fällt. Die Zinsen sind bereits auf Nullzinsniveau, daher läge der Fokus auf der Fiskalpolitik. Höhere Staatsausgaben würden wohl in der

Folge auch höhere private Investitionen nach sich ziehen. Allerdings gelten die Maastricht-Regeln zur Neuverschuldung – 3% vom BIP – und die nationalen Schuldenbremsen weiterhin. Unter bestehenden Institutionen könnte es also dazu kommen, dass der Austritt eines größeren Landes aus dem Euro zu einer Nachfrageschwäche führt, die aufgrund der institutionellen Konstruktionsfehler der Eurozone nicht aufgefangen werden könnte. Dies würde insbesondere dann passieren, wenn die deutsche Bundesregierung auf den Austritt einiger Länder aus dem Euro mit Lohnsenkungsprogrammen zur Wiederherstellung der internationalen Wettbewerbsfähigkeit reagieren würde.

Ein weiteres Problem könnte sein, dass es zu einer Reihe von Austritten aus der gemeinsamen Währung käme. Sollte das erste Land mit eigener Währung in der Folge hohe Wachstumsraten erzielen, so würden auch andere Länder folgen. Dadurch käme es zu einer ziemlich abrupten Veränderung von relativen Einkommen und auch relativen Preisen, welche die Problematik der Nachfrageschwäche für die verbliebenen Euroländer wahrscheinlicher werden ließe. Schließlich führen Exporte in Länder außerhalb der Eurozone zu Aufwertungen des Euro gegen die Währungen der Handelspartner, so dass sich die Nachfrageausfälle aus den Exporten in die Eurozone nicht komplett durch Exporte in den Rest der Welt kompensieren lassen würden.

Einige historische Fälle sprechen dafür, dass ein Austritt aus dem Euro dem Land relativ hohe Wachstumsraten bescheren würde, da der Abbau der Arbeitslosigkeit mit steigenden Einkommen und steigender Produktion einhergeht. So hatte Argentinien nach der Wirtschaftskrise von 2002 die Bindung der eigenen Währung zum US-Dollar gelöst und in der Folge überdurchschnittliche Wachstumsraten von etwa 8% jährlich erzielt bis zur großen Finanzkrise von 2008/09. (Zuletzt ist Argentinien wieder in die Krise gerutscht, weil es erneut Staatsanleihen in US-Dollar ausgegeben hatte.) Die Länder, die in der großen Depression aus dem Goldstandard ausgestiegen sind, haben danach ebenfalls höhere Wachstumsraten verzeichnet als vorher.[134] Auch hier war der positive Wachstumseffekt durch die nun möglich gewordenen staatlichen Ausgabensteigerungen und Zinssenkungen deutlich spürbar.

Neben einem Austritt der Krisenländer wäre ein Austritt Deutschlands aus dem Eurosystem eine zweite Möglichkeit.[135] Hierbei würden wieder alle Kontrakte auf die neue Währung umgeschrieben. Diese neue Währung würde allerdings relativ zum Euro aufwerten, da Deutschland sehr viel mehr exportiert als importiert, was die Nachfrage nach der einheimischen Währung befeuern würde. Durch eine Aufwertung der eigenen Währung würde das relative Einkommen steigen, der Urlaub im europäischen Ausland beispielsweise würde sich schlagartig auf ein günstiges Niveau verbilligen, so wie es auch vor der Einführung des Euro der Fall war. Allerdings würde die Kaufkraft des Auslands sinken, so dass es zu einer Verschiebung der Produktion hin zu den nun relativ billigen Eurozonenländern käme. Die Nachfrageausfälle in Deutschland müssten wiederum durch (ineffektive) expansive Geld- und (effektive) Fiskalpolitik aufgefangen werden. Deutschland wäre allerdings immer noch den Maastricht-Regeln unterworfen und müsste die Schuldenbremse beachten. Eine expansive Wirtschaftspolitik müsste also mit wirtschaftspolitischen Reformen einhergehen – und der Erkenntnis, dass in der Vergangenheit teilweise gravierende Fehler in der Wirtschaftspolitik begangen wurden.

Bezüglich der Finanzanlagen wäre Deutschland dann sehr attraktiv. Die Währung würde relativ teuer sein, und solange Deutschland einen Leistungsbilanzüberschuss hätte, würde sie mittelfristig wohl eher aufwerten. Das würde sie als attraktive Wertaufbewahrungswährung erscheinen lassen. Deutschland könnte daher relativ niedrige Zinsen anbieten und trotzdem würden Anleger viele Finanzanlagen kaufen und deren Preise in die Höhe treiben. Dies würde dafür sorgen, dass sich die Inhaber von Wertpapieren und Immobilien reicher fühlen und vielleicht eine höhere Verschuldung eingehen würden, um weitere Investitionen in Maschinen oder Immobilien zu finanzieren.

Ein wichtiger Punkt bei einem Austritt aus dem Euro ist die Gestaltung des Geldsystems. Das oberste Ziel einer Wirtschaft muss es sein, für Beschäftigung und Einkommen zu sorgen bei einem möglichst hohen Lebensstandard für alle. Eine niedrige Inflationsrate ist dabei förderlich. Allerdings sollte das Geldsystem nicht so aufgebaut sein, wie es momentan in der Eurozone der Fall ist. Ansonsten wird die Regierung wieder hilflos zuschauen müssen, wie die eigene Volkswirtschaft in der Depression versinkt. Die Regierung muss sich bei der Zentralbank zumindest theoretisch unbegrenzt verschulden können. Es reicht aus, dass die Zentralbank im Notfall erklärt, dass sie deutsche Staatsanleihen unbegrenzt aufkaufen wird. Damit sollte das Zahlungsausfallrisiko auf null reduziert werden. Praktisch werden die Wähler Regierungen abstrafen, die durch zu hohe staatliche Nachfrage für erhöhte Inflation sorgen. Die Sparer sind politisch einflussreich und werden das auch unter einer souveränen nationalen Währung sein. Es ist also nicht zu befürchten, dass die Rückkehr zur D-Mark zu einer erhöhten Inflation führt.

Wie das Beispiel Kanada zeigt, können die Wähler für einen Kandidaten stimmen, der gegen Austeritätspolitik ist. Justin Trudeau wurde im November 2015 als Präsident von Kanada ernannt, nachdem er im Wahlkampf die Konservativen und die Sozialdemokraten besiegte, die beide für Austeritätspolitik eintraten. 2016 und 2017 lag die Inflationsrate in Kanada bei 1,44% und dann bei 1,6%, 2018 lag sie bei 2,24% und im Juli 2019 bei 2,0%. Von solchen Inflationsraten können wir in der Eurozone aktuell (1,0% im Juli 2019) nur träumen. Dies ist nah an 2% und weit weg von den Grenzen des Korridors von 1-3%, welche die kanadische Zentralbank vorgibt. Eine Austeritätspolitik hätte sicherlich die Nachfrage reduziert und zu Inflationsraten von unterhalb von 1% geführt. Der Wechselkurs des kanadischen Dollars zum US-Dollar ist übrigens im Juli 2019 ziemlich genau auf dem Stand von November 2015.

Eine interessante Frage ist, welche Auswirkungen der Austritt eines Landes aus der Eurozone auf die anderen Länder hätte. Bei einer anzunehmenden Abwertung einer neuen Währung wird es für den Rest der Eurozone schwieriger, die Menge und Preise der Exporte hochzuhalten, da ja nun die Kaufkraft in Euro gemessen niedriger ist. Insofern wären die verbliebenen Euro-Länder wohl gezwungen, ihre Wirtschaftspolitik expansiver auszurichten. Da die Geldpolitik mit einem Leitzins bei null quasi am Ende der Fahnenstange angekommen ist, müsste dies auf eine expansive Fiskalpolitik hinauslaufen. Alternativ könnte durch QE der Euro weiter abgewertet werden, aber dies wird im Rest der Welt zunehmend kritischer bewertet werden und sicherlich auch zu Gegenmaßnahmen führen. Auch andere Länder können QE anwenden, zudem gibt es einen hart geführten Handelskonflikt zwischen China und den USA mit Zöllen in Höhe von Hunderten von Milliarden US-Dollar. Es scheint nur eine Frage der Zeit zu sein, bis sich die US-Regierung wieder der EU und insbesondere Deutschland zuwendet.

Die Covid-19-Krise und der Neustart

Das im Juni 2020 verabschiedete Konjunkturpaket soll die deutsche Wirtschaft wieder ankurbeln. Vorgesehen sind Mehrausgaben von 130 Mrd. Euro. Kanzlerin Merkel musste sich gegen die übliche, theoretisch völlig unsinnige Kritik wehren, dass künftige Generationen übermäßig belastet würden.[136] Aufgrund des Charakters der Corona-Krise könnte das relativ kleine Konjunkturprogramm – bei einem BIP von 3,44 Billionen Euro macht es etwa 3,8 Prozent des BIP aus – dennoch ausreichend sein, obwohl inzwischen für das Jahr 2020 die Bundesbank aktuell einen Rückgang des BIP von 6,8 Prozent erwartet. Auslöser des Rückgangs sind hauptsächlich Beschränkungen auf der Nachfrageseite. Die Deutschen haben zwischen Mitte März und Ende Mai wohl nur das Nötigste gekauft und die meisten größeren Anschaffungen verschoben. Die Angebotsseite war lediglich in einigen Sektoren eingeschränkt, nicht aber beispielsweise im Automobil- oder Maschinenbau.

Insofern kann es ausreichen, das öffentliche Leben jetzt schrittweise wieder zu öffnen, natürlich unter besonderer Berücksichtigung der Vermeidung einer zweiten Welle, um so die wirtschaftliche Aktivität wieder auf den alten Pfad zu führen. Allerdings will und soll dies nicht komplett gelingen. Aufgrund des Klimawandels ist inzwischen den meisten Menschen klar, dass einige Wirtschaftssektoren nicht wieder voll hochgefahren werden sollten. Dies gilt beispielsweise für die Produktion von Autos mit Verbrennungsmotoren oder für Reisen mit dem Flugzeug. Zudem führt der technologische Wandel dazu, dass die Arbeitsnachfrage sinkt. Darauf sollten wir mit einer Reduzierung der Arbeitszeit reagieren. Mit einer 4-Tage-Woche wäre die Arbeit besser verteilt und der Konsum wäre reduziert.

Auf europäischer Ebene wurde der Stabilitäts- und Wachstumspakt ausgesetzt, da der Europäische Rat auf Vorschlag der Kommission schon Mitte März die allgemeine Ausstiegsklausel aktivierte. Nun sind „exzessive“ Defizite kein Problem mehr. Auch die EZB stellte die Ampel für die nationalen Regierungen auf grün mit ihrem Ankaufprogramm PEPP. De facto sind nun die Staatsanleihen aller Euroländer risikofrei, da die EZB sie in großen Mengen ankauft. So bleiben die Preise der Staatsanleihen hoch, Zinsunterschiede wie bei der Eurokrise 2010 sind nicht zu beobachten. Die nationalen Regierungen können nun Geld ausgeben, wie sie es für nötig halten. Die resultierenden höheren Schulden haben so gut wie keinen Einfluss auf diese Länder, da nur im Europäischen Fiskalpakt die 60%-Staatsverschuldung zum BIP einen Einfluss hat. Regierungen, deren Wert darunter liegt, können ein höheres Defizit haben. Da aber Spanien, Italien und Griechenland nach der Covid-19-Pandemie sicherlich alle deutlich im dreistelligen Bereich liegen, ist dies wohl irrelevant.

Der Europäische Aufbauplan ist daher nicht wirklich notwendig. Er ist eher ein politisches Zeichen, dass die Länder der EU weiterhin zusammenarbeiten wollen und dass die Idee einer politischen Union („ever closer union“) nicht tot ist. Gerade die deutsch-französische Achse lahmte in den letzten Jahren zunehmend. Der Plan wird im 2. Halbjahr 2020 umgesetzt werden, wenn Deutschland die Ratspräsidentschaft der EU innehat. Generell kann festgehalten werden, dass die Eurozone mit ihren Institutionen zwar nicht optimal war, dass aber eine Weiterentwicklung in Richtung eines funktionalen Währungssystems durchaus im Bereich des Möglichen liegt. Die Frage ist nur, ob es politische Mehrheiten für diese Reformen gibt.

Sehr interessant war übrigens auch die Situation in Großbritannien, wo die Bank of England (BoE) eine teilweise sogenannte direkte Staatsfinanzierung ankündigte.[137] Dabei kann die britische Regierung ihr Überziehungskonto (*Ways & Means*) für zusätzliche Ausgaben nutzen, ohne Staatsanleihen begeben zu müssen. Bis zum Jahresende soll das Konto wieder ausgeglichen sein. Hier wird deutlich, dass eine Zentralbank einfach die Zahlungen der Regierung durchführen kann und dass eine Emission von Staatsanleihen dafür nicht notwendig ist.

Reform der Eurozone I: Euro Treasury

Die makroökonomischen Probleme der Eurozone sind die zu geringe Nachfrage und, dadurch bedingt, die zu niedrigen Inflationsraten und die hohe Arbeitslosigkeit. Während die EZB eine erhöhte Inflationsrate jederzeit durch eine Erhöhung der Zinssätze bekämpfen könnte, ist die zu niedrige Inflationsrate nicht so einfach zu bekämpfen.[138]

Durch die Nullzinspolitik sind die Zinsen sehr niedrig, auch wenn die für privatwirtschaftliche Investitionen relevanten Kreditzinsen der Banken in der Peripherie (Spanien, Portugal, Griechenland etc.) noch etwas höher liegen als im Zentrum (Deutschland). Seit Anfang August 2019 liegen die Renditen aller deutschen Staatsanleihen im negativen Bereich.[139] Da die Angebotsseite so günstig wie nur möglich ist (ohne den Leitzins in den negativen Bereich zu drücken), muss das Problem der sinkenden Kreditmenge in der Eurozone ein nachfrageseitiges sein. Die Unternehmen und Haushalte nehmen nicht mehr so viele Kredite auf wie vorher, weil sie nicht wollen. Viele Unternehmen wollen ihre Produktionskapazitäten nicht ausweiten, weil sie nicht daran glauben, dass sie mehr verkaufen könnten. Eine mögliche Begründung für eine schwache Nachfrage ist einerseits in der schwachen Nachfrage nach Gütern und Dienstleistungen der Unternehmen zu sehen, andererseits in der schwachen Nachfrage der Haushalte.

Abbildung 11.2: Nominallohnindex, Verbraucherpreisindex und Reallohnindex

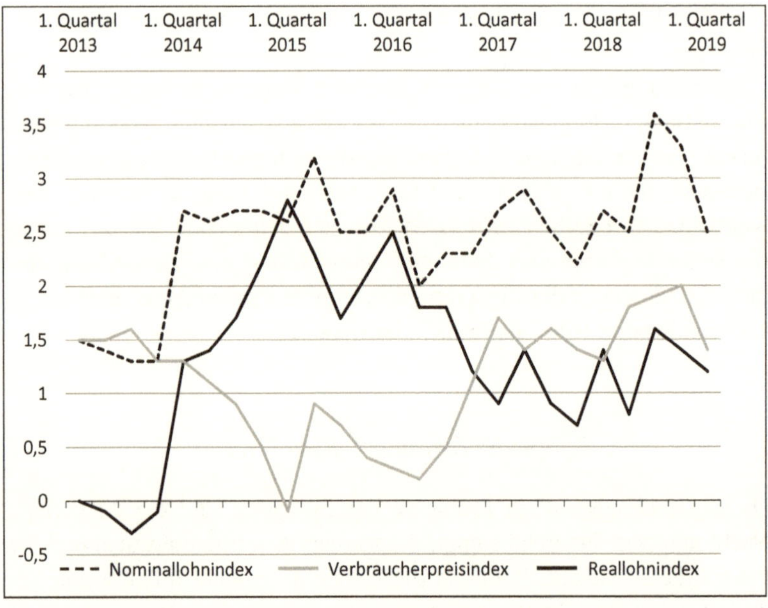

Quelle: https://www.destatis.de/DE/Presse/Pressemitteilungen/2019/06/PD19_237_623.html

In Deutschland sind es die seit Jahren stagnierenden oder sogar sinkenden Reallöhne – die Kaufkraft der Löhne lässt nach, da die Lohnsteigerung unter der Inflationsrate liegt – und in der Peripherie ist es die Arbeitslosigkeit in Verbindung mit sinkender Investitionsbereitschaft, die dazu führt, dass die Nachfrage schwach ist. Zudem steigt die Ungleichheit der Einkommen und Vermögen weiter.[140]

In Deutschland steigen die Reallöhne erst seit 2014 wieder, wobei sie schon schnell wieder auf niedrigem Niveau stagnierten. Wenn die Kaufkraft des privaten Sektors nur sehr langsam wächst, dann wird es für die Unternehmen schwierig, mehr zu produzieren als vorher und damit auch mehr Arbeitsplätze zu erzeugen. Wie wir in der Theorie gesehen haben, basiert unser Wirtschaftskreislauf auf durch Kredit erzeugten Einlagen des privaten Sektors bei den Banken. Diese Einlagen können durch Kreditaufnahme des privaten Sektors erzeugt werden oder aber durch staatliche Ausgaben in Verbindung mit Defiziten des staatlichen Haushalts.

Wie bereits erklärt wurde, sind staatliche Haushaltsdefizite notwendig, um diese Nachfragelücke in Zeiten schwacher privater Nachfrage zu kompensieren und dem privaten Sektor, soweit erwünscht, einen Aufbau von Vermögen zu ermöglichen. Ein Überschuss der Einnahmen über die Ausgaben für den privaten Sektor ist nur möglich, wenn der staatliche Sektor einen Überschuss der Ausgaben über die Einnahmen ausweist oder die Handelsbilanz einen Überschuss ausweist. Die in der Eurozone durchgeführte Kürzungspolitik hat allerdings mit dem Zwang zu weniger Staatsausgaben weder eine Erholung der Realwirtschaft bewirkt noch eine Linderung der Probleme der Finanzmärkte. Die vom damaligen EZB-Präsidenten beschworene Erholung von Wachstums- und Arbeitslosigkeitsraten durch Austeritätspolitik ist nie eingetreten, erst die Abkehr von der Austeritätspolitik brachte Besserung.[141] So war es erst Mario Draghis Ankündigung des „whatever it takes“ zur Rettung der Eurozone, welche zumindest die Finanzmarktturbulenzen, die in einer Spekulation des Finanzsektors gegen einzelne Eurostaaten begründet waren, beendet hat. Ohne diese Ankündigung hätte die Austeritätspolitik wohl zu einer Zahlungsunfähigkeit weiterer Länder neben Griechenland geführt.

Die Frage ist also für die Eurozone, wie in Zeiten wirtschaftlicher Schwäche der Wirtschaftskreislauf wieder in Gang gesetzt werden kann. Gesucht ist dabei eine Theorie, wie die Wirtschaft stabilisiert werden kann, ohne dass die Geldpolitik zum Einsatz kommt. Gefragt ist eine *fiskalische* Theorie der Wirtschaftssteuerung. Wie wir gesehen haben, muss sich einer der drei Sektoren zumindest kurzfristig verschulden, um die Nachfrage anzukurbeln. Der private Sektor allerdings entwickelt derzeit wenig zusätzliche Nachfrage nach Krediten, weder im Bereich der Haushalte noch bei den Unternehmen, die unsere europäische Wirtschaft Richtung Vollbeschäftigung drücken würde. Der externe Sektor kann die europäischen Exporte ankurbeln, allerdings würden weitere Erfolge der europäischen

Exporte in der Weltwirtschaft den Wechselkurs des Euro nach oben ziehen. Sollte die EZB intervenieren, um den Wechselkurs zu drücken, so wie es gerade von Mario Draghi am 10. September 2019 angekündigt wurde, werden sich andere Regionen über kurz oder lang durch eigene Abwertungen wehren.[142] Es ist also unwahrscheinlich, dass die Eurozone zu einem großen Nettoexporteur werden kann in einer Weltwirtschaft, in der die Nachfrage aktuell eher schwach ist. In den letzten Jahren betrug der Leistungsbilanzüberschuss der Eurozone um die 3% des BIP.

Selbst wenn die Strategie kurzfristig aufgehen sollte, so endet das Ganze dann doch wieder in den Problemen, die schon vorher die europäischen Länder plagten. Entweder werden in Fixkurssystemen die Länder mit Leistungsbilanzdefizit in die Verschuldung getrieben und bekommen Probleme mit der Rückzahlung oder die Währungen der Defizitländer werten – bei flexiblen Wechselkursen – über den Zeitablauf ab, was die Leistungsbilanz wieder Richtung Ausgleich von Exporten und Importen führt. Da der Wechselkurs des Euro zum Rest der Welt nicht stabil ist, sind große Vermögensverluste durch Abwertungen der Währungen zu erwarten, in denen auch Teile der aus deutschen Exporten resultierenden Nettovermögen denominiert sind.

Es bleibt also noch die Regierung bzw. die Regierungen der Eurozone. Damit wären wir wieder bei der explizit fiskalischen Theorie der Wirtschaftsstabilisierung. Wie wir oben gesehen haben, ist in der Eurozone unter aktuellen Bedingungen eine Zahlungsunfähigkeit der Staaten de jure möglich, während aber de facto die Ankündigung von Draghi aus dem Juli 2012, durch ein *outright monetary transactions* (OMT) genanntes Programm (es wurde nie aktiviert) die Staatsanleihen der Krisenländer aufzukaufen, für sinkende Risikoaufschläge und damit eine fallende Verzinsung gesorgt hat. Der Zugang zu Ankäufen der Staatsanleihen durch die EZB erfolgt nur, wenn eine Regierung den Europäischen Stabilitätsmechanismus (ESM) in Anspruch nimmt. Vorher gab es noch das *Securities Market Programme* (SMP), innerhalb dessen die EZB ebenfalls Staatsanleihen auf dem Sekundärmarkt erwirbt.[143] Gesucht wird heute ein Arrangement, welches es der Eurozone erlaubt, durch zusätzliche staatliche Ausgaben die Nachfrage permanent anzukurbeln. Ein wesentlicher Teil muss sein, dass die Ausgaben von einer Institution getätigt werden, welche nicht zahlungsunfähig werden kann.

Technisch gesehen gibt es, wie oben bereits betrachtet, zwei Alternativen. Erstens könnte die EZB ein solches Programm auflegen, entweder direkt oder indirekt. Allerdings wäre dies historisch gesehen eine einmalige Angelegenheit, denn Fiskalpolitik (Ausgaben für reale Güter und Dienstleistungen sowie Einnahmen aus Steuern und Abgaben) wird meist durch die Regierung, die eigentlich immer demokratisch legitimiert sein sollte, durchgeführt, während die Zentralbank für Geldpolitik zuständig ist. Sie verleiht Zentralbankgeld gegen Sicherheiten und kauft/verkauft Finanzanlagen – allerdings im Hinblick auf öffentliche Ziele und nicht auf Profitmaximierung. Die EZB kann allerdings im Rahmen des sog. *Quantitative easing* (QE) versuchen, dem privaten Sektor zusätzliche Einlagen zu verschaffen.

Die bisherigen Erfahrungen mit diesem Instrument sind allerdings enttäuschend. Die Empfänger dieser Einlagen sind meist nicht gewillt, diese zum Zwecke des Konsums auszugeben, weil es sich regelmäßig um relativ vermögende Sparer handelt. Auf einen Verkauf einer Anlage aus dem Portfolio und die zufließenden Guthaben werden diese wohl eher mit einer Wiederanlage in andere Finanztitel reagieren. Die Nebenwirkung besteht in einer Erhöhung der Vermögenspreise und damit in einer teilweise starken Umverteilung zu Gunsten der Einkommen von Bankern und Vermögensbesitzern. Im Übrigen entzieht man dem Privatsektor über die sinkenden Zinsen sogar noch einen Teil der Einkünfte, was wiederum die Fähigkeit oder Bereitschaft, zusätzliche Konsumausgaben zu tätigen, reduziert und womöglich außerdem in verstärkten Sparanstrengungen mündet. Einzig die Abwertung der Währung durch QE scheint einen expansiven Effekt auf die Wirtschaft zu haben, wobei dies in einer Weltwirtschaft mit ausgeprägter Nachfrageschwäche keine vielversprechende Strategie ist.[144]

Es bleibt also als zweite und letzte Möglichkeit die Regierung als die Institution, die den Wirtschaftskreislauf ankurbelt. Einmal könnte sie dem privaten Sektor mehr Einlagen überlassen durch Senkung der Steuern. So würde der Wirtschaftskreislauf wieder angeregt werden, wobei sich die Regierung natürlich mehr verschuldet. Allerdings muss stark darauf geachtet werden, bei wem die Steuersenkung ankommt. Die Steuersenkungen für Reiche haben weltweit eben nicht zu einem „trickle down“-Effekt geführt, sondern haben die Reichen nur reicher gemacht und die Vermögenspreise aufgeblasen. Das war so bei den Steuersenkungen der rotgrünen Regierung Anfang der 2000er und auch bei den Steuersenkungen der Regierungen George W. Bush und Donald Trump.

Alternativ kann die Regierung eine Ausweitung der Ausgaben beschließen. Da diese demokratisch legitimiert ist, entsprechen die Staatsausgaben grundsätzlich den Weisungen des Parlaments. Wenn also der Erhalt der Eurozone angestrebt wird, dann müsste es eine fiskalische Instanz geben, die in der Lage ist, mit Blick auf die Bekämpfung der Arbeitslosigkeit höhere Ausgaben zu tätigen, ohne das Risiko einer Zahlungsunfähigkeit auf sich zu laden. Die nationalen Regierungen sind nicht in der Lage, effektiv Arbeitslosigkeit zu bekämpfen. Erstens können sie bankrott gehen und zweitens wird in kleinen offenen Volkswirtschaften, die einen großen Teil der Eurozone bilden, ein großer Teil der staatlichen Mehrausgaben in Importe fließen, was die Wirtschaft im Ausland ankurbelt. Da der Wechselkurs fest ist und im Euro nicht nachgeben kann, was diesen Effekt abschwächen würde, lässt sich unter Beibehaltung des Euro dieses Problem auch nicht lösen.[145] Die Strategie der „internen Abwertung“ – einer Reduktion des einheimischen Preisniveaus durch Lohnkürzungen – hat sich dabei als wirtschaftspolitischer Irrweg erwiesen mit sehr hohen sozialen Kosten.

Generell gibt es nun zwei Möglichkeiten, die Beschäftigung in der Eurozone mithilfe von fiskalischen Maßnahmen zu stabilisieren. Entweder wird auf nationalstaatlicher Ebene gehandelt oder die Institutionen der Eurozone werden so umgebaut, dass ein europäischer Akteur die Ausgaben erhöht, wenn dies wirtschaftspolitisch geboten ist.

A.) Dies kann geschehen, indem die EZB erklärt, im Zweifelsfall alle Staatsanleihen der Länder der Eurozone aufzukaufen. Damit wären nationale Staatsanleihen risikolos. Durch das PEPP der EZB ist dies jetzt zumindest temporär bewerkstelligt. Danach muss geklärt werden, wie der Stabilitäts- und Wachstumspakt vernünftig gestaltet werden kann. (Aktuell ist die allgemeine Ausstiegsklausel des Stabilitäts- und Wachstumspakts gezogen.) Damit wären die nationalen Regierungen weiterhin (oder wieder) zuständig für Vollbeschäftigung.

B.) Alternativ dazu könnte man die europäische Kommission zu einer echten europäischen Regierung ausbauen, mit dem europäischen Parlament als dazugehörigem echtem Parlament.[146] Momentan weisen diese europäischen Institutionen demokratische Defizite auf. So kann beispielsweise das Parlament den Kommissionspräsidenten nicht durch ein Misstrauensvotum seines Amtes entheben, die Kommissionsmitglieder werden von nationalen Regierungschefs vorgeschlagen (statt von den Parteien) und vom Prinzip der gleichberechtigten Stimmen ist Europa ebenfalls weit entfernt. Derzeit hat Deutschland im Europarlament 96 Sitze und Luxemburg derer 6. Bei etwa 550.000 Einwohnern in Luxemburg entfallen also auf einen Sitz etwas weniger als 100.000 Einwohner. Bei einem entsprechenden Verhältnis von Sitzen zu Stimmen stünden Deutschland bei rund 80 Millionen Einwohnern etwa 800 Sitze zur Verfügung.

Eine Reform der Eurozone und ggf. der Europäischen Union hin zu einer echten europäischen Regierung erfordert das Vertrauen der Bürgerinnen und Bürger. Es wäre darüber nachzudenken, ob nicht beispielsweise Brüssel – gemeint ist damit die EU bzw. die Eurozone – einige Ausgaben in den Nationalstaaten oder der Eurozone übernimmt. Die Ausgabe von Eurobonds, ggf. in Verbindung mit einer europäischen Steuer, würden die mit zusätzlichen Ausgaben in den Wirtschaftskreislauf eingebrachten Reserven neutralisieren. Der Umfang dieser Ausgaben müsste wohl bei einer Größenordnung von mehreren Hundert Milliarden Euro jährlich liegen, die Steuern etwas darunter. Damit würde die Kommission eine gewisse Versorgung mit öffentlichen Gütern wie Bildung, Gesundheit oder auch Infrastruktur gewährleisten und gleichzeitig die Nationalstaaten entlasten, die wiederum ihre Steuern und Ausgaben entsprechend senken können. So werden nationale Schulden mit Ausfallrisiko ersetzt durch risikofreie europäische Schulden. Die Investoren würden sich sicherlich darüber freuen. Der Euro würde gestärkt werden und den Weg antreten zu einer echten Alternative zum US-Dollar.

Nationalstaaten, die ihre Ausgaben reduzieren müssen, würden zudem nicht mehr in eine Spirale von Ausgabenkürzungen getrieben werden, welche zu einem Einbruch der Steuereinnahmen führen, die wiederum zu einer weiteren Runde von Ausgabenkürzungen führen. Alternativ könnte die EU das Geld auch an Kommunen geben oder die Länder, welche dann die Ausgaben tätigen. Dies würde zu mehr Dezentralisierung führen, sofern die finanziellen Mittel ohne Bindungen an Forderungen übertragen würden. Ein *Euro Treasury* würde also nicht unbedingt zu einem mehr an Europa führen, sondern könnte auch die unteren politischen Einheiten stärken und damit die Politik den Europäerinnen und Europäern wieder näherbringen.

Am Ende einer solchen Entwicklung könnte aus politischer Sicht ein Europa stehen, welches den Vereinigten Staaten von Amerika stark ähnelt.[147] Eine europäische Regierung stünde über einem föderalen System von Nationalstaaten. Während Letztere einen ausgeglichenen Haushalt ausweisen müssen, könnte die europäische Regierung bei Bedarf die Wirtschaft durch zusätzliche Ausgaben ankurbeln. Die Frage der Größe von Staat und privater Wirtschaft entscheidet sich jedoch nicht mit der Höhe der Staatsausgaben. Schließlich kann der Staat mit den zusätzlichen Ausgaben entweder staatliche Produktion erzeugen oder aber privaten Firmen Produkte und Dienstleistungen abkaufen.

Auch die Frage der Machtverteilung entscheidet sich nicht an der Frage des Finanzministeriums. Das europäische Finanzministerium könnte den Großteil seiner Ausgaben in die Kommunen leiten, welche dann darüber bestimmen, wie viel und wofür ausgegeben wird. Damit hätte die Europäische Union eine stark föderalistische Struktur und die Ausgaben finden sehr nah beim Bürger statt. Dies kann vorteilhaft sein für das Funktionieren der Demokratie.[148] Das andere Extrem ist, dass „Brüssel“ darüber entscheidet, wofür das Geld ausgegeben wird. In der Praxis werden wir wohl einen politischen Kompromiss finden zwischen diesen beiden Extremen.[149]

Es geht also beim europäischen Finanzministerium nicht um die Frage der Größe des Staates oder der Zentralisierung der Macht in Europa, sondern lediglich um die Frage, ob der Staat, vertreten durch Parlament und Regierung, für Beschäftigung und Gemeinwohl zuständig ist.[150] Und die Antwort auf diese Frage ist meiner Meinung nach ein klares Ja. Diese Veränderung sollte nicht als Folge der Krise zustande kommen, sondern als Folge einer pan-europäischen öffentlichen Debatte.

Reform der Eurozone II: Green New Deal

Eine weitere Möglichkeit, die Nachfrage dauerhaft zu erhöhen, ist ein sog. Green New Deal mit einer Jobgarantie (*Job Guarantee*).[151] Beim Green New Deal steht die Bekämpfung des Klimawandels im Vordergrund. Der Staat soll den Klimawandel durch ein umfangreiches Paket an Maßnahmen bekämpfen. Dazu braucht er Ressourcen. Also muss der Staat mehr Geld ausgeben, um diese Ressourcen für sich zu sichern. Dabei gibt es unterschiedliche Möglichkeiten der Ausgestaltung des Geldsystems.

In Ländern mit einer souveränen Währung ist es nicht notwendig, etwas am Geldsystem zu ändern. Der Staat kann über die Zentralbank seine

Rechnung in unbegrenztem Ausmaß bezahlen, also wird für eine Erhöhung der Ausgaben keine technische Änderung benötigt. Die Regierung gibt einfach mehr Geld aus, indem die Zentralbank die Rechnungen der Regierung bezahlt. Durch die Ausgabe zusätzlicher Staatsanleihen werden die zusätzlich in das Bankensystem hineingedrückten Reserven wieder aus dem Kreislauf gezogen, so dass der Zinssatz auf dem Interbankenmarkt nicht fällt.

Die erhöhten Staatsausgaben würden in den USA auch zu mehr Einkommen im privaten Sektor führen. Entsprechend steigen dann auch die Ausgaben der Haushalte und Unternehmen an. Staatsausgaben entfalten dann die Multiplikatoreffekte, Konsum und Steuern steigen. Einen großen Teil der zusätzlichen Ausgaben fließen also relativ schnell wieder in Form von Steuern zurück zum Staat. Werden zusätzliche Ausgaben in einer Höhe erzeugt, welche Druck auf dem Arbeitsmarkt erzeugen, dann kann es durch steigende Löhne auch zu einer steigenden Inflationsrate kommen. Sofern die Zielinflation nicht überschritten wird, müssen keine wirtschaftspolitischen Maßnahmen ergriffen werden.

Steigt allerdings die Inflationsrate auf ein unerwünschtes Niveau, dann kann die Regierung gegenlenken. Denkbar sind Kürzungen der sonstigen Staatsausgaben, gerade im Bereich der Subventionen von fossilen Energien oder ein Aufschieben von weniger dringenden Infrastrukturprojekten. Zudem könnte die Zentralbank den Zins erhöhen und so die privaten Investitionen reduzieren. Höhere Zinsen könnten auch Anreize zum Sparen setzen, wobei es unklar ist, ob höhere Zinsen nicht auch mit höherer Inflation einhergehen, so dass die Zunahme an Kaufkraft nicht unbedingt positiv ausfallen muss. Höhere Zinsen führen bei gegebenen Staatsausgaben zu höheren Zinszahlungen auf (neu ausgegebene) Staatsanleihen, was tendenziell expansiv wirkt und die Inflationsrate erhöht. Hier ist abzuwägen, wie der Nettoeffekt von Zinserhöhungen ausfällt.

Wenn die Regierung die privaten Investitionen und den privaten Konsum reduzieren möchte, dann kann sie dies auch über zusätzliche Regulierung tun. Sie könnte die Abschreibungsregeln ändern beispielsweise im Bereich der Autos, so dass Firmen ihre Firmenwagen nicht mehr abschreiben können. Dadurch würden sie kurzfristig weniger Autos kaufen und damit Kapazitäten freimachen für andere Verwendungen. Dies würde die Inflationsrate reduzieren, da nun mehr Ressourcen auf den Märkten angeboten werden.

In der Eurozone ist eine deutliche Erhöhung der Staatsausgaben nicht so einfach durchzuführen. Technisch gesehen sind keine Probleme zu erkennen. Staatsausgaben sind nicht begrenzt durch politische Regeln wie nationale Schuldenbremsen und den Stabilitäts- und Wachstumspakt. Allerdings könnten Defizite entstehen, die zu politischem Druck führen, die Staatsausgaben wieder zurückzuführen. Gerade der Stabilitäts- und Wachstumspakt würde, sofern er denn angewendet wird, zu einer deutlichen Abbremsung der staatlichen Ausgaben führen. Insofern ist in der Eurozone eine institutionelle Weiterentwicklung nötig, um einen Green New Deal zu ermöglichen.

Eine Möglichkeit wäre die Schaffung eines Euro Treasury, wie im vorangehenden Abschnitt beschrieben. Der Green New Deal würde dann von Brüssel finanziert. Das Europaparlament würde die Ausgaben beschließen, die europäische Kommission als Regierung die Verantwortung übernehmen. Europäische Wähler könnten dann in den Wahlen u. a. darüber entscheiden, in welchen Bereichen und in welche Technologien in der EU bzw. in der Eurozone investiert werden soll. Dabei muss ein Weg gefunden werden, wie Eurozonen- und Nicht-Eurozonen-Regierungen in der EU zusammenarbeiten können, ohne dass es zu Währungsturbulenzen kommt.

Eine alternative Route führt über die Europäische Investitionsbank (EIB). Sie gibt bereits heute sog. Green Bonds in Milliardenhöhe heraus. Es wäre nicht so schwierig, diesen Mechanismus deutlich auszuweiten. So könnten wir beschließen, dass die Mitgliedsländer der EU pro Jahr 2.500 Euro pro Einwohner von der EIB im Rahmen eines Green New Deal bekommen könnten. Konkret würde es folgendermaßen ablaufen. Eine europäische Regierung eines Landes mit beispielsweise zehn Millionen Einwohnern meldet bei der EIB einen Bedarf von 25 Mrd. Euro an für die sozio-ökologische Wende. Die EIB verkauft dann Green Bonds in Höhe von 25 Mrd. Euro und reicht das Geld an die Regierung weiter. Das Geld darf dann nur für entsprechenden Maßnahmen eingesetzt werden.

Da das Geld nicht aus dem Verkauf von Staatsanleihen kommt, bleibt die Staatsverschuldung des Landes konstant. Durch die zusätzlichen Ausgaben entstehen allerdings auch steigende Steuereinnahmen. Nehmen wir an, dass die Steuerquote am BIP bei 40% liegt, dann würde in der ersten Runde der Ausgaben 0,4 mal 25 Mrd. Euro an zusätzlichen Steuereinnahmen anfallen. Das wären immerhin 10 Mrd. Euro. Die bei Haushalten und Unternehmen verbleibenden zusätzlichen Einkommen von 15 Mrd.

Euro werden sicherlich auch zu einem großen Teil nochmals verausgabt, so dass noch ein paar Milliarden mehr an Steuereinnahmen erwartet werden können.

Durch einen Green New Deal mit Rückgriff auf die EIB wäre es also möglich, die gegebenen institutionellen Regelungen beizubehalten. Die nationalen Regierungen könnten durch die zusätzlichen Steuereinnahmen ihre Verschuldung reduzieren. Gleichzeitig gäbe es mehr Green Bonds. Es wäre sinnvoll, dass die EZB angewiesen wird, die Marktpflege für Green Bonds zu übernehmen, um deren Preise stabil zu halten. Dazu kann sie Green Bonds zu diesem Zweck in beliebig hohen Mengen an- oder verkaufen. So wäre der Markt für Green Bonds immer liquide und günstig. Green Bonds wären eine risikofreie Anlage, da sie immer mit nur sehr geringem Abschlag an die EZB verkauft werden könnten. Dies macht sie sehr attraktiv, denn momentan sind nationale Staatsanleihen der Eurozonenländer mit (mehr oder weniger) Risiko behaftet.

Diese Art der Finanzierung eines Green New Deal ist unter gegebenen Regeln der Eurozone und der EU durchführbar, die europäischen Verträge müssten nicht verändert werden. Ob der Green New Deal zu einer höheren Inflationsrate führt, ist ungewiss. Es kommt sehr stark auf die private Nachfrage an. Aktuell ist die Arbeitslosigkeit in der Eurozone hoch. Die Arbeitslosenrate liegt bei über 7%. Sollten die Länder mehr Arbeitnehmer einstellen wollen, so können sie das wohl zu konstanten Löhnen tun. Bis ein Lohndruck entsteht, kann es noch lange dauern, gerade weil in den letzten Jahren die Troika in vielen Ländern der Eurozone den Einfluss der Gewerkschaften bedauerlicherweise stark zurückgeschnitten hat.[152]

Ein Green New Deal bedeutet dabei nicht automatisch eine Ausweitung des staatlichen Sektors. Die nationalen Regierungen sind frei zu entscheiden, wie sie das zusätzliche Geld ausgeben wollen. Sie könnten die Ausgaben beispielsweise auf kommunaler Ebene entscheiden statt auf Bundesebene. Sie könnten Güter und Dienstleistungen von privaten Unternehmen beziehen oder staatliche und öffentliche Unternehmen oder Körperschaften schaffen. An dieser Stelle sollte nicht die Ideologie entscheiden, sondern praktische Überlegungen.

In den letzten Jahrzehnten haben die westlichen Gesellschaften sehr stark auf den Markt vertraut. Dieser, so eine populäre Vorstellung, würde sich quasi selbst regulieren. Unternehmen hätten langfristige Profite im Sinn und würden dadurch besser planen als beispielsweise staatliche Institutionen. (Dass geplant werden muss, ist dabei selbstverständlich – es geht nur noch um die Frage, wer plant.) Allerdings waren die Ergebnisse des Umbaus der Gesellschaft hin zu mehr sich selbst regulierenden Unternehmen ernüchternd. Profit vor Gemeinwohl hat dazu geführt, dass der Klimawandel unsere Lebensgrundlagen gefährdet. Statt sauberer Diesel wurden in der Automobilbranche Schummeleien erdacht, um den Eindruck von sauberen Dieseln betrügerisch vorzutäuschen.

Die Finanzmarktkrise von 2008/09 zeigte deutlich auf, dass Finanzmärkte keineswegs effizient sind, so wie es die Effizienzmarkthypothese annimmt.[153] U. a. verschlief „der Markt“ die Entwicklungen bei Lehman Brothers und bei Griechenland. Die Aktien von Lehman Brothers fielen innerhalb eines Jahres um 96%, was sehr plötzlich ist. Warum realisierte der Markt erst so spät, dass das Geschäftsmodell des Verkaufs von Verbriefungen auf Basis von Schrottimmobilien langfristig keine Gewinne erzeugt? Es war ja nicht nur Lehman Brothers davon betroffen.

Griechische Staatsanleihen notierten bis in den Januar 2010 hinein quasi mit gleichen Renditen wie deutsche Staatsanleihen. Wenn der Markt als Warnsystem agieren sollte für finanzielle Fehlentwicklungen bei Unternehmen, Banken und Staaten, dann kann man im Jahr 2019 nur konstatieren, dass diese Hoffnung enttäuscht wurde. Der Markt wird geprägt vom Herdentrieb, von Marketing-Gags (z. B. die BRICs, eine von Goldman Sachs zum Vertrieb von riskanten Finanzprodukten erfundene Bezeichnung für Brasilien, Russland, Indien und China) und von sich selbst verstärkenden Prozessen, die durch diese ausgelöst werden. Wenn beispielsweise Immobilienspekulanten ihre Objekte in Barcelona, Athen und Rom abstoßen und sich in Berlin einkaufen, dann treiben sie damit die Immobilienpreise in Berlin nach oben. Somit war die Spekulation erfolgreich – die Preise der Immobilien sind gestiegen. Wenn nun noch mehr Spekulanten einsteigen, wird sich dieser Prozess weiter verstärken. Das Ende kommt dann, wenn entweder die Menschen sich die Mieten und Immobilien nicht mehr leisten können oder wenn politisch gegengesteuert wird.

Die Wirtschaft wird also von sich selbst verstärkenden Prozessen getrieben, die keineswegs zu einem Gleichgewicht führen. Ganz im Gegenteil sind die Prozesse meist solche, in denen es irgendwann zu einem Zusammenbruch kommt, wie es bei den Immobilienblasen in den USA, in Irland und in Spanien war. Die an den Universitäten gelehrte Ökonomik ist nicht in der Lage gewesen, diese Prozesse in Lehre und Forschung so abzudecken, dass eine öffentliche Debatte über die Sinnhaftigkeit dieser Prozesse in Gang gekommen wäre. Erst jetzt – mehr als zehn Jahre nach der Finanzkrise und nach einem sehr starken Anstieg der deutschen Immobilienpreise – werden Maßnahmen diskutiert, wie wir abseits vom Marktgeschehen zu gesellschaftlich wünschbaren Ergebnissen kommen können.[154]

Der Green New Deal kann also, je nach Präferenzen der Wähler, zu mehr staatlicher Gestaltung führen oder eben auch nicht. Es ist zu hoffen, dass der öffentliche Diskurs mit Blick auf das Gemeinwohl geführt wird und dann private und staatliche bzw. öffentliche Lösungen miteinander konkurrieren. Die Gegenüberstellung von kapitalistisch und nicht-kapitalistisch als Null und Eins halte ich dabei für verfehlt. Die Gesellschaft ist immer „grau“ gewesen, ein schwarz-weißes Bild einer Gesellschaftsordnung passt daher nicht. So war auch im kapitalistischen Westdeutschland der Agrarsektor immer stark staatlich reguliert, während es im planwirtschaftlichen Ostdeutschland Schwarzmärkte gab, ohne welche die Wirtschaft wohl nicht funktioniert hätte. Der Green New Deal ist daher weder ein kapitalistisches noch ein anti-kapitalistisches Projekt. Wichtig ist, dass die Demokratie Entscheidungsgrundlage bei der Suche nach Lösungen ist für die Probleme, die uns in den letzten Jahrzehnten im Vertrauen auf den Markt entstanden sind.

Bei der Frage, welche Ausgaben im Rahmen eines Green New Deal eigentlich zu tätigen sind, sollten wir uns auf die Wissenschaft verlassen. Einige konkrete Antworten zu den anzupackenden Reformen finden sich im Green New Deal von Julia Herr (SPÖ) und im Green New Deal for Europe.[155] Reformen sollen in Anlehnung an diese beiden Texte u. a. in den folgenden Bereichen stattfinden (Zahlen sind für Deutschland):

- Durch Investitionen in Forschung, Entwicklung und in Bildung sollen Hunderttausende von guten, hochbezahlten Arbeitsplätzen geschaffen werden. Dabei sollen die Arbeitnehmer gewerkschaftlich organisiert sein.
- Investitionen in eine thermische Sanierung des Gebäudebestandes und Erneuerung des Heizungsbestands sollen zu einer Wärmewende führen.
- Offene und versteckte Subventionen für fossile Energiequellen sollen beendet werden. Stattdessen soll die Nutzung von modernen Heizsystemen (Biomasse, Wärmepumpen, Solarthermie) gefördert werden.
- Öffentliche Investitionen in öffentlichen Nah- und Fernverkehr sollen den ÖPNV und die Bahn zu einer echten Alternative zum Auto und zum Flugzeug machen. Ländliche und suburbane Regionen sollen wieder stärker in das Verkehrsnetz integriert werden.

- In Europa soll durch den Aufbau eines europäischen Bahnnetzes mit Hochgeschwindigkeitsverbindungen die Bahn das Verkehrsmittel der Wahl werden.
- Steueranreize und Förderungen sollen Investitionen in umweltschonende Technologien beschleunigen. Insbesondere soll die Forschung in neuen Antriebstechnologien gefördert werden.
- Bis 2030 soll eine Reduktion der Netto-CO_2-Emissionen um etwa 65% (gegenüber dem Niveau von 2010) erreicht werden, bis spätestens 2040 soll Deutschland emissionsfrei sein.
- Die Handelspolitik soll fairen Wettbewerb ermöglichen: Kostenvorteile durch das Unterlaufen von ökologischen oder sozialen Standards sollen beseitigt werden.
- Aktivitäten des Staates sollen auf eine Förderung des Gemeinwohls ausgerichtet sein. Der Markt ist als Instrument zur Erreichung gesellschaftlicher Ziele zu verstehen, nicht als Instrument zur Erzielung von Profiten.
- Der Ausstieg aus Kohle, Öl und Gas soll beschleunigt werden. Der gesamte Stromverbrauch soll spätestens 2030 aus nachhaltigen Energiequellen kommen.
- Eine aktive Industriepolitik soll vom Strukturwandel betroffene Regionen wieder attraktiv machen für Menschen und Unternehmen.[156]
- Durch Investitionen in öffentliche Infrastruktur sowie zusätzliche Stellen im öffentlichen Dienst sollen Hunderttausende gutbezahlte Arbeitsplätze geschaffen werden.
- Das Ziel Vollbeschäftigung soll durch ein *Recht auf Arbeit* für alle, die arbeiten können und wollen, in der Politik verankert werden.
- Eine Arbeitszeitverkürzung auf eine 30-Stunden-Woche bei vollem Lohnausgleich schafft zusätzliche Arbeitsplätze und hebt gleichzeitig die Lebensqualität.[157]
- Der Staat soll durch eine gerechtere Struktur bei den Löhnen dabei helfen, dass bestehende Ungleichheiten in der Einkommens- und Vermögensverteilung reduziert werden.[158]
- Investitionen in öffentlichen und gemeinnützigen Wohnbau. Hier besteht Nachholbedarf in Höhe von Millionen von Wohnungen.

- Eine aufkommensneutrale CO_2-Abgabe soll die Preise der Energieträger transparenter machen.
- Großkonzerne sollen endlich ihre gerechten Steuerbeiträge leisten. Eine EU-weite einheitliche Körperschaftssteuer von mindestens 25 Prozent mit einheitlicher Bemessungsgrundlage könnte in die richtige Richtung führen.
- Öffentliches Country-by-Country-Reporting: Jedes Unternehmen muss Informationen zu Kosten, Ertrag und Gewinn für jedes Land, in dem es aktiv ist, veröffentlichen.
- Eine Vermögenssteuer soll die Verteilungsgerechtigkeit und die Demokratie stärken. Sie betrifft alle mit einem Vermögen von mehr als 500.000 Euro.

Diese Punkte sind als Ideen zu verstehen, die natürlich nicht auf Geldtheorie basieren. Daher ist es bei der Diskussion dieser Punkte wichtig, dass die entsprechenden Wissenschaftler aus den betroffenen Bereichen zu Gehör kommen und nicht Lobbyisten und PR-Berater von großen Unternehmen oder Industrieverbänden. In Zukunft werden sicherlich einige Punkte von dieser Liste diskutiert werden, da ein Green New Deal nicht als komplettes Paket umgesetzt werden kann. Die Umsetzung sollte, jeweils nach öffentlicher Debatte, Stück für Stück beginnen. Wichtig ist dabei, dass die Debatten nicht ideologisch geführt werden, sondern die Bürger dazu ermuntert werden, sich selbst eine Meinung zu bilden und sich nicht von vermeintlichen Top-Ökonomen, noblen Preisträgern oder sonstigen Scharlatanen verleiten zu lassen, das eigene Denken durch eine Ideologie und Idole zu ersetzen. Leider waren im 20. Jahrhundert auch viele Intellektuelle sehr anfällig dafür, sich in den Dienst einer Ideologie zu stellen.[159]

Der private Sektor soll insgesamt zum Green New Deal seinen Teil beitragen, wobei der Umfang offen ist. Sollten Firmen wie beispielsweise Volkswagen weiterhin durch kriminelle Schummelei die Bekämpfung des Klimawandels aufhalten, muss der Staat mit öffentlichen Unternehmen und Körperschaften eine größere Rolle spielen. Dies hat nichts mit Ideologie zu tun, sondern basiert auf der Wahrnehmung der aktuellen Probleme in der Privatwirtschaft. Die Wirtschaft hat dem Menschen zu dienen, und nicht andersherum. Über das Geldsystem können wir als Gesellschaft dabei öffentliche Körperschaften aufbauen, die nicht zahlungsunfähig werden können und daher keine Profitmaximierung betreiben müssen.

Ein wesentlicher Teil des Green New Deal wäre die sogenannte Jobgarantie. Hier bietet der Staat allen, die arbeiten können und wollen, einen festen Arbeitsplatz an. Bezahlt wird das Ganze auf europäischer Ebene, sofern es ein Euro Treasury gibt, oder auf Bundesebene. Die Administration der Arbeitsplätze erfolgt auf unterster, kommunaler Ebene. Die Gemeinden können sich überlegen, welche sinnvollen Beschäftigungen für die Jobgarantie in Frage kommen. Dabei dürfen diese nicht mit Arbeitsplätzen aus privatem oder öffentlichem Sektor konkurrieren.

Das Ziel der Jobgarantie ist es, Menschen in Beschäftigung zu halten, die ansonsten arbeitslos wären. Damit erhöht sich deren Wohlfahrt und auch die Chance auf einen besser bezahlten Arbeitsplatz außerhalb der Jobgarantie. Schließlich stellen Unternehmen Langzeitarbeitslose zuletzt ein, wie empirische Studien immer wieder gezeigt haben. Die Jobgarantie hilft also auch den Unternehmen, die besser qualifizierte Arbeitskräfte einstellen können, die aus Arbeitsverhältnissen kommen und damit auch Anforderungen an Pünktlichkeit und Zuverlässigkeit nachweislich erfüllen.

Die Arbeitsplätze der Jobgarantie werden je nach Land entsprechend mit einem Gehalt vergütet, welches eine Familie ernähren kann. Auch Sozialleistungen sollen mit dabei sein. So wird ein „living wage" gewährt, der den Druck auf dem Arbeitsmarkt zugunsten der Arbeitnehmerschaft verändert. Nun sind Arbeitgeber gezwungen, bessere Arbeitsplätze anzubieten zu höheren Löhnen. Damit wird auch der Ungleichheit der Einkommen und Vermögen entgegengewirkt. Einige Arbeitsplätze im privaten Sektor werden gegebenenfalls wegfallen oder durch Maschinen ersetzt. Diese Prozesse sind gesamtwirtschaftlich sinnvoll. Eine höhere Produktivität führt dann zum Einsatz von mehr Maschinen und damit zu einer Reduktion der Nachfrage nach Arbeit. Dies eröffnet die Möglichkeit der Reduktion der Wochenarbeitszeit.

Generell ist der Green New Deal ein gesellschaftliches Projekt, das wohl von allen Parteien angegangen wird. Die EU-Kommission um Frau von der Leyen hat bereits einen „Green Deal" vorgestellt, der allerdings scheinbar sehr stark an Unternehmen und ihren Profiten und nicht am Gemeinwohl orientiert ist. Eine kritische Öffentlichkeit und kritische Medien sind Voraussetzung für das Funktionieren unserer Demokratie. Ebenso wichtig ist das „Funktionieren" der akademischen Ökonomik. In den letzten Jahrzehnten hat die Disziplin eine Wende zu einer befremdlichen Homogenität durchlaufen, die immer mehr ähnlich denkende Menschen zusammengebracht hat.

Es ist wichtig, dass in der akademischen Ökonomik ein Pluralismus abgebildet ist, wie er auch in der Gesellschaft herrscht. Wenn an den Universitäten weder volkswirtschaftliche Ideengeschichte noch Wirtschaftsgeschichte überhaupt gelehrt werden, ist das ein Zeichen für Verfall und nicht für Fortschritt.[160]

Schlusswort

Nachdem bereits Goethe für die Nutzung von Bilanzen plädiert hat und Schiller bemerkt hatte, dass eine Erhöhung der Regierungsausgaben zu mehr wirtschaftlicher Tätigkeit führte, habe ich in diesem Buch hoffentlich etwas zum Verständnis von Geld und Kredit in einer modernen Wirtschaft beitragen können. Diese Erkenntnisse sind sicherlich nicht neu, aber in Vergessenheit geraten. Das Ziel dieses Buches war, die Leser in die Lage zu versetzen, selbst ein grundlegendes Verständnis des Finanzsystems zu entwickeln.

Die Institutionen der Geld- und Kreditschöpfung sind, wie bereits am Anfang erwähnt, nicht im luftleeren Raum entstanden. Allerdings ist das aktuelle Eurosystem nicht allein schuld an der europäischen Finanz- und Wirtschaftskrise der letzten Jahre. Die strukturelle Nachfrageschwäche hat eher etwas mit restriktiver Geld- und Fiskalpolitik, Lohnpolitik sowie Umverteilung zu tun, die die frei verfügbaren Masseneinkommen in Deutschland reduziert haben. Nachdem hier vielfältige Faktoren eine Rolle spielen (z. B. das Ausgabenverhalten der Regierung, Lohn- und Rentenpolitik) ist, wie wir gesehen haben, die Zentralbank nicht mächtig genug, die gesamtwirtschaftliche Situation mit rein monetären Maßnahmen zu verbessern. Bei Nachfrageschwäche können Kreditblasen wie in Irland oder Spanien den Blick auf die Realität verstellen, allerdings muss langfristig die einheimische Nachfrage ausreichen, um die eigene Produktion zumindest theoretisch nachfragen zu können. Alles andere ist Wirtschaftspolitik auf Kosten der Verschuldung der Handelspartner oder deren indirekte Subventionierung, wenn sich die Länder durch Abwertungen und Bankrott der Schulden entledigen.

Um die deutsche und damit die europäische Binnennachfrage zu steigern, sind viele Reformen denkbar. Nachdem Lohnempfänger erfahrungsgemäß den größten Teil ihres Einkommens konsumieren, wäre es z. B. möglich, die Massenkaufkraft durch Lohnpolitik zu befördern. Ebenso könnten – bei konstantem Einkommen – die Arbeitszeiten weiter verkürzt werden. Damit würde Deutschland wohl wieder mehr importieren und damit den Leistungsbilanzüberschuss wieder reduzieren. In vielen Ländern Europas steigt bei hoher Arbeitslosigkeit der Durchschnitt der jährlichen Arbeitszeit. Hier ist die Arbeit augenscheinlich schlecht verteilt.

Die hier vorgenommene Konzentration auf Geldgrößen unter Verzicht auf ökologische Fragen spiegelt die funktionale Trennung dieser Sphären in unserer modernen Gesellschaft wider. Wie eine sinnvolle Verbindung der beiden Sphären aussehen könnte und sollte, wäre Gegenstand eines anderen Buches. Knappheit finanzieller Mittel und die Belastung zukünftiger Generationen lassen sich jedenfalls geldtheoretisch nicht begründen. Gleiches gilt für die Mär von den demographischen Problemen, die eine Rückzahlung der Staatsverschuldung unmöglich machen sollen. Wenn die Gesellschaft mehr tun möchte für den Umweltschutz oder die Altersvorsorge, sollte sie im demokratischen Prozess darüber entscheiden können.

Dies bedeutet natürlich nicht, dass eine Erhöhung der Staatsausgaben die Lösung für jedes Problem ist. Wie dargestellt, kann ein Anstieg der Staatsausgaben unter Umständen zur Förderung von Ineffizienzen, zu Verdrängung sinnvoller privatwirtschaftlicher Produktion, zu unerwünscht hoher Inflation oder zu langfristig problematischen Leistungsbilanzdefiziten führen. Dies ist jedoch keine finanzielle Frage, sondern eine Frage der jeweils ins Auge gefassten Maßnahmen. Ebenso gut kann eine Erhöhung der Staatsausgaben zur Förderung von mehr Effizienz führen, zu Verdrängung von ineffizienter oder schädlicher privatwirtschaftlicher Produktion, zu erwünscht höherer Inflation und zu mittelfristig stabilisierenden niedrigeren Leistungsbilanzüberschüssen oder gar -defiziten.

Aus bilanzieller Sicht kann eine Erhöhung der Nachfrage nur durch zusätzliche Ausgaben und damit wenigstens kurzfristig zusätzliche Verschuldung eines Sektors erzeugt werden. Es ist daher nicht die Frage, ob es Verschuldung geben sollte, sondern lediglich, wer sich verschulden soll. Nicht alle Verschuldung ist schlecht, die meiste sogar gesellschaftlich sinnvoll. Staat, Haushalte und Unternehmen verschulden sich meist freiwillig, und solange die Einkommen im privaten Sektor ausreichen, die Verschuldung wieder zurückzuführen, ist Verschuldung nicht per se schlecht. Wenn allerdings die Tilgung der Schulden unerwartet und auch unverschuldet schwierig oder gar unmöglich wird, dann ist Verschuldung ein Problem. Gerade die Überschuldung der privaten Haushalte ist ein großes gesellschaftliches Übel, von dem fast jeder Zehnte in Deutschland betroffen ist.

Die Betonung auf dem Produktionswert gemäß der Definition des Bruttoinlandsprodukts (BIP) erfolgte übrigens nicht aus der Idee heraus, dass damit der Wohlstand einer Gesellschaft gemessen werden könnte. Es ist die Verbindung von Wachstum des BIP mit der Arbeitslosigkeitsrate und frei verfügbaren Haushaltseinkommen, die ein annäherungsweise aufschlussreiches Bild von der Stärke einer Volkswirtschaft abgibt. Ein sinkendes BIP geht mit steigender Arbeitslosigkeit einher. Dies ist ein soziales Problem, denn noch ist Arbeit ein sehr wichtiger Bezugspunkt im Leben der meisten Menschen. Untersuchungen zum Glück der Menschen haben gezeigt, dass ein höheres Einkommen ab einer gewissen Höhe nicht mehr zu mehr Glück führt. Allerdings führt Arbeitslosigkeit fast immer zu weniger Glück. Dabei ist nicht gesagt, dass ein Anstieg des BIP zwangsläufig mit höherem Ressourceneinsatz einhergeht.

Ein grundlegendes Verständnis von Geld und Kredit ist wichtig, um die Möglichkeiten unserer Gesellschaft zu erkennen. Die Zukunft ist offen und will gestaltet werden. Der knappe Faktor sind dabei die Ressourcen, nicht das Geld. Die Behauptung, es wäre „kein Geld“ da, kann nicht zutreffend sein, wenn es um die Bundesregierung geht. Eine Begrenzung der Ausgaben kann es nur aufgrund von politischen Regeln geben, und diese können politisch verändert werden.

Weiterführende Literatur

Generell stehe ich auf den Schultern von Autoren wie Carl Föhl, John Kenneth Galbraith, Wynne Godley, Mitchell Innes, Michal Kalecki, John Maynard Keynes, Charles Kindleberger, Georg Friedrich Knapp, Marc Lavoie, Axel Leijonhufvud, Abba Lerner, Perry Mehrling, Hyman Minsky, Knut Wicksell und Randall Wray (in alphabetischer Reihenfolge). Herausheben möchte ich besonders John Maynard Keynes, dessen Ideen in vielen Gebieten nicht nur der Ökonomie bis heute wegweisend sind. Gerade erschien eine sehr lesenswerte Biographie von Zachary Carter, in der seine Ideen und seine Zeit aus dem Blickwinkel des 21. Jahrhunderts eingeordnet werden. Jede Epoche hat einen anderen Blick auf die Genies der Vergangenheit, und Carter ist ein faszinierendes Buch gelungen. Wer es detaillierter mag, sollte sich die Biographie in drei Bänden von Robert Skidelsky besorgen.

Die Ausführungen in Teil 1 basieren u. a. auf Gedanken von Tony Lawson, George Soros und einigen älteren Philosophen. Teil 2 basiert weitestgehend auf Geldtheorien von Knut Wicksell, Joseph Schumpeter, den britischen Ökonomen William Stanley Jevons und Walter Bagehot sowie den Ideen von Wynne Godley und Hyman Minsky, die ich teilweise über Marc Lavoie und Randall Wray kennengelernt habe.

Einige der oben genannten Autoren waren Vertreter der sog. „Banking School" oder auch der Chartalisten, u. a. Georg Friedrich Knapp oder auch David Graeber. Heutige Vertreter sind u. a. die Post-Keynesianer, zu denen auch die „Modern Monetary Theory" (MMT) gehört. Diese werden auch als Neo-Chartalisten bezeichnet. Es gibt sehr viele Forscher, die nicht diesen Schulen angehören, aber trotzdem sehr gute Papiere und Bücher schreiben.

Teil 3 basiert auf den makroökonomischen Ideen von Wynne Godley, Richard Koo, John Maynard Keynes, Abba Lerner und anderen. Das grundlegende Problem einer Ökonomie ist meist die Nachfrage, die nicht automatisch dem Angebot entspricht. Wirtschaftspolitische Intervention ist zwingend notwendig, um die Beschäftigung hoch zu halten. Über die Instrumente der Wirtschaftspolitik lässt sich streiten. Die letzten Kapitel basieren auf der Anwendung der ersten drei Kapitel auf die Eurozone.

Soweit möglich, habe ich die deutschen Übersetzungen angegeben. Die Literaturliste ist auch im Internet unter geldundkredit.info zu finden. Von dort ausgehend sollte die Literaturrecherche einfacher sein, als von den dem hier abgedruckten Literaturverzeichnis.

Bagehot, Walter (1873), *Lombard Street: A Description of the Money Market*, London: Henry S. King and Co.

Bindseil, Ulrich (2014), *Monetary Policy Operations and the Financial System*, Oxford: Oxford University Press

Carter, Zachary D. (2020), *The Price of Peace: Money, Democracy, and the Life of John Maynard Keynes*, New York: Random House

Föhl, Carl (1937), *Geldschöpfung und Wirtschaftskreislauf.* München und Leipzig: von Duncker & Humblot

Galbraith, John Kenneth (1954), *The Great Crash, 1929*. Boston: Houghton Mifflin

Godley, Wynne (1992), *Maastricht and All That*, London Review of Books, 14(19), S. 3-4

Godley, Wynne (1999), Seven Unsustainable Processes: Medium-term Prospects and policies for the United States and the World, Levy Economics Institute Special Report

Graeber, David (2012), *Schulden: Die ersten 5000 Jahre*. Stuttgart: Klett-Cotta

Hahn, L.A. (1920), *Volkswirtschaftliche Theorie des Bankkredits*, Tübingen: J.C.B. Mohr

Helmedag, Fritz (2018), *Warenproduktion mittels Arbeit: Zur Rehabilitation des Wertgesetzes*, 3. Auflage, Marburg: Metropolis

Jevons, William Stanley (2006) [1876], *Geld und Geldverkehr*, Saarbrücken: VDM, Müller

Kalecki, Michal (1943), Political Aspects of Full Employment, *The Political Quarterly*, 14(4), pp. 322-330

Kelton, Stephanie and Edward Nell (2003), *The state, the market, and the euro: chartalism versus metallism in the theory of money*, Cheltenham und Northhampton: E. Elgar

Kelton, Stephanie (2020), *The Deficit Myth*, New York: PublicAffairs

Keynes, John Maynard (2006) [1936], *Allgemeine Theorie der Beschäftigung, des Zinses und des Geldes*, Berlin: Duncker und Humblot

Keynes, John Maynard (2010), *Keynes on the Wireless*, herausgegeben von Donald Moggridge, Basingstoke: Palgrave Macmillan

Kindleberger, Charles (2001), *Manien – Paniken – Crashs: die Geschichte der Finanzkrisen dieser Welt*, Kulmbach: Börsenmedien

Knapp, Georg Friedrich (1905), *Staatliche Theorie des Geldes*. München und Leipzig: von Duncker & Humblot

Koo, Richard (2008), *The Holy Grail of macroeconomics: lessons from Japan's great recession*, Singapore and Hoboken: Wiley

Lavoie, Marc (2015), *Post-Keynesian Economics: New Foundations*, Cheltenham und Northhampton: E. Elgar

Lawson, Tony (1997), *Economics and Reality*, London and New York: Routledge

Lerner, Abba (1943), Functional Finance and the Federal Debt, *Social Research*, (10,1), S. 38-51

Leijonhufvud, Axel (1981), *Information and coordination: essays in macroeconomic theory*, Oxford und New York: Oxford University Press

Mackay, Charles (1841), *Extraordinary Popular Delusions and the Madness of Crowds*, London: Richard Bentley

Mehrling, Perry (2011), *The new Lombard Street: how the Fed became the dealer of last resort*, Princeton: Princeton University Press

Minsky, Hyman (1975), *John Maynard Keynes*, New York: McGraw Hill

Minsky, Hyman (1982), *Can „It" Happen Again?: essays on instability and finance*, Armonk: M.E. Sharpe

Minsky, Hyman (1986), *Stabilizing an Unstable Economy*, New Haven: Yale University Press

Minsky, Hyman (1992), The Financial Instability Hypothesis, Levy Economics Institute Working Paper No. 74

Mitchell-Innes, Alfred (1913), What is Money, *The Banking Law Journal*, May 1913, pp. 377-408

Mitchell, William (2008), *Full Employment Abandoned: Shifting Sands and Policy Failures*, Cheltenham, UK: Edward Elgar

Mitchell, William (2017), *Dystopie Eurozone: Gruppendenken und Leugnung im großen Stil*, Berlin: Lola Books

Mitchell, William, Randall Wray und Martin Watts (2019), *Macroeconomics*, London: Red Globe Press

Mosler, Warren (2010), *The 7 deadly innocent frauds of economic policy*, St. Croix: Valance Co., Inc.

Mosler, Warren (2017), *Die sieben unschuldigen, aber tödlichen Betrügereien der Wirtschaftspolitik*, Berlin: Lola Books

Newman, Frank (2013), *Freedom from national debt*, Minneapolis: Two Harbors Press

Schumpeter, Josef (2006) [1912], *Theorie der wirtschaftlichen Entwicklung*, Nachdruck, Berlin: Duncker und Humblot

Skidelsky, Robert (1984), John Maynard Keynes: Hopes Betrayed 1883-1920, London: Macmillan

Skidelsky, Robert (1992), John Maynard Keynes: The Economist as Saviour 1921-1937, London: Macmillan

Skidelsky, Robert (2003), John Maynard Keynes: 1883-1946: Economist, Philosopher, Statesman, London: Macmillan

Soros, George (1987), *The alchemy of finance: reading the mind of the market*, New York: Simon and Schuster

Tcherneva, Pavlina (2020), *The Case for a Job Guarantee*, New Jersey: Wiley

Wicksell, Knut (2006) [1898], *Geldzins und Güterpreise*, München: Finanz-Buch Verlag

Wray, Randall (2015), *Modern money theory: a primer on macroeconomics for sovereign monetary systems*, 2. Auflage, New York: Palgrave Macmillan

Wray, Randall (2018), *Modernes Geld verstehen: Der Schlüssel zu Vollbeschäftigung und Preisstabilität*, Berlin: Lola Books

Index

Abwertung 15f., 170, 188, 197, 229, 235, 240f., 255
  interne 242
Abwrackprämie 222
Agrarprodukte 27
Agreement on Net Financial Assets 93
American International Group (AIG) 229
Arbeitsbeziehungen 32, 173
Arbeitslosigkeit 180, 204, 223f., 229, 231, 233, 237-239, 242, 256f.
Arbeitsteilung 17, 29, 32
Arbitrage 85f.
Argentinien 233
Auslandsverschuldung 169, 179, 186, 188f., 193

bail-in 217
bail-out 217, 222
Bank für internationalen Zahlungsausgleich 150
Bank of England 237
bank run 104
Bankeninsolvenz 185
Bankenregulierung 104, 107, **143**, **148**, 150
Bargeld 35, 42f., 61, 63, **64**, **67**, 74, 93, 110f., 120, 143, 167, 218
Basel III 148, 150
Bausektor 203f.
Bernanke, Ben 18, 82
Besteuerung 28, 35
Bietergruppe Bundesemissionen 125
Bilanz **36**, 37, 134, 136, 139, 146
Bilanzverlängerung 45
Bildung 24, 249
Binnennachfrage 195, 200, 206, 209, 232, 255
Bitcoin 40, 189
Blasenbildung 52
Bonität 44, 65
Bretton-Woods-System 70, 193, 195f., 229
Brüderlichkeit 26
Bruttoinlandsprodukt **201**, 204, 209, 220, 257
Bundesbank 46, 69, 84, 125, 127, 132, 150, 163
Bundesministerium der Finanzen 69, 109, 125
Bundesregierung 63, 125, 138, 173, 233
  Konto 69

Chancengleichheit 26f.
crowding out 177

Defizit
  staatliches 29, 57, 118, 136, 172f., 175, 206, 211, 239, 246
Deflation 49, **151**, 152, 164, 165f., 206, 220
demographische Probleme 256
Demokratie 119, 124, 194, 244, 249, 251f.
Deutsche Finanzagentur GmbH 125, 137

Deutsche Wiedervereinigung 172, 197
Deutschland 160f., 163, 172, 185, 193, 195f., **197**
Disney Dollars 65
doppelte Buchführung 37, 42, 171
Draghi, Mario 135, 173, 239f.

Eigenkapital 58, 104, 149, 165
Einlagefazilität 85, 88, 96f., 100, 134
Einlagensicherung 63, 161, 185
Einstein, Albert 23
Emergency Liquidity Assistance 122f.
Enteignung 160, 174
EONIA 80
Ersparnis 169, 171, 175-181, 184, 191, 218, 227
€STR 80
Ethik 26
EU-Kommission 123, 218, 222, 252
EURIBOR 80
Euro 185, **195**, 222
  Austritt 230, 232-235
  Einführung 18, 61, 173, 175, 193, 197, 234
  Unzulänglichkeiten 219
Eurogruppe 123
Europäische Regierung 223, 242, 244
Europäische Zentralbank 110, 125, 150, 184, 206, 214, 216, 222
Europäischer Fiskalpakt 136
European Financial Stability Facility 136, 217
European Stability Mechanism 135, 217
externer Sektor 171

Fischbrötchen 33
Fiskalpolitik 180, 191f., 219, 226, **227**, 232, 234f., 241, 255
  restriktive 199
Fluss- und Bestandsgrößen 41
Forderung 35, 45, 50, 57f., 64f., 68
Französische Revolution 62
Freiheit 23, 26
Fundamentalpreis 52

Geld
  Akzeptanz 29
  drucken 81-83
  Ursprung 28f.
Geldkreislauf 44, **55**, 65, 165, 191
Geldmarkt 80f., 84, 95, 136, 173
Geldmenge 73, **74**, 75, 95, 106, 152, 163
Geldmultiplikator 148
Geldnachfrage 56, 128
Geldpolitik **95**, 152, 173, 181, 191f., 221, **226**, 235, 241
Geldpyramide 63, 65
Gemeinwohl 221, 244, 248-250, 252
Generationen
  zukünftige 115, 256
Gerechtigkeit 17, 26, 251
Geschäftsbanken **43**
Gesellschaft 25, 73, 111, 194, 248f., 251, 253, 256f.
Gewinnmaximierung 59, 81
Giralgeld **43**, 44, 48, 60, 64-66, 74, 76, 105, 124, 139
Gläubiger 35, **120**, 165, 176, 217
Gleichgewicht **37**, 248
Gleichheit 26
Glück 17, 257
Gold 35, 40, 70, 93, 189, 233
Green New Deal 13, **244**, 246f., 249, 251

Green New Deal for Europe 249
Greenspan put 199
Greenspan, Alan 107
Griechenland 197
Grundgesetz 26, 228
Gütermärkte 33

Handelsbilanz 207, 229, 232, 239
Hartz-IV-Reformen 208f.
Hauptrefinanzierungsfazilität 96
Herdenverhalten 105
Hochzinspolitik 199
Humanismus
 aufgeklärter 24
Hyperinflation 71, 101, 162, 189
Hypothek 39, 41, 140, 159, 198

Illiquidität **103**, 118-120
Individuen 19, 22, 25-27, 35, 38, 41
Industrielle Revolution 23
Inflation 62, 72f., 76, 106, **151**, 152-155, 162, 177, 181, 197, 205, 209
 importierte 163
Informationen 23
Innovationen 30
Insolvenz 103, 106-108, 118, 134, 193, 218
Institutionen 25f.
Interbankenmarkt 79, 85, 98
Intermediäre 76
Internationaler Währungsfonds 222
Investitionen 202, 221, 224, 226f., 230, 233f., 237, 245, 249f.
Investitionsfalle 181, 183
Irland 197

japanische Krankheit 167

Kapitalvorschriften 144, 148
Keynes, John Maynard 56, 190, 259
Knappheit 37
Konsumentenpreisindex 151, 153
Kredit
 Gewährung **53**, 68, 71
 Nachfrage 44, 48, 143
 Tilgung 54, 156f., 164, 166
 Vergabe 35, 183, 201f., 219
 Zins 57, 71, 101, 140, 158, 237
 Zyklus 51
Kreditanstalt für Wiederaufbau 163
Kreditschöpfung **45**, 76, 105, 107, 193, 223, 255

Lehman Brothers 213, 222
Leitzins 68, 70f., 75, 80f., 97, 100, 108, 126, 133, 145, 158, 183, 226, 235, 237
LIBOR 80, 87
 Manipulation 99
loanable funds 48, 177
Lobbyisten 33
Lohnpolitik
 restriktive 207
Lohnsenkung 176
Lohnstückkosten 153f., 195, **206**, 208f., 219, 225
long-term refinancing operations 76

Maastricht-Regeln 197, 233f.
Malthus, Robert 190
Marktwirtschaft 30
Marx, Karl 190
Menschenrechte 26
Merkel, Angela 63

Mindestreserve 93, 144, **145**, 146, 148
Minsky, Hyman 52, 65, 108
Monopole 34
Mosler'sches Gesetz 143
Multiplikatorprozess 170
Münzen 28, 35, 71, 81

Nachfragegleichung 168
Nachfragelücke 56, 224
Nachhaltigkeit 47, **139**
Nationalstaaten 25f., 243f.
Naturgesetze 22
Naturwissenschaften 23
neoklassische Theorie 177
Nettovermögen 38
Neuer Markt 199
no bail-out clause 214

Offenmarktoperationen 67, **74**, 75, 84, 100, 147, 178
öffentlicher Sektor 171
original sin 188
outright monetary transactions 110, 240

Pandemic Emergency Purchase Programme 110, 121
Preisbildung 32
privater Sektor 171
privates Vermögen 115
Produktionspotential 24, 72
Profitmotiv 24
Prozess
  reflexiver 25
Prozyklikalität 52

quantitative easing **84**, 85, 90, 241

Rating-Agenturen 69, 103, 146, 216
Regierung 38, 60, 64, 67, 83
repo 70
Reservehaltung **143**, 144
Reserven 64, 68
  Höhe 100
Ressourcen 24, 27f., 31, 62, 72, 83, 125, 188, 224, 244f., 257
Ricardo, David 190

Schuldenbremse 136
Schuldenerlass 17
Schuldenminimierung 59
Schuldner 35
Schuldverhältnisse 17
Schulpflicht 24
schwarze Null 117, 174
Securities Market Programme 240
Seigniorage 83
sektorale Identität 171
Sicherheiten 44
Sklaverei 26
Smith, Adam 17, 190
Souveränität 109, 124, 223
Soziale Transformation 24
Spanien 19, 31, 131, 170, 173, 175, 184, 191, 194, 197f., 203, 219
Sparen 34, 89, 112, 154, 165, 167, 175, 180
Sparprogramme 222
Spekulation 50, 161, 193, 200, 213, 239, 248
Spitzenrefinanzierungsfazilität 90, **95**, 97, 100
Staat 26-28, 34, 55, 57, 60-62, 83
staatliche Insolvenz 118

Staatsanleihen 64, 87, 109, 114f., 120, **125**
Effektivverzinsung 213
Staatsausgaben 224, **227**, 232, 242, 244-246, 256
Auswirkungen 141
Staatsverschuldung 115, 136, 138f., 175, 180, 222, **223**
Rückzahlung 120
Standard & Poor's 113
Steinbrück, Peer 63
Steuern 28, 62, 65, 82f., 110, **115**, 138, 231, 243
Steuerpflicht 29
Steuerzahler 83, 117, 120, 123
sub-prime crisis 193, 212

TARGET2 97, **130**, 174, 215
Technischer Fortschritt 23
T-Konten 36
TLTRO 99
Transportkosten 30
Troika 123, 222, 247

Umweltschutz 256
Unsicherheit 32, 39, 46-48, 52, 166, 197

Varoufakis , Yanis 104
Verbindlichkeit 35
Vereinigte Staaten von Europa 243
Verschuldung 29, 35-37, 46, 47, 52, 63
in Fremdwährung 119f., 155, 163, 169, 188, **219**
privater Sektor 142
Vollbeschäftigung **57**, 72, 178, 190, 195, 226, 239, 242, 250

Währungen, virtuelle 189
Wechselkurs
nominal 187
real 187, 195
Wechselkursregime **184**, 193
Weimarer Republik 163
Wettbewerb 30, 33, 154, 177, 250
Wettbewerbsfähigkeit 173, 176, 197, 208, 225, 233
Wirtschaften 24
Wirtschaftsgeographie 25
Wirtschaftskreislauf 53f.
Wirtschaftskrise 47, 233, 255
Wirtschaftswunder 195

Zahlungsausgleich 77, 81, 84, 94f., 97, 103, 106, 112, 131
Zahlungsmittel 60, 64, 106, 111
Zahlungssystem 35f., 69, 78, 81, 95, 104, **130**
Zahlungsunfähigkeit 103
Zentralbank 18, 21, 37f., 43, 64, **67**, 69, 71, 109
Instrumente 95
Unabhängigkeit **90**
Ziele 72, 73
Zinsen 95, 100
Zentralkonto des Bundes **125**, 126
Zins 37, 47, 219, 221-223, **226**, 228-234, 237, 241, 245
negativer 97
Zinseszins 139
Zypern 185, **216**, 217

Anmerkungen

[1] Vgl. Andreas von Westphalen, *Die Wiederentdeckung des Menschen: Warum Egoismus, Gier und Konkurrenz nicht unserer Natur entsprechen*, Frankfurt a. M.: Westend Verlag 2019.

[2] Vgl. Kapitel 3 in Ulrike Herrmann, *Kein Kapitalismus ist auch keine Lösung: Die Krise der heutigen Ökonomie oder Was wir von Smith, Marx und Keynes lernen können*, Frankfurt a. M.: Westend Verlag 2016 und Kapitel 2 in Heinz Kurz, *Geschichte des ökonomischen Denkens*, München: C. H. Beck, 2017.

[3] Dies wird meist, wie bei Adam Smith, auf das Selbstinteresse eines homo oeconomicus zurückgeführt. Vgl. Tomáš Sedláček, *Die Ökonomie von Gut und Böse*, München: Goldmann, 2012, S. 321-338.

[4] Vgl. David Graeber, *Schulden: Die ersten 5000 Jahre*, Stuttgart: Klett-Cotta 2012.

[5] Eine sehr empfehlenswerte Einführung zur Evolution des Geldes findet sich in Christine Desan, *Making Money: Coin, Currency and the Coming of Capitalism*, Oxford: Oxford University Press 2014.

[6] Das Helikoptergeld wurde im Jahr 2019 in Teilen der deutschsprachigen Presse (u. a. NZZ) der Modern Monetary Theory zugerechnet. Dies ist falsch. Helikoptergeld basiert auf Ideen von Milton Friedman. Vgl. Ansgar Belke, *After the bazooka a bonanza from heaven: „Helicopter money" now?*, ROME Discussion Paper Series, No. 18-02.

[7] In den ersten beiden Auflagen hatte ich auf Fußnoten gänzlich verzichtet.

[8] Die Rolle von Macht wird in der Ökonomik nur selten thematisiert. Skidelsky und Nan haben eine bemerkenswerte Sammlung von Aufsätzen zu dem Thema zusammengestellt. Insbesondere der Aufsatz von Norbert Häring und Lucas Zeise („Economics as Superstructure") ist sehr erhellend, was die Rolle von Sprache in der ökonomischen Wissenschaft angeht. Vgl. Robert Skidelsky und Nan Craig, *Who runs the economy? The role of power in economics*, Cheltenham, UK: Palgrave Macmillan, 2016.

[9] Leider basiert die „moderne" Ökonomik im Wesentlichen auf der Idee, dass sich menschliches Verhalten mechanisch erklären lässt. Ähnlich wie die Naturgesetze gäbe es ökonomische Gesetze, die nicht vom Menschen beeinflussbar sind. Diese Ideen gehen zurück auf Jean-Baptiste Say.

[10] Einen sehr gut geschriebenen Blick auf die skandinavischen Gesellschaften in Norwegen und Schweden in ihrem sozial-demokratischen Zeitalter entwirft Sejersted. Vgl. Francis Sejersted, *The Age of Social Democracy – Norway and Sweden in the Twentieth century*, Princeton: Princeton University Press, 2011.

[11] Debatten über Methodologie sind gerade für die Sozialwissenschaften sehr wichtig. Diese haben einen großen Einfluss auf die Realität. Vgl. Paul Feyerabend, *Against Method*, Neuauflage, London: Verso, 2010.

[12] Vgl. Gerd Gigerenzer, *Bauchentscheidungen: Die Intelligenz des Unbewussten und die Macht der Intuition*, München: C. Bertelsmann Verlag 2007 und Daniel Kahneman, *Schnelles Denken, langsames Denken*, München: Siedler Verlag 2012.

[13] Ein bedingungsloses Grundeinkommen halte ich nicht für die beste Lösung, um den Arbeitsdruck in der Gesellschaft und die miesen Jobs abzuschaffen. Später werde ich darauf genauer eingehen. Eine gelungene Einführung zum bedingungslosen Grundeinkommen stammt von van Parijs und Vanderborght. Vgl. Philippe van Parijs und Yannaick Vanderborght, *Basic Income – A radical proposal for a free society and a sane economy*, Cambridge, MA: Harvard University Press. Insbesondere Kapitel 6 ist für Ökonomen interessant.

[14] Einen guten Überblick über ökonomische Ideengeschichte mit Schwerpunkt auf der politischen Ökonomie gibt Stilwell. Vgl. Frank Stilwell, *Political Economy: The contest of economic ideas*, Oxford: Oxford University Press, 3. Auflage, 2012.

[15] Vgl. zum Gemeinwohl auch John K. Galbraith, *Economics and the Public Purpose*, Boston: Houghton Mifflin und, im Kontext der MMT, Maurice Höffgen und Dirk Ehnts, *Modern Monetary Theory and the Public Purpose*, American Review of Political Economy, forthcoming.

[16] Es wird geschätzt, dass im Jahr 2016 auf der Erde 40 Millionen Sklaven exisitierten. Das Problem der Sklaverei ist nicht gelöst. https://www.ilo.org/global/topics/forced-labour/publications/WCMS_586127/lang--en/index.htmgl. https://www.ilo.org/global/topics/forced-labour/publications/WCMS_586127/lang--en/index.htm

[17] Leider basiert die *New Economic Geography* der Ökonomik auf der Annahme, dass Geld keine Rolle spielt und die Wirtschaft im Wesentlichen durch Tauschhandel beschrieben werden kann – meiner Meinung nach ein fundamentaler Fehler. Einen Ausweg hat David Bieri zumindest angedeutet. Vgl. David Bieri, Back to the Future: Lösch, Isard, and the Role of Money and Credit in the Space-Economy, in R. Jackson und P. Schaeffer (Hrsg.), *Regional Research Frontiers: The Next 50 Years*, Cham (CH): Springer, 2017, S. 217-241.

[18] Einen sehr gelungenen Überblick über Theorien der Wirtschaftsentwicklung bietet Werner Hofmann, *Theorie der Wirtschaftsentwicklung – Vom Merkantilismus bis zur Gegenwart*, Berlin: Duncker & Humblot, 2. Auflage, 1971.

[19] Für einen Überblick über Sklaverei im 21. Jahrhundert siehe Siddharth Kara, *Modern Slavery: A Global Perspective*, New York: Columbia University Press, 2017.

[20] Die soziale Mobilität ist in Deutschland im internationalen Vergleich nicht sehr hoch und zuletzt weiter gesunken. Vgl. Sandra Bohmann und Nicolaus Legewie, *Sozialer Auf- und Abstieg: Angleichung bei Männern und Frauen*, DIW Wochenbericht 20, 2018.

[21] Ein hervoragendes Buch zum Thema des Konsums zur Erhöhung der sozialen Stellung lieferte im Jahr 1899 (!) Thorstein Veblen, ein norwegischer Ökonom, der in den USA lehrte und forschte und es bis zum Präsidenten der American Economic Association brachte. Vgl. Thorstein Veblen, *Theorie der feinen Leute: Eine ökonomische Untersuchung der Institutionen*, Frankfurt a. M.: Fischer Wissenschaft, 1986.

[22] Wer sich tiefer mit dem Produktionsprozess im Kapitalismus beschäftigen möchte, dem möchte ich die folgenden beiden Bücher empfehlen. Charles Lindblom, *The Market System – What It Is, How It Works, and What To Make of It*, New Haven: Yale University Press, 2001 sowie Robert Heilbroner, *The Nature and Logic of Capitalism*, New York: W. W. Norton.

[23] Richard Murphy hat ein interessantes Buch geschrieben zur Frage, wie ein gerechtes Steuersystem aussehen kann. Vgl. Richard Murphy, *The Joy of Tax: How a fair tax system can create a better society*, London: Bantam Press.

[24] Diese Ideen äußert schon Adam Smith. In der modernen Volkswirtschaftslehre sind sie mit dem Namen „Chartalismus" (von Charta) verknüpft. Vgl. Georg Friedrich Knapp, *Die Staatliche Theorie des Geldes*, München: Duncker und Humblot, 1905.

[25] Knapp war es sehr wichtig, nicht von einem „Wert" des Geldes zu reden. Diesen würde es nicht geben, da man mit Geld sehr viele unterschiedliche Dinge kaufen könne. Heute nutzen wir im Wesentlichen die Inflationsrate zur Beschreibung des Wertes (der Kaufkraft) des Geldes in Bezug auf Güter des Konsums.

[26] Einige Steuern hängen vom Einkommen ab und im Wohlfahrtsstaat sind wir auch durch staatliche Institutionen vor Unsicherheit geschützt. Allerdings gibt es auch Steuern und Abgaben, die nicht vom Einkommen abhängen, so wie beispielsweise die Grundsteuer.

[27] Das Selbstinteresse ist in der Ökonomik ein konstituierender Faktor. Vgl. Thomas Rommel, *Das Selbstinteresse von Mandeville bis Smith – Ökonomisches Denken in ausgewählten Schriften des 18. Jahrhunderts*, Heidelberg: Winter, 2000.

[28] Vgl. Mariana Mazzucato, *The Entrepreneurial State: Debunking Public vs. Private Sector Myths*, London, New York, Melbourne, Delhi: Anthem Press, 2015.

[29] Vgl. Maurizio Lazzarato, *The Making of Indebted Man*, Los Angeles: Semiotext(e), 2007.

[30] Vgl. Dirk Ehnts, The balance sheet approach to macroeconomics, in: Samuel Decker et al. (Hrsg.), *Principles and Pluralist Approaches in Teching Economics*, London und New York: Routledge, 2020.

[31] Theoretisch können auch Privatleute untereinander „Geld schöpfen", indem sie Zahlungsversprechen austauschen. Allerdings sind Privatleute nicht in der Lage, gegen Sicherheiten bei der EZB an Bargeld zu kommen, so dass diese Möglichkeit in einer modernen Geldwirtschaft de facto meist eine untergeordnete Rolle spielt.

[32] So führt beispielsweise ein Verkauf von Aktien an einen Ausländer, der mit Euro bezahlt, zu einem Anstieg der Bankeinlagen im deutschen Bankensystem.

[33] Diese Erkenntnis ist keineswegs neu. Sie findet sich bei vielen Autoren aus den vergangenen Jahrhunderten und auch bei den Großvätern der Makroökonomik, Knut Wicksell und John Maynard Keynes. Vgl. Knut Wicksell, *Geldzins und Güterpreise: Eine Studie über die den Tauschwert des Geldes bestimmenden Ursachen*, Jena: Gustav Fischer, 1898 und John Maynard Keynes, *Treastise on Money*, London: Macmillan, 1930, S. 26-27.

[34] Die gesetzliche Regelung findet sich im Bürgerlichen Gesetzbuch unter §488.

[35] Vgl. James Tobin, *Essays in Economics*, Band 1: Macroeconomics, Cambridge, MA: The MIT Press, 1987, S. 278.

[36] Vgl. Miguel Carrión Álvarez und Dirk Ehnts, Samuelson and Davidson on Ergodicity: A reformulation, *Journal of Post Keynesian Economics*, 39 (1), 2016, S. 1-16.

[37] Zur Schuldendeflation siehe auch Irving Fisher, The Debt-Deflation Theory of Great Depressions, *Econometrica*, 1, Nr. 4, Oktober 1933, S. 337-357.

[38] Das englische Original dieser Beschreibung stammt von Moore. Vgl. Basil Moore, Saving is the Accounting Record of Investment, in Mark Setterfield (Hrsg.): *Shaking the Invisible Hand: Complexity, Endogenous Money and Exogenous Interest Rates*, Cheltenham, UK: Palgrave Macmillan, 2006, S. 156-173.

[39] Vgl. Pascal Bridel, *Cambridge Monetary Thought: The Development of the Saving-Investment Analysis from Marshall to Keynes*, Cheltenham, UK: Palgrave Macmillan, 1987.

[40] Ein besonders wichtiger und spektakulärer Fall eines Versagens bei der Spekulation war der von Long-Term Capital Management in den 1990er Jahren. Vgl. Roger Lowenstein, *When Genius Failed – The Rise and Fall of Long-Term Capital Management*, London: Fourth Estate, 2001.

[41] Hinter diesem Satz verbirgt sich eine komplexe Geschichte der Finanzialisierung der Gesellschaft in den USA und anderswo. Vgl. Michael Hudson, *Finanzimperialismus – Die USA und ihre Strategie des globalen Kapitalismus*, Stuttgart: Klett-Cotta, 2017. Insbesondere die ersten Kapitel bis zum System von Bretton Woods sind sehr zu empfehlen.

[42] Eine sehr gut lesbare Übersicht über die deutsche Wirtschaftsentwicklung in der Nachkriegszeit bietet Ulrike Herrmann, die insbesondere mit dem Mythos aufräumt, dass Ludwig Erhard irgendetwas mit Wirtschaftswunder oder Einführung der D-Mark zu tun gehabt hätte. Vgl. Ulrike Herrmann, *Deutschland, ein Wirtschaftsmärchen: Warum es kein Wunder ist, dass wir reich geworden sind*, Frankfurt: Westend, 2019.

[43] Steuern sind staatlicher Zwang. Hier haben wir uns weit vom englischen Liberalismus entfernt, in dem Zwang durch den Staat nur dann vorgesehen war, wenn es darum ging, Schaden von Personen abzuwenden. Vgl. John Stuart Mill, *On Liberty*, London: Penguin, 1974 [1859], S. 68.

[44] Im Monatsbericht April 2017 hat auch die Bundesbank eine Publikation veröffentlicht, in der dieser Prozess sehr anschaulich beschrieben ist. Vgl. https://www.bundes

bank.de/resource/blob/665284/d226f46518f875047c6f83c65ad707fe/mL/2017-04-monatsbericht-data.pdf

[45] Vgl. https://www.ecb.europa.eu/explainers/tell-me-more/html/acc_frameworks.en.html

[46] Vgl. Deutsche Bundesbank und Carl-Ludwig Thiele, *Das Gold der Deutschen*, München: Hirmer.

[47] In Großbritannien wurde 2018 mit TransferWise die erste FinTech-Firma und damit eine Nichtbank Teilnehmer am Zahlungssystem der Bank of England. Traditionell sind nur relativ große Banken Teilnehmer.

[48] Vgl. https://www.ecb.europa.eu/paym/initiatives/interest_rate_benchmarks/euro_short-term_rate/html/ester_qa.en.html

[49] Vgl. http://www.cbsnews.com/news/ben-bernankes-greatest-challenge/2/

[50] In einem Tweet bestätigte dies auch ein hochrangiger Mitarbeiter für die EZB. Vgl. https://twitter.com/ecb/status/1105494215381913601?s=20

[51] Vgl. https://www.ecb.europa.eu/explainers/tell-me-more/html/anfa_qa.de.html

[52] Durch das *Central Bank Gold Agreement* hatten sich Zentralbanken seit 1999 verpflichtet, Gold nur in Koordination miteinander und in relativ geringen Mengen zu verkaufen. Am 26. September nun läuft das Abkommen aus, da es nicht mehr verlängert wurde. Vgl. https://www.reuters.com/article/europe-cenbank-gold/update-1-europes-central-banks-ditch-20-year-old-gold-sales-agreement-idUSL8N24R4YO

[53] Ausführlich zur Geldpolitik vgl. Peter Bofinger, *Monetary Policy: Goals, Institutions, Strategies, and Instruments*, Oxford: Oxford University Press, 2001.

[54] Vgl. https://www.ecb.europa.eu/mopo/implement/omo/tltro/html/index.en.html

[55] Zur Privatverschuldung arbeitet das iff Institute for responsible finance in Hamburg. Sehr interessant ist der jährliche Überschuldungsreport. Vgl. https://www.iff-hamburg.de/wp-content/uploads/2019/06/iff-Überschuldungsreport-2019.pdf

[56] In der großen Finanzkrise von 2008/09 wurde klar, dass Banken sich nicht so einfach selbst regulieren und dass das (Profit-)Interesse der Banken und das Interesse bzw. Gemeinwohl der Allgemeinheit sehr wohl auseinanderfallen können. Die Ökonomen waren nicht ganz unschuldig an der Krise. Vgl. Yves Smith, *Econned – How Unenlightened Self Interest undermined Democracy and Corrupted Capitalism*, New York: Palgrave Macmillan, 2010 und Robert Barbera, *The Cost of Capitalism – Understanding market mayhem and stabilizing our economic future*, New York: McGraw Hill, 2009.

[57] Lehman Brothers war übrigens in den 1980er Jahren schon einmal in den Negativschlagzeilen nach einem internen Kampf um die Macht der Bank. Vgl. Ken Auletta, *Greed and Glory on Wall Street – The Fall of the House of Lehman*, New York: Random House, 1986.

[58] Vgl. https://www.ecb.europa.eu/explainers/tell-me-more/html/currency_swap_lines.de.html

[59] Vgl. https://www.nytimes.com/2008/10/24/business/economy/24panel.html.

[60] Vgl. https://www.nytimes.com/2014/05/04/magazine/only-one-top-banker-jail-financial-crisis.html

[61] Vgl. Richard Vague, *The Next Economic Disaster: Why it's coming and how to avoid it*, Philadelphia: University of Pennsylvania Press, 2014 und Ray Dalio, *Big Debt Crises*, Austin: Greenleaf Book Group, 2018.

[62] Joseph Vogl zeigt die historische Entwicklung der Souveränität der Staaten. Vgl. Joseph Vogl, *Der Souveränitätseffekt*, Berlin: Diaphanes, 2015.

[63] Vgl. Karl-Heinrich Hansmeyer (Hrsg.), *Staatsfinanzierung im Wandel*, Berlin: Duncker und Humblot, 1983.

[64] Vgl. Wolfgang Krumbein, *Staatsfinanzierung durch Notenbanken! Theoretische Grundlagen, historische Beispiele und aktuelle Konzeptionen einer großen Steuerungschance*, Marburg: Metropolis, 2018. Die Autoren der Modern Monetary Theory argumentieren übrigens anders als dieser Autor nicht für eine direkte Staatsfinanzierung, sind sich aber der Möglichkeit bewusst. Zur aktuellen Funktionsweise des kanadischen Geldsystems vgl. Marc Lavoie, A System with Zero Reserves and with Clearing Outside of the Central Bank: The Canadian Case, *Review of Political Economy*, 31 (2), S. 145-158.

[65] Vgl. Gustav Horn, Sebastian Gechert, Katja Rietzler und Kai Schmid, Streitfall Fiskalpolitik: Eine empirische Auswertung zur Höhe des Multiplikators, IMK Report 92 (April 2014), S. 1-12.

[66] Vgl. https://www.service.bremen.de/sixcms/detail.php?gsid=bremen128.c.539539.de&template=00_html_to_pdf_d

[67] Vgl. https://www.manager-magazin.de/politik/europa/zypern-hebt-kapitalverkehrskontrollen-auf-a-1027206.html

[68] Vgl. https://abcnews.go.com/Health/Politics/story?id=7845527&page=1

[69] Vgl. Anatole Kaletsky, *The Costs of Default*, New York: Priority Press, 1985, Kap. 3.

[70] In einem Artikel für die Federal Reserve Bank of St. Louis schreiben Brett Fawley und Luciana Juvenal: „As the sole manufacturer of dollars, whose debt is denominated in dollars, the U.S. government can never become insolvent, i.e., unable to pay its bills. In this sense, the government is not dependent on credit markets to remain operational." Vgl. https://www.stlouisfed.org/publications/regional-economist/october-2011/why-health-care-matters-and-the-current-debt-does-not

[71] Vgl. Hans Kelsen, *Vom Wesen und Wert der Demokratie*, Ditzingen: Reclam, (2018) [1920].

[72] Vgl. Marek Jorciński und Bartosz Maćkowiak, Monetary-fiscal interactions and the euro area's vulnerability, *ECB Research Bulletin* 36, 2017

[73] Vgl. https://www.ecb.europa.eu/press/pr/date/2020/html/ecb.pr200318_1~3949d6f266.en.html

[74] Vgl. https://www.consilium.europa.eu/de/press/press-releases/2020/03/23/statement-of-eu-ministers-of-finance-on-the-stability-and-growth-pact-in-light-of-the-covid-19-crisis/ und https://ec.europa.eu/commission/presscorner/detail/en/qanda_20_500

[75] Inzwischen gibt es einige Stimmen von Beteiligten, welche die Behandlung der Krisenländer wie Irland im Nachinein sehr kritisch sehen. U. a. Prof. Christian Kastrop gab zu Protokoll, dass die Iren mit zu harter Austeritätspolitik bestraft wurden. Vgl. https://www.irishtimes.com/business/economy/harsh-austerity-imposed-on-ireland-by-berlin-says-ex-official-1.4094603

[76] Vgl. https://www.ecb.europa.eu/press/html/irish-letters.en.html

[77] Vgl. https://www.ecb.europa.eu/pub/pdf/other/2011-08-05-letter-from-trichet-and-fernandez-ordonez-to-zapateroen.pdf. Zur Problematik der mangelnden Rechenschaftspflicht der Eurogruppe siehe auch Benjamin Braun und Marina Hübner, Vanishing Act: The Eurogroup's Accountability, Transparency International EU, Brussels, https://transparency.eu/wp-content/uploads/2019/02/TI-EU-Eurogroup-report.pdf

[78] Brunnermeier et al. haben sich die Ideen über Regelsysteme genauer angesehen im Rahmen des Eurosystems. Inbesondere Frankreich und Deutschland würden sich mit ihren Vorstellungen von Regeln und Regulierung gegenüberstehen. Vgl. Markus Brunnermeier, Harold James und Jean-Pierre Landau, *The Euro and the Battle of Ideas*, Princeton: Princeton University Press, 2016.

[79] Vgl. https://www.bundesfinanzministerium.de/Content/DE/Standardartikel/Themen/Oeffentliche_Finanzen/Schuldenmanagement_des_Bundes/2011-07-27-schuldenmanagement-des-bundes.html

[80] E-Mail des BMF vom 21. April 2017 an den Autor.

[81] Diese verwaltet auch das Sondervermögen Finanzmarktstabilisierungsfonds (FMS bzw. SoFFin), welches den Anteil des Bundes an der Commerzbank AG, der Hypo Real Estate Holding GmbH und der Portigon AG umfasst.

[82] Vgl. Deutsche Bundesbank, Primär- und Sekundärmärkte für deutsche öffentliche Schuldtitel: institutionelle Ausgestaltung, Handelssysteme und deren Standortrelevanz für den Finanzplatz Deutschland, *Monatsbericht Juli 2007* sowie https://www.deutsche-finanzagentur.de/de/institutionelle-investoren/primaermarkt/

[83] Vgl. https://www.deutsche-finanzagentur.de/de/institutionelle-investoren/primaermarkt/bietergruppe/

[84] Vgl. https://www.snb.ch/de/ifor/public/qas/id/qas_unabhaengigkeit#t12

[85] Vgl. https://www.iban.de/bic.html

[86] Da Zentralbanken nicht Pleite gehen können, ist dies aus technischer Sicht unproblematisch, auch wenn es zu negativem Eigenkapital führen könnte. Zur Verzinsung der TARGET2-Salden siehe auch Deutsche Bundesbank, *Annual Report 2010*, S. 163.

[87] Dies und noch weitere Informationen zu TARGET2 habe ich bei einer Anhörung vor dem Finanzausschuss im Juni 2019 in meinem Gutachten so beschrieben. Vgl.

https://www.bundestag.de/resource/blob/645894/5cf14efc0ab73244150e0ad2089c5b9e/05-Ehnts-data.pdf. Inzwischen haben sich auch weitere Ökonomen dieser Sicht angeschlossen. Vgl. Martin Hellwig und Isabel Schnabel, Verursachen Target-Salden Risiken für die Steuerzahler? *Wirtschaftsdienst* 99(8), S. 553-561. Die Diskussion scheint gegenwärtig noch nicht vorüber zu sein, denn die Perspektiven der Wirtschaftspolitik brachten zuletzt gleich drei Beiträge mit konträren Meinungen. Vgl. Ulrich van Suntum, Targetsalden und andere Risiken in der Europäischen Wirtschaftsunion, *Perspektiven der Wirtschaftspolitik* 2019, 20(2), S. 107-114, Stefan Homburg, *Perspektiven der Wirtschaftspolitik* 2019, 20(2), S. 98-102 und Peter Spahn, Targetsalden und die Vollendung der Währungsunion, *Perspektiven der Wirtschaftspolitik* 2019, 20(2), S. 103-106.

[88] Der Ausspruch fand im Rahmen einer Investorentagung statt zwei Tage vor einer Entscheidung des Bundesverfassungsgerichts zu den Aufkaufprogrammen der EZB.

[89] Für eine kurze Einführung in das Leben und Wirken von G. F. Knapp vgl. Hans-Michael Trautwein, G. F. Knapp: an economist with institutional complexion, in: Warren Samuels (Hrsg.), *European Economists of the early 20th century*, Bd. 2, Cheltenham, Northampton: Edward Elgar, 2003, S. 167-178.

[90] Vgl. Fritz Helmedag, Mit der Schuldenbremse zum Systemcrash, S. 129, in: Dagmar Gesmann-Nuissl et al. (Hrsg.), *Perspektiven der Wirtschaftswissenschaften*, Heidelberg: Springer.

[91] Die schriftliche Stellungnahme der Deutschen Bundesbank anlässlich der öffentlichen Anhörung des Finanzausschusses des Deutschen Bundestags am 10. Dezember 2018 zum Thema „Lehren aus der Finanzkrise" enthält einen guten Überblick. Vgl. https://www.bundesbank.de/resource/blob/769958/1d47f78b7b4a8d11beab2cae5409a885/mL/2018-12-10-finanzausschuss-download.pdf. Etwas ausführlicher ist Detzer et al. (eds.), *The German Financial System and the Financial and Economic Crisis*, Heidelberg: Springer, 2017.

[92] Vgl. https://www.ecb.europa.eu/explainers/tell-me/html/minimum_reserve_req.de.html

[93] Vgl. https://www.bundesbank.de/de/aufgaben/geldpolitik/mindestreserven/mindestreserven-602268

[94] Vgl. Amtsblatt der Europäischen Gemeinschaftten C39/3 vom 11.2.2000, https://www.ecb.europa.eu/ecb/legal/pdf/de_notice_2.2.6.pdf

[95] Vgl. Sven Giegold, Udo Philipp und Gerhard Schick, *Finanzwende: Den nächsten Crash verhindern*, Berlin: Wagenbach, S. 32 ff., 2016.

[96] Vgl. https://ec.europa.eu/eurostat/statistics-explained/index.php?title=File:Euro_area_annual_inflation_and_its_main_components_(%25),_2020,_May_2019_and_December_2019-May_2020_(estimated).png&oldid=484034

[97] Vgl. Fritz Helmedag, *Warenproduktion mittels Arbeit: Zur Rehabilitation des Wertgesetzes*, Marburg: Metropolis, 3. Auflage, 2018.

[98] Das Eigenkapital eines Unternehmens kann auch negativ sein, wenn ein anderes Unternehmen im Hintergrund für die Zahlungsfähigkeit bürgt. Dies war der Fall bei der Fluggesellschaft Air Berlin, die 2017 den Betrieb eingestellt hat. Vgl. https://www.manager-magazin.de/unternehmen/artikel/air-berlin-wirtschaftspruefer-zweifeln-an-ueberlebensfaehigkeit-a-1145927.html

[99] Die Weitergabe der Leitzinsänderung an die Kreditzinsen basiert auf einer Konvention, nicht auf einem Mechanismus des Geldsystems. Die Gewinne der Banken hängen nicht unmittelbar mit dem Leitzins zusammen, denn Banken leihen nicht einen Euro Zentralbankguthaben für jeden Euro Kredit. Den Zins auf Bankeinlagen, oft ein wesentlicher Posten auf der Verbindlichkeitenseite, bestimmen sie selbst, allerdings im Wettbewerb mit anderen Banken.

[100] In den letzten Jahren wurde die These der säkulären Stagnation von Alvin Hansen wieder populärer. Vgl. Alvin Hansen, *Full Recovery or Stagnation?* London: Adam and Charles Black, 1938. Hansen weist auf S. 145 darauf hin, dass der „natürliche" Zins – nach Knut Wicksell – in einer Depression negativ sein kann. Mit anderen Worten: Geldpolitik wird in der Krise nicht funktionieren.

[101] Eine sehr lesenswerte Beschreibung des Konjunkturzyklus stammt von Frederick Lavington, einem Keynes-Schüler. Vgl. Frederick Lavington, *The Trade Cycle – An account of the causes producing rhythmical changes in the activity of business*, London: P. S. King & Son, 1922.

[102] Dabei wird das BIP nicht direkt um die Importe verringert, sondern es werden aus Konsum, privaten Investitionen, Staatsausgaben und Exporten die importierten Anteile herausgerechnet.

[103] Vgl. https://www.bundesbank.de/resource/blob/724600/509697d8d158432428a3bece51bc25ef/mL/2018-04-lohnwachstum-data.pdf

[104] Vgl. Peter Bofinger, German wage moderation and the EZ Crisis, https://voxeu.org/article/german-wage-moderation-and-ez-crisis und die Replik von Servaas Storm, https://www.ineteconomics.org/perspectives/blog/response-to-peter-bofinger

[105] Eine umfassende und sehr gute Kritik an der Neoklassik bietet Steve Keen. Nach der Lektüre kann man eigentlich nur noch der Meinung sein, dass wir die Ökonomik neu erfinden müssen. Vgl. Steve Keen, *Debunking Economics: The Naked Emperor Dethroned*? London und New York: Zed Books.

[106] Empfehlenswerte Einführungen in die ökonomsche Ideengeschichte sind Hans-Michael Trautwein, *A Short History of Economic Thought*, Abingdon (UK): Routledge, 3. Auflage, 2014 und Heinz Kurz, *Geschichte des ökonomischen Denkens*, München: C. H. Beck, 2. Auflage, 2017.

[107] Vgl. John Maynard Keynes, *Die Allgemeine Theorie der Beschäftigung, des Geldes und des Zinses*, Berlin: Duncker & Humblot, 2017 [1936].

[108] Vgl. Friedrich Hayek, *The Denationalization of Money*, London: Institute of Economic Affairs, 1976.

[109] Vgl. Wendy Brown, *Undoing the Demos: Neoliberalism's Stealth Revolution*, New York: Zone Books, 2015.

[110] Die Daten für Griechenland sind seit der 2. Auflage nicht mehr verfügbar, die Daten für die anderen Länder wurden verändert, da der Index=100 auf 2015 festgelegt wurde.

[111] Ab 2014 kam es durch Veränderungen der Berechnung der Investitionen zu stark ansteigenden „Investitionen" in Irland, die aber keine waren. Vielmehr verlagerten multinationale Unternehmen ihren Sitz nach Irland. Diese brachten u. a. geistige Eigentumsrechte mit, deren „Nutzung" als „Investitionen" zählen. Vgl. http://www.oecd.org/sdd/na/Irish-GDP-up-in-2015-OECD.pdf

[112] Vgl. Carl-Ludwig Holtfrerich, *Wo sind die Jobs?: Eine Streitschrift für mehr Arbeit*, München: Deutsche Verlags-Anstalt, 2007.

[113] Leider sind aufgrund einer Aktualisierung der Daten bei Eurostat die Jahre vor der Krise herausgefallen. Dies ist sehr bedauerlich.

[114] Aufgrund der Probleme bei der Zurechnung von Exporten multinationaler Unternehmen mit Sitz in Irland werden die irischen Daten hier nicht angezeigt. Sie erreichen bis zu 33% des BIP. Diese Zahl ist verwirrend und wenig aussagekräftig.

[115] Zum Risiko auf Finanzmärkten gibt es eine exzellente kritische Literatur. Vgl. Benoit Mandelbrot und Richard Hudson, *The (Mis)Behavior of Markets: A Fractal View of Risk, Ruin and Reward*, New York: Basic Books, 2004.

[116] Die Frage des bail-out oder bail-in als richtiger Lösung von Krisen beschäftigt die Ökonomen bereits seit mehr als einem Jahrhundert. Ein Klassiker zum Thema ist Nouriel Roubini und Brad Setser, *Bailouts or bail-ins? Responding to Financial Crises in Emerging Economies*, Washington: Institute for International Economics, 2004.

[117] Vgl. Philip Lane, The Funding of the Irish Domestic Banking System During the Boom?, *Journal of the Statistical and Social Inquiry Society of Ireland*, Vol. XLIV, 40-70.

[118] Vgl. https://www.deutschlandradio.de/spanien-fuehrt-bad-banks-fuer-immobilien kredite-ein.331.de.html?dram:article_id=205553

[119] Vgl. https://www.bde.es/f/webbde/Secciones/Publicaciones/PublicacionesAnuales/MemoriaSupervisionBancaria/18/Documento_completo.pdf

[120] Vgl. https://www.huffpost.com/entry/proposals-for-the-banking_b_432105

[121] Einfach formuliert kann die eigene Produktion entweder zuhause oder im Ausland konsumiert werden. Die Löhne bzw. ihr Wachstum spielen dabei eine wichtige Rolle. Steigen die Löhne relativ schnell, dann kann auch der Konsum steigen. Steigen sie relativ langsam, wird mehr exportiert und weniger konsumiert.

[122] Bedauerlicherweise hat der Rat der EU 2017 beschlossen, genau diese Verbriefungen auch in der EU zuzulassen. Vgl. https://www.consilium.europa.eu/de/press/press-releases/2017/05/30/capital-markets-union-securitisation/

[123] Vgl. http://moslereconomics.com/2009/09/16/proposals-for-the-banking-system-treasury-fed-and-fdic-draft/

[124] Vgl. Till Baldenius, Sebastian Kohl und Moritz Schularick, Die neue Wohnungsfrage: Gewinner und Verlierer des deutschen Immobilienbooms, Macrofinance Lab working paper, 2019, http://www.macrohistory.net/wp-content/uploads/2019/06/Die-neue-Wohnungsfrage-.pdf

[125] Alternativen finden sich rund um die Themen Freigeld, Vollgeld, Bitcoin usw. bei Monneta e. V. – Netzwerk für monetäre Vielfalt. Vgl. https://monneta.org

[126] Vgl. https://www.attac.de/neuigkeiten/detailansicht/news/griechenland-rettung-77-prozent-flossen-in-finanzsektor/?no_cache=1

[127] Eine Erhöhung der Löhne würde die Nachfrage direkt erhöhen, ist allerdings meist nicht direkt zu erreichen. Eine derartige Einkommenspolitik wäre aber genauso effektiv wie die anderen wirtschaftspolitischen Instrumente. Der Staat könnte beispielsweise die Löhne im öffentlichen Dienst stärker (schwächer) erhöhen oder Gewerkschaften stärken (schwächen), um die Wirtschaft anzukurbeln (abzubremsen).

[128] Eine Fallstudie zur Besitzerstruktur der italienischen Staatsanleihen findet sich bei T. Arbogast, Who Are These Bond Vigilantes Anyway? The Political Economy of Sovereign Debt Ownership in the Eurozone, MPIfG Discussion Paper 20/2, 2020.

[129] Vgl. https://www.ecb.europa.eu/explainers/tell-me-more/html/ecb_profits.en.html

[130] Vgl. https://www.bmwi.de/Redaktion/DE/Downloads/S-T/stellungnahme-experten kommission-staerkung-von-investitionen-in-deutschland.pdf?__blob=publicationFile &v=4

[131] Vgl. Warren Mosler, Proposals for the Banking System, the FDIC, the Fed, and the Treasury, in: L.-P. Rochon und S. Y. Olawoye (Hrsg.), *Monetary Policy and Central Banking*, Cheltenham (UK): Edward Elgar, 2012, S. 53-60. Sehr zu empfehlen ist die Bürgerbewegung Finanzwende (https://www.finanzwende.de). Vorstand ist Dr. Gerhard Schick, für den ich Ende 2018 zwei Monate gearbeitet habe, als er noch Mitglied des Bundestags war.

[132] Vgl. https://www.theguardian.com/business/2013/apr/09/george-soros-save-eu-from-euro-crisis-speech

[133] Der Fall von Argentinien ist interessant. Hier gab es Staatsanleihen in US-Dollar nach US-amerikanischem Recht. Obwohl es kein Insolvenzverfahren oder -gericht für Staaten gibt, kamen New Yorker Gerichte teilweise zu dem Urteil, dass Argentinien die Anleihen voll auszahlen müsse. Wir haben hier einen Kampf zwischen US-Gerichtsbarkeit und dem Recht auf souveräne Selbstbestimmung von Nationen. Aktuell ist argentinische Regierung Macri dabei, die Staatsanleihen der letzten Jahre erneut umzuschulden.

[134] Vgl. Barry Eichengreen und Peter Temin, The Gold Standard and the Great Depression, *Contemporary European History* Bd. 9, Nr. 2, S. 183-207, 2000.

[135] Vgl. Peter Bofinger, *Zurück zur D-Mark?: Deutschland braucht den Euro*, München: Droemer HC, 2012.

[136] Vgl. https://www.tagesschau.de/inland/merkel-farbe-bekennen-107.html

[137] Vgl. https://www.gov.uk/government/news/hm-treasury-and-bank-of-england-announce-temporary-extension-of-the-ways-and-means-facility

[138] Das Argument ist hier, dass die höheren Leitzinsen kurzfristig zu einem Zusammenbruch der privaten Investitionen führen. Langfristig könnten höhere Zinsen auf Staaatsanleihen im Besitz der Haushalte expansiv wirken, sofern die Regierung ihre sonstigen Ausgaben aufgrund der steigenden Zinslast nicht einschränkt.

[139] Vgl. https://www.handelsblatt.com/finanzen/maerkte/anleihen/staatsanleihen-alle-bundesanleihen-erstmals-mit-negativer-rendite/24865700.html

[140] Vgl. Markus Grabka, Jan Goebel und Stefan Liebig, Wiederanstieg der Einkommensungleichheit – aber auch deutlich steigende Realeinkommen, *DIW Wochenbericht* 19/2019, S. 343-353, 2019.

[141] Vgl. https://jbi.or.at/krisenpolitik-im-vergleich-griechenland-portugal-und-irland/

[142] Vgl. https://twitter.com/realDonaldTrump/status/1172120964232093697?s=20

[143] Vgl. https://www.ecb.europa.eu/mopo/implement/omt/html/index.en.html

[144] Vgl. Roland Beck, Ioana A. Duca und Livio Stracca, Medium term treatment and side effects of quantitative easing: international evidence, *ECB Working Paper Series* 2229, 2019.

[145] Vgl. Warner et al. (2001), *Commitment to Full Employment: Macroeconomics and Social Policy in Memory of William S.Vickrey*, London and New York: Routledge, S. 204.

[146] Vgl. Stéphanie Hennette, Thomas Piketty, Guillaume Sacriste und Antoine Vauchez, *Für ein anderes Europa – Vertrag zur Demokratisierung der Eurozone*, München: C. H. Beck, 2017.

[147] Vgl. Philip Arestis, „Unless we have some United States of Europe, I do not think we can hope for proper economic policies", in: Stefan Ederer et al., *Interventions: 17 interviews with unconventional economists (2004-2012)*, Marburg: Metropolis, 2012, S. 11-20.

[148] Vgl. Heiner Flassbeck und Paul Steinhardt, *Gescheiterte Globalisierung: Ungleichheit, Geld und die Renaissance des Staates*, Berlin: edition suhrkamp, 2018, S. 100 ff.

[149] Ein europäisches Finanzministerium ist daher kompatibel mit dem Status quo von starken Nationalstaaten, aber auch mit einer Utopie eines stärkeren Europas mit weniger starken Nationalstaaten. Vgl. Ulrike Guerot, *Warum Europa eine Republik werden muss: Eine politische Utopie*, München: Piper, 2017.

[150] Eine kleine aber feine Utopie entwerfen Grzega et al. in ihrem Buch zur Gemeinwohlökonomie. Vgl. Gunther Moll, Sarah Benecke und Günter Grzega, *Die Vorstufe zum Paradies für uns alle: Warum wir sie erreichen können – und wie sie finanzierbar wäre*, Nürnberg: Papeto, 2018.

[151] Vgl. Michael Murray und Mathew Forstater (Hrsg.), *The Job Guarantee and Modern Monetary Theory – Realizing Keynes's Labor Standard*, Basingstoke (UK): Palgrave Macmillan, 2017, und Michael Murray und Mathew Forstater (Hrsg.), *The Job Guarantee – Toward True Full Employment*, Basingstoke (UK): Palgrave Macmillan, 2013. Ein Vorschlag einer Job Guarantee finanziert durch ein Euro Treasury findet sich in Esteban Cruz-Hidalgo, Dirk Ehnts und Pavlina Tcherneva, Completing the Euro: The Euro Treasury and the Job Guarantee, *Revista Economia Critica*, 2019 (27), S. 100-111. Eine kurze Zusammenfassung findet sich bei Pavlina Tcherneva, The Job Guarantee – Design, Jobs, Implementation, Levy Economics Institute working paper 902. Weitere Papiere, eine FAQ und Videos finden sich auf der persönlichen Homepage der Autorin unter https://www.pavlina-tcherneva.net

[152] Zur möglichen Rolle der Gewerkschaften in der Eurozone vgl. Eckhard Hein, Torsten Niechoj, Thorsten Schulten und Achim Truger, *Europas Wirtschaft gestalten: Makroökonomische Koordinierung und die Rolle der Gewerkschaften*, Hamburg: VSA, 2004.

[153] Vgl. Richard Bookstaber, *The End of Theory: Financial Crises, the Failure of Economics, and the Sweep of Human Interaction*, Princeton und Oxford: Princeton University Press, 2017.

[154] Vgl. Adair Turner, *Economics after the Crisis: Objectives and Means*, Cambridge, MA: The MIT Press. Auf S. 64 findet sich eine Anleitung, wie Ökonomik nach der Krise zu betreiben wäre.

[155] Der Green New Deal von Julia Herr, an dem ich wesentlich beteiligt war, findet sich im Internet unter https://issuu.com/sjoe.at/docs/green-new-deal_neu. Bei dem größeren Projekt Green New Deal war ich Teil des Autorenkollektivs. Der Text findet sich unter https://www.gndforeurope.com. Der erste Green New Deal auf der Basis der MMT stammt von der US-amerikanischen Demokratin Alexandria Ocasio-Cortez und ist ebenfalls frei im Internet zugänglich auf der Seite der New Yorkerin: https://ocasio-cortez.house.gov/sites/ocasio-cortez.house.gov/files/Resolution%20on%20a%20Green%20New%20Deal.pdf. Schon 2009 schrieb die Boell-Stiftung über einen Green New Deal (vgl. https://www.boell.de/de/navigation/oekologische-marktwirtschaft-green-new-deal-6656.html), den inzwischen auch die Linkspartei als Red-Green New Deal unterstützt (vgl. https://www.die-linke.de/nc/start/newsletter/newsletter-archiv/neu/2019/08/die-linke-newsletter-vom-14-august-2019-keine-geschenke-den-hohenzollern/).

[156] Vgl. Peter Bofinger, *Ist der Markt noch zu retten?: Warum wir jetzt einen starken Staat brauchen*, Berlin: Econ, 2009.

[157] Vgl. Robert Skidelsky, *How to achieve shorter working hours*, Progressive Economy Forum, 2019 https://progressiveeconomyforum.com/wp-content/uploads/2019/08/PEF_Skidelsky_How_to_achieve_shorter_working_hours.pdf

[158] Zu Armut und Ungleichheit in den USA über drei Jahrhunderte vgl. George Packer, *The Unwinding: Thirty Years of American Decline*, London: Faber&Faber, 2013 und Michael Harrington, *The Other America: Poverty in the United States*, New York: Scribner, 2012 [1962] sowie Norman Ware, *The Industrial Worker 1840-1860: The Reaction of American Industrial Society to the Advance of the Industrial Revolution*, Chicago: Ivan R. Dee, Inc. 1990 [1924].

[159] Vgl. Mark Lilla, *Der hemmungslose Geist – Die Tyrannophilie der Intellektuellen*, München: Kösel, 2015.

[160] Dies wird in den USA besonders deutlich am Einfluss der Koch-Brüder (zwei Milliardäre aus dem Rohstoffsektor) auf die akademische Volkswirtschaftslehre. Vgl. Nancy MacLean, *Democracy in chains: the deep history of the radical right's stealth plan for America*, London: Scribe, 2017.